»Die wissenschaftliche Forschung kennt nur ein Ziel: Die Erkenntnis der Wirklichkeit. Kein Heiligtum darf ihr heiliger sein als die Wahrheit. In alles muß sie eindringen; vor keiner Prüfung oder Zergliederung darf sie zurückschrecken, mag das zu Prüfende dem Forscher durch Ehrfurcht, Liebe, Loyalitätsgefühle, Religion oder Parteistellung noch so sehr ans Herz gewachsen sein. Und rückhaltlos hat sie auszusprechen, was die Prüfungen ergeben, ohne Rücksicht auf Vorteil oder Nachteil, ohne Gier nach Lob und ohne Furcht vor Tadel«.
L. Brentano

Titelbild
Albrecht Dürer (1471-1528). Die Vier Apostel. Lindenholz 76 x 214 cm / 76 x 215 cm. Bayerische Staatsgemäldesammlungen, München-Alte Pinakothek. Inv. Nr. 540/545. Die rechte Person stellt - frei erfunden - den Stammapostel Paulus dar. Doch zugleich sind diese vier Köpfe treffliche Charakterstudien. Erkennt schon Albrecht Dürer - ein Mann des Überganges vom ausklingenden Mittelalter zur Frühen Neuzeit - den »falschen« Blick dieses »Schein«-Apostels?

K.B. Zürner

# Die Paulus-Legende

### Hundert Enthüllungen

Das Ende eines jahrhundertelang ungehemmt vorangetragenen Tabus! War Paulus **ein Blender und Eiferer, dem Leichtgläubige zum Opfer gefallen sind**? Fällt damit ein Kronjuwel aus der Bibel?

CIP- Kurztitelaufnahme der
Deutschen Bibliothek

**K.B. Zürner**

**Die Paulus-Legende**
**- Hundert Enthüllungen -**
Historia-Verlag
D - 89079 Ulm - Wiblingen
ISBN: 3-9806576-8-x

Alle Rechte der Verbreitung, auch durch Funk, Film und Fernsehen, photomechanische Wiedergabe, Tonträger jeder Art und auszugsweiser Nachdruck oder Einspeicherung und Rückgewinnung in Datenverarbeitungsanlagen aller Art sowie die Verwendung des Bildmaterials sind untersagt und nur mit schriftlicher Einverständniserklärung des Verlages zulässig. Printed in Germany.

---

Bitte beachten Sie die eingelegten Werbepostkarten.
Bitte empfehlen Sie unsere Bücher weiter.
Besuchen Sie uns auf den Buchmessen.

# Über dieses Buch

Wieder wurde unser Gebet erhört und ein weiterer Autor hat sich aufgeschaltet. Ich hatte zuerst Bedenken, handelt es sich dabei um einen Dr. theol., dessen Grundhaltung für mich - zunächst - schlecht einzuschätzen war. Je mehr ich mich mit seinem Manuskript auseinandergesetzt habe, desto präziser wurden die Konturen und meine Begeisterung wuchs von Seite zu Seite.
Unsere kirchenkritische Bücherreihe soll Pro **und** Kontra sein. So sind wir stolz darauf, in K.B. Zürner einen überaus qualifizierten Experten - ohne theologische Scheuklappen - gefunden zu haben. Er setzt die Tradition der »innerkirchlichen« Kritik - auf einem hohen und unbestechlichen Niveau - fort, und beachtet damit eine wichtige Maxime. Eugen Drewermann wird 1992 die kirchliche Lehrerlaubnis entzogen. Er sagt: »*Man muß die geschichtlichen Hintergründe mit historischen Methoden aufarbeiten und nicht mit theologischen. Solange die Theologie die Historie als Magd bezeichnet und nicht ernst nimmt, wird sie scheitern.*« Dies ist nicht neu und hier bleibe ich einen Moment stehen.

David Friedrich Strauss schrieb 1835 in Tübingen, »*daß es an der Zeit wäre, anstelle der alten Geschichte Jesus eine neue zu setzen, weil die alte der fortschreitenden Bildung nicht mehr genügt ... Mögen die Theologen die Voraussetzungslosigkeit meines Werkes unchristlich finden, ich finde die gläubigen Voraussetzungen der ihren unwissenschaftlich*«. Weiter: »*Zählt die Bibel zu den Spezies der eitlen Unterhaltungsliteratur, die den Namen Geschichte nicht verdient?*«.

1883 platzt in Berlin die nächste theologische Bombe, denn Julius Lippert legt das zweibändige Werk *Geschichte des Priestertums* vor. Der Catholische Centralverein reagierte äußerst scharf und versuchte das Werk zu unterdrücken. Lippert entzieht mit dem Skalpell des Experten der orthodoxen Theologie - auch deren Gottesbegriff und -vorstellung - den Boden. Trefflich meint er: »**Das edle Bergwerk der Kultgeschichte, das die religiösen Grundlagen offenlegt, hat man mit Verachtung unter Verschluß gelegt, aber am tauben Gestein der Theologen arbeiten tausend fleißige Hände ... So brütet eine gute Brutgans weiter, wenn man ihr statt der Eier einen Stein unterlegt**

*... will man aus Borsten Sonnenstrahlen machen? Kämpfen christliche Theologen für die Aufrechterhaltung einer dokumentierbaren Unwahrheit?«.*

Der Jesuitenpater Alighiero Tondi faßt (um 1960) zusammen: »*Tatsache ist, daß man in Zeiten blind-unwissenden Glaubens der Kirche festgelegt hat, daß die Schriften des Neuen Testaments vollständig, authentisch und wahrhaft sind. Heute kann sie nicht mehr umkehren. Deshalb müssen die Ergebnisse der modernen Wissenschaft abgelehnt und als falsch bewiesen werden. Die falschen Entscheidungen der Kirche müssen als wahr hingestellt werden.* **Deshalb muß man sagen, daß Weiß = Schwarz ist.**« Ein solcher Kirchenmann war untragbar für den Lehrkörper der Gregoriana.

1979 platzt - ebenfalls in Berlin - die nächste theologische Granate. Im Eigenverlag publiziert Erich Bromme sein mehrbändiges Werk *Abschied vom Christentum*; schon vier Jahre früher war sein Buch *Fälschung und Irrtum in Geschichte und Theologie* erschienen. Seit 1970 hielt er Vorträge über die Reiselegenden Jesu und über die Entschlüsselung der Bibel. Ein Priester prophezeite ihm: »*Er werde sehen, daß ihn Gott zur ewigen Höllenstrafe verdammen werde, da er im Gymnasialunterricht im Fach Geschichte in einer Stunde einreiße, was er in Monaten aufgerichtet habe«.*

Bromme gelang - mit hoher Wahrscheinlichkeit - die Entschlüsselung des Alten und Neuen Testamentes. Soweit mir bekannt ist, haben sich Theologen nie ernsthaft damit beschäftigt und damit eine neue Chance der Diskussion versäumt. Er sagt: »*Sie waren nicht in der Lage, ihrer Geschichte eine korrekte Chronologie zuzuweisen ... Wenn, was sich aus der Bibel dokumentieren läßt, das Fundament der Theologie aus Irrtümern, Phantasien, Einbildungen und seither tabuierten Unwahrheiten besteht, kann sie keine Existenzberechtigung besitzen ... Längst hätte dem Einfältigsten auffallen müssen, daß abenteuerliche Legenden als* »*wahr*« *vermittelt wurden«.*

**Bromme** erkennt die geistige Unterdrückung der christlichen Frohbotschaft und sagt: »*Das Erstaunlichste ist, daß sich der schaffende Mensch über Jahrhunderte das Selbstbewußtsein, sein Selbstvertrauen in die eigene Kraft, Fähigkeit und sein kritisches Denken so nachhaltig zerstören ließ,* **nur** *um ein* **guter** *Christ zu sein, dies auch noch heute kritik- und willenlos über sich ergehen läßt, ja seine Peiniger verehrt und in Demut vor ihnen niederfällt.«*

1972 wird Prof. Dr. theol. Hubertus Mynarek, damals Dekan an der kath.-theol. Fakultät der Wiener Universität, von der Amtskirche »gefeuert«. Er gelangt zu einem vernichtenden Urteil über die Bibel und meint: »*Sie fördert in voller Objektivität Überrraschendes, überraschend Erschreckendes zutage: Lügen über Lügen, Entstellungen der Geschichte, Verfälschungen des von anderen Völkern übernommenen und gestohlenen Gedankengutes, tendenziöse Umformungen der Mythen, Legenden und Kulte anderer Kulturen«.*

Erkennt die Kurie nicht die Lunte am Pulverfaß? Warum laufen die Kirchenvertreter nicht Sturm wider die gegen sie gerichteten Angriffe? Warum setzen sie sich nicht ins Kämmerlein, spitzen die Feder der Vernunft und widerlegen gegnerische Argumente? Haben sie es nicht nötig? Sie kennen ihre Schwächen, denn sie stehen seit Jahrhunderten mit dem Rücken zur Wand, wissend, daß sie nur zwei Alternativen haben: 1. Einräumen **aller** Fehler, zurück zur historischen Wahrheit, zum Dialog, zu ihren geistigen Grundlagen, zu Toleranz, Menschenwürde, Aufrichtigkeit, Demokratie und Gerechtigkeit - um es ihren Vätern aus der Zeit des Urchristentums gleichzutun - oder 2. Fortsetzung der Gewaltdoktrin. Diesen Weg ist sie bislang gegangen. **Das ganze kirchliche Gezeter ist wertlos: ihr Pulver ist naß und zu nichts zu gebrauchen, es ist Glaubensstroh.**

Vor dieser herben Zäsur braucht K.B. Zürner keine Angst zu haben: obwohl seine *Paulus-Legende* nicht nur theologischen Zündstoff birgt: sie ist ein Quantensprung in der orthodoxen Paulus-Forschung, denn Zürner bricht mit jahrhundertelang sinnlos vorangetragenen Tabus und stellt den frühen Kirchenmann als das vor, was er war: **ein Blender und Eiferer, dem spätere Christen auf den Leim gegangen sind.**

Was ist das Spannende daran? Nach der landläufigen Meinung wird noch immer - vor allem von geschichtsunkundigen Glaubenslämmern - zum Vortrag gebracht, daß Jesus aus Nazareth (?) der Begründer dieser gewaltorientierten Religionsvariante war. **Nichts ist falscher als das!** Dann behauptet man seit geraumer Zeit, daß nicht er, sondern der intellektuell höher einzustufende Paulus eher als Schöpfer der christlichen Frohbotschaft anzusehen sei: mit ihm wäre der Juden- und Frauenhaß eingezogen. Es ist von Bedeutung, weil in die christliche Bibel erhebliche Teile der paulinischen Schriften eingeflossen sind: schon früh entstand die Schieflage, die heute Zürner geraderückt. Dabei neigt er mehr zur Vorsicht als sein Glaubensbruder Detering in seiner Radikalkritik in Sachen Paulus.

**Also: Jesus aus Nazareth (?) war es nicht und Paulus war es <u>auch</u> nicht! Da fallen doch zwei wichtige Säulen um!**

Theologische Deuteleien können nach dem Studium der *Paulus-Legende* nichts mehr daran ändern, daß es eben so **nicht** war, wie es orthodoxe Gotteskundler gerne hätten. Dieses Engagement unterstützen wir und deshalb haben wir sein Buch - ein wichtiges für die aktuelle Auseinandersetzung - herausgegeben.

Die Apostel Petrus und Paulus werden in tausenden Kirchen noch immer als friedliches Brüderpaar hingestellt; zudem gilt ihnen ein kirchlicher Feiertag, und Millionen Menschen tragen ihre Namen. Ein friedliches Brüderpaar aber waren sie nicht. Petrus (Kephas = Fels) hat niemals einen Schlüssel überreicht bekommen, saß niemals auf der Cathedra und wurde auch nicht unter dem Petersdom - der so gesehen eine irreführende Bezeichnung trägt - begraben. Die frühe Papstreihe ist lückenhaft, teilweise gefälscht und kann nicht auf ihn zurückgeführt werden. Damals gab es keine Päpste: doch das professionelle Fälschen und Verdrehen gehört seit Jahrhunderten zum Handwerkszeug der Kurie!

So gelangt ein Leser unserer kirchenkritischen Buchreihe zur Auffassung: »*Die von Ihnen verbreiteten Bücher sind einmaliger, größer, wichtiger, bedeutender und wahrheitsgetreuer als die Geschichte der Mutter Gottes und dem neuen König der Juden, die alte und weltbekannte Schummelgeschichte. Kämpfen Sie weiter für Aufklärung, Freiheit und Toleranz*«.

Ein solcher Kämpfer ist auch K.B. Zürner. Deshalb sagt unser Autor zu Recht im Schlußwort: »*Ich habe keinen Zweifel mehr, wer dieser Apostel war, und ich habe Nietzsches Überzeugung das Beweismaterial verschafft. Das so entstandene Wissen ist von durchschlagender Bedeutung: Täuschte Paulus mit Verkleidungen, benutzte Schleichwege und setzte eine* »*durchtriebene Intelligenz*« *ein, dann sind ihm Theologen und Kirchenleute nicht gewachsen. Insbesondere professorale Naivitäten, hinterlassen in Tausenden von Paulusbüchern, werden bei späteren nachchristlichen Forschergenerationen **Verwunderung** erregen*«.

Wir wünschen dem neuen Buch von K.B. Zürner viel Erfolg und eine »durchschlagende« Wirkung. Es hat der landläufigen Paulus-Forschung einen Ruck gegeben, der längst überfällig war. Mögen viele Tausende Leser Nutzen daraus ziehen, denn schon Leonardo da Vinci sagte, »*wer die Wahrheit wissen will, der gehe nicht zum Krug* (sinnbildlich: der Bibel), *sondern zur Quelle.*«

**Hans-Jürgen Wolf**
**Verleger, April 2005**

# Horst Herrmann

## Anmerkungen zu Story und Status eines römischen Bürgers

Der Mann könnte - nach dem Prinzip der drei Namen (*praenomen, nomen, cognomen*) - Lucius Aemilius Paulus geheißen haben. Er ist seinerzeit einmal vom Pferd gefallen und hat sich verletzt (falls der einschlägige Bericht denn eine reale Basis hat!).

Die *out-of-body-experience* und weitere von Paulus geschilderte Symptome stützen die Deutung heutiger Hirnforscher: Infolge einer Beschädigung des rechten Temporallappens und der Amygdala oder zumindest ihrer kortikalen Eingänge aufgrund einer Blessur, eines Schlaganfalls oder eines epileptischen Geschehens hat er eine tiefgreifende Persönlichkeitsveränderung erfahren. Diese wurde so behend und beflissen wie möglich in eine Art Bekehrungserlebnis umgedreht (Apg 9, 3-7; 22, 6-11; 26,14) - und eine weitere Großlegende über die Lichtgestalt war geboren.

Doch, mit Verlaub, das Pulver ist zu nichts mehr zu gebrauchen. Es sind zu viele Legenden, zu viel Lügen. Paulus, der schmierigste wie der gerissenste Autor des Christentums (das will, unter so vielen Mitbewerbern, etwas heißen), bleibt so suspekt wie seine passend gemachte, weithin erfundene, erlogene und offenbar um so bereitwilliger, um so unkritischer übernommene Biographie. Seine Doktrinen sind notwendigerweise nicht weniger suspekt; diese Äpfel fielen nicht weit weg vom Stamm. Haben das die Hundertschaften von Theologen, die sich mit Pauli Briefen wie mit Reliquien befaßten, und sich ihnen intellektuell nur auf Knien näherten, etwa nicht bemerken dürfen?

Vieles von dem, was Denkenden bei Paulus auffällt, wird, nicht zuletzt von ihm selbst, gekonnt weggedeutet: Er gilt dem päpstlichen Rom als Apostelfürst; der regierende Papst *) beruft sich in seinem angenommenen Namen auf ihn. Doch Pauli Leben, Pauli Wirken waren, wie sehr viele, denen im Milieu der Wegbeter noch ein Rest an ehrlichem Verstand geblieben ist, stets mutmaßten, so unverdächtig nicht.

---

*) Papst Johannes Paul II. verstarb nach einer 26jährigen Amts- und Wirkungszeit Anfang April des Jahres 2005.

Und nun: Wer hätte unsere Vermutung eindringlicher, mit einsichtigeren Fakten aus dem Dunstkreis des Ahnens gehoben als der Autor des grandios aufklärenden Buches voller Beweismaterial, das uns da geschenkt wird? Jetzt ist, was - nicht nur seit Nietzsche - vielen schwante, detailliert, kenntnisreich, wissenschaftlich belegt. Ich brauche da gar nichts nur zu erhoffen: Die »hundert Enthüllungen« werden aus eigener Kraft nachhaltig bleiben, und Paulus wird sich so wenig von ihnen erholen wie seine Verehrer es können. Hier ist ein Weg gewiesen, den einzuschlagen kein Forscher redlicherweise mehr verweigern kann.

Der Wegweiser K.B. Zürner deutet auch in die Wirkungsgeschichte des Paulus. Hierzu einige Anmerkungen. Was mich schon immer ärgerte: Paulus, nachweislich kein besonders honoriger Charakter, spielte gegen Ende dreist mit dem Recht derer, die als »Heiden« desavouiert sein sollen. Was für die Christen symptomatisch werden wird: Auf der einen Seite werten sie die »Heiden« ab, doch deren Errungenschaften nutzten sie so geflissentlich wie möglich. Deutschlands Großkirchen sind bei Paulus und seinem »verzinsten Heil« (K.B. Zürner) wahrlich in die Schule gegangen. Nur kein Privileg auslassen, nur keines übersehen, alles nutzen, das Geldwerte zuerst. Paulus hat es vorgemacht: Römischer Bürger, ein privilegierter Titel, darf sich ein Mann heißen, der privatrechtlich mit seinesgleichen nach den Regeln des römischen Rechtes agieren kann, bei Eheschließungen, Käufen und Verkäufen, Darlehen, Prozessen. Und er ist in der *res publica* Angehöriger des römischen Volkes. Als solcher genießt er politische Rechte wie das Wahlrecht und den Anspruch auf ein Gerichtsverfahren. Paulus hat das Recht, sich in höchster Instanz an den Kaiser selbst zu wenden (*ius provocationis*). Die Eigenschaft als Bürger Roms erlaubt es, nach Bedarf jenen Schutzschild aufzurichten, den Bürger im Reich beanspruchen dürfen. Das steht nicht nur auf dem Papier, der Rechtssinn des »heidnischen« Rom, von dem keine spätere Christendiktatur etwas wissen will, garantiert das unverbrüchliche Privileg. Auch unter Nero, dessen Namen die Literatur der angeblichen »Religion der Nächstenliebe«, in tausend anderen Fällen nicht unüblich, stinkend gemacht hat.

Offensichtlich will Paulus in Rom verhört werden. Ein so weit gereister Mann, der Tag für Tag auch vom Kaiser gehört haben muß, zeigt nicht die geringste Angst. So bestialisch wie ihn Christen bis heute darstellen, kann Nero nicht gewesen sein. Gemeinsam mit anderen Gefangenen wird Paulus eingeschifft. Die Reise verläuft so abenteuerlich wie die Odyssee des Homer, nach deren Vorgaben sie konstruiert ist. Erst Ende 60 langt Paulus, wenn überhaupt, in Rom an. Dort mietet er, falls es sich nicht um eine weitere Legende handelt, eine Wohnung und wartet auf seinen Prozeß. Er steht unter Hausarrest, kann aber Besucher empfangen und predigen (Apg 28,30 f.). Zwei Jahre lang soll Paulus dieses Leben geführt haben, dann bricht die Erzählung ab.

Hört mit dem Ende des Berichtes auch das wissenswerte Leben des Paulus auf? Dann hätte er einen beiläufigeren Abgang als jede andere beschriebene Person der Antike. Immerhin findet sich keine Silbe mehr. Leeres Papier, Schweigen überall: Kein Missionsvorhaben, keine Reisepläne.

Von einem Tod des Paulus in Rom, von einer Exekution gar, womöglich durch das Richtschwert eines Nero, wird in zeitgenössischen Quellen nicht berichtet. Doch während die Zeitgenossen schweigen, fertigt die Überlieferung einen Märtyrer. Was aber, wenn Paulus im Bett gestorben wäre? Dann wären 2.000 Jahre Märtyrergeschichte entlarvt. Dann könnten die dem angeblichen Märtyrer zugelegten Symbole, so das ominöse Schwert des Henkers, wie es in abertausend Abhandlungen und Abbildungen der Hagiographie erscheint, als das anerkannt werden, was sie sind: Erfindung, erklecklich frommer Betrug.

Die in Rom gezeigten Reliquien, die sich auf Paulus beziehen, sind unecht. Sie gehören auf den Schuttberg der Apostellegenden, die fromme Seelen, doch nicht die historische Forschung befriedigen können: Das Grab des Paulus in der römischen Hauptkirche *S. Paolo fuori le mura*, die Kirche *S. Paolo alle tre fontane*, die im 5. Jahrhundert über dem angeblichen Schauplatz der Enthauptung errichtet wurde, die Säule, an der Paulus angebunden gewesen sein soll.

Wurde mittlerweile zwar der berüchtigte »Stachel im Fleisch« des Paulus (2 Kor 12,7), obzwar lange verehrt, in aller Stille beiseite geschafft, so gilt das nicht für alle Reliquien dieses Mannes. So werden »Betsteine der Apostel Petrus und Paulus« gezeigt, zwei Basaltsteine, auf denen diese niedergekniet sein sollen, um die Bestrafung des Magiers Simon zu erbitten. Auf diese Steine bezieht sich eine der skurrilsten Legenden, die dazu dienen sollte, die Hinrichtung der beiden Christenführer zu belegen.

Simon (Apg 8,18-24) war den Aposteln vorgeblich nach Rom gefolgt, hatte Zauberstücke vollbracht, Wunder gewirkt. Schließlich erbot er sich, in Anwesenheit des Kaisers zu fliegen. Das war den beiden zuviel: Sie baten Gott, Simon abstürzen zu lassen. Das geschah, der Magier wurde am Boden zerschmettert. Und Nero ließ angeblich Petrus und Paulus exekutieren, weil sie den Flug unterbrochen und ein sensationelles Schaustück verhindert hatten. De römische Kirche *S. Francesca Romana*, früher *S. Maria Nuova*, zeigt im rechten Querschiff die zwei in die Wand eingelassenen Steine (*silices apostolici*). Noch sollen die Abdrücke der Apostelknie zu erkennen sein.

Nach Apg 19,11 f. wirkte Gott durch Paulus auch Wunder. So wurden Wäschestücke, die er benutzte, zu Kranken gebracht, und die Krankheiten wichen, böse Geister fuhren aus. Unter so legendären Umständen war es unausweichlich, daß Reliquien sich nach Belieben multiplizierten. Auch Gebäudereliquien wurden bald verehrt, so ein Privathaus in Rom, in dem Paulus die erwähnten zwei Jahre lang wohnte;

der Saal wurde noch im 20. Jahrhundert gezeigt.

Paulus soll auf dem Weg zur Richtstätte eine Witwe namens Plantilla um ein Tuch gebeten haben, mit dem er seine Augen verhüllen konnte, Nachdem der Scharfrichter sein Werk getan hatte - diese Szene ist auf einer Haupttür zum Petersdom wiedergegeben -, sprang Pauli Kopf dreimal von der Erde auf und hinterließ jedesmal eine Quelle; das Wasser soll noch bei der Kirche *S. Paolo alle tre fontane* fließen. Die Hände des frisch Exekutierten faßten das Tuch, fingen darin das eigene Blut auf und gaben das Tuch schön gefaltet der Witwe Plantilla zurück. Was Wunder: Ein Stück dieses Kopftuches wird bis heute in der Kirche *S. Agnese* an der *Piazza Navona* in Rom verwahrt. Es ist da nichts, was mich wundert. Legenden und Lügen gehören nun mal zu diesem Mann.

Die Gräber des Petrus wie des Paulus, über die so viel geschrieben worden ist, daß eine Bibliothek gefüllt werden könnte, werden von einer Überlieferung in Rom lokalisiert. Für ihre Existenz gibt es - wie für die Hinrichtung unter Nero - noch immer keine Beweise. Nur die höchst umstrittenen Berichte des Kirchenhistorikers Eusebios von Kaisareia (+ 319 u.Z.) oder der römische Festkalender von 354 wollen sie - 200 Jahre später - kennen. Was Apologeten zu brichten wissen, ist eben auffallend gern und oft erfunden.

Ich gehe davon aus, daß kein Zeuge etwas hätte wissen und erzählen können. Doch vielleicht bringt mein Urteil nicht die notwendige Vorstellungskraft auf. Wer über Christenverfolger und Apostelgräber berichten will, muß über eine gehörige Portion Phantasie verfügen. Legenden benötigen ihre Gläubigen, beim Erfinden, beim Weitergeben, beim Akzeptieren.

Das ins Stammbuch derer, die K.B. Zürner möglicherweise unterstellen, Pauli Wirken »in unsäglicher Weise« mißdeutet zu haben. Wirkt etwas unsäglich, dann nicht die Radikalkritik Zürners, sondern die zweitausendjährige Lüge über den, der mit Fug und Recht Vater Christi genannt werden kann. Schließlich hat Paulus, dieser ständig gewaltbereite und nicht zuletzt deswegen unter seinesgleichen erfolgreiche Schrägdenker, ausgesonnen, worauf Christen sich berufen, wenn sie von Christus sprechen. Ohne Paulus - ohne diesen Paulus, wie das einmalige Buch von K.B. Zürner ihn beschreibt - kein Christus. Diese Tatsache muß zu denken geben. Falls in diesem Zusammenhang überhaupt von Denken die Rede sein kann. Gläubige bleiben lieber unter sich, Legenden lesen sich leicht.

**Prof. Dr. Horst Herrmann**
**Nottuln, April 2005**

# Inhalt

| | |
|---|---|
| Die Lichtgestalt | 15 |
| Das übermalte Bild | 21 |
| Unjüdisches Judentum | 25 |
| Der Papyruslöwe | 35 |
| Aus Damaskus nichts Neues | 43 |
| Anhang 1. Biographische Skizze | 55 |
| Eine Konferenz ohne Teilnehmer | 65 |
| Das geplatzte Mahl | 77 |
| Die Weltend-Kulisse | 85 |
| Himmlisches nach Vorlage | 93 |
| Geistmängel | 103 |
| Kredit durch bestandene Leiden | 121 |
| Ein brüderlicher Zeuge? | 135 |
| Der Schmeichelprediger | 147 |
| Das verzinste Heil | 165 |
| Moralische Gaukeleien | 183 |
| Die verschwundene Kollekte | 197 |
| Anhang 2. Biographische Skizze. Warum Paulus den Brüdern die Falschbrüder vorzog | 231 |
| Nachbetrachtung | 239 |
| Literaturauswahl, Register und Abkürzungen | 247 |
| In eigener Sache | 261 |

# Vorwort

–

# Die Lichtgestalt

Nicht Jesus, Paulus *gilt* als Begründer des historischen Christentums. Christliche Intellektuelle schätzen seine Bedeutung höher ein als die der anderen Christusapostel; sie sehen in ihm eine Erscheinung von weltgeschichtlicher Größe, eine der größten Gestalten des christlichen Abendlandes, eine geistig und moralisch außerordentliche Persönlichkeit. Auf Gedeih und Verderb habe er sich dem Dienst seines Herrn Jesus Christus ausgeliefert - und zugleich für alle Zeiten das Recht des Denkens im Christentum sichergestellt! Eine uneingeschränkte und ungebrochene Ehrfurcht vor der Wahrheit lebte in ihm. Die ihm von Gott aufgetragene Botschaft hätten nicht nur die Menschen seiner Zeit verstanden, *»sie werde auch die Aufgabe eines neuen Jahrtausends sein«.*

Doch wäre Paulus wirklich die Lichtgestalt, die uns bis heute erleuchtet: wie hätten ihn dann die Zeit- und Glaubensgenossen, die ihn im Unterschied zu uns kannten, für einen »gewissen feindlichen Menschen« halten können? Wenn er die Wahrheit so liebte: warum hat er sie die anderen nicht auch o h n e ihn und g e g e n ihn denken lassen? Verstanden hat man ihn damals schon schlecht, denn an seinen Briefen haftete der Geruch des »Schwerverständlichen« (2 Petr 3,15 f). Mit dem Wohlgeruch Christi an sich (2 Kor 2,15) wußte er das zu schätzen.

Was berichten Theologen über sein Leben? Etwa folgendes: geboren vermutlich im Jahre 10 n. Chr. in Tarsus (Kleinasien), entstammte Paulus einem jüdischen Elternhaus, erhielt bei seiner Beschneidung am achten Tage nach der Geburt den Namen Saul und wurde von seinem Vater, der Pharisäer war, streng nach den Mose-Gesetzen erzogen; die Familie besaß das römische Bürgerrecht.

Früh zog es Saul nach Jerusalem; von dem berühmten Thoralehrer Gamaliel wollte er sich dort zum Rabbinen ausbilden lassen. In seiner Hingabe an das Ideal jüdischer Orthodoxie mühte er sich so eifrig ab, daß er darin seine Altersgenossen übertraf.

Als in Judäa das Judenchristentum aufkam (überzeugte Juden, die Christen wurden und dennoch ihren jüdischen Glauben weiterhin ausübten), ließ sich Saul von seinem frommen Fanatismus treiben, solche Christgläubigen blutig zu verfolgen, die das jüdische Gesetz anzutasten wagten. Er veranstaltete öffentliche Auspeitschungen, nahm Verhaftungen vor, stimmte in Ratsversammlungen für Tod - und dehnte seine Aktionen bis nach Damaskus in Syrien aus. Hier aber, auf der Straße zur Stadt, begegnete ihm der Herr in himmlischer Glorie und bestimmte ihn von nun an zu einem seiner apostolischen Werkzeuge. Ohne sich sogleich mit den Jerusalemer Christen anfreunden zu wollen, brach Paulus überraschend nach dem abgelegenen Arabien auf. Drei Jahre später lernte er in Jerusalem Kephas (Petrus) kennen. Nach einem längeren Aufenthalt in seiner Heimatstadt Tarsus besuchte ihn dort der ehemalige Levit Barnabas, der in Antiochia dem Herrn »viel Volk« zugeführt hatte, und gewann ihn dazu, unter den ersten heidenchristlichen »Christianern« mitzuarbeiten; die beiden Männer unternahmen später, von der syrischen Küste aus, eine erste gemeinsame Missionsreise nach Cypern.

Als es zur Streitfrage kam, ob man von den bekehrten Heiden die jüdische Beschneidung verlangen sollte, reiste Paulus abermals in die heilige Stadt, um den Uraposteln sein gesetzesfreies Evangelium vorzulegen. Das Jerusalemer Apostelkonzil wurde für ihn zum Erfolg: Er erhielt die Zustimmung, seine heidenchristlichen Anhänger weiterhin vom jüdischen Gesetz freizuhalten; zudem wollte sich die Muttergemeinde auf die gesetzliche Judenmission beschränken.

Doch trotz dieser im Geiste Christi getroffenen Vereinbarung hatte sich der Apostel später immer wieder mit judenchristlichen Gegenmissionaren herumzuschlagen; jahrelang mußte er sich mit unberechtigten judaistischen Gesetzesforderungen auseinandersetzen.

Dennoch konnte Paulus auf eine gedeihliche Missionstätigkeit in etlichen größeren Küstenstädten am Mittelmeer zurückblicken: wie Ephesus, Philippi, Thessalonich, Korinth, wo er Gemeinden gründete, mit denen er (Ephesus ausgenommen) Briefe wechselte. Allerdings blieb seine apostolische Autorität stets angefeindet; besonders in Korinth hatte er Bedrängnisse zu erdulden.

Am Ausgang des 6. Jahrzehnts erschien Paulus mit einer großen Kollekte, die er mehrere Jahre lang unter seinen Gläubigen für die Muttergemeinde gesammelt hatte, in Begleitung einiger Gemeindevertreter zum letztenmal in Jerusalem. Nun kamen seine Gegner zum Zuge; nach der falschen Anschuldigung, einen Heiden mit in den Tempel genommen zu haben, wurde er von Römern verhaftet und zwei Jahre in das Gefängnis Cäsareas gesteckt. Da man ihm sein Recht vorenthielt, berief er sich auf den Kaiser in Rom.

Hier wurde eine kleine Mietwohnung, die er nur unter Bewachung verlassen durfte, sein letztes Quartier. Ob er sich noch vor dem kaiserlichen Reichsgericht verteidigen mußte, ist nicht überliefert. Immerhin konnte er trotz seiner Freiheitsbeschränkung weiter missionarische Erfolge für sich verbuchen; am Ende erlitt er er unter Kaiser Neros Willkürverfolgung den Märtyrertod durch Enthauptung.

Sind diese Daten aus dem Leben Pauli zuverlässig? Sie gehören (weitgehend) zur lukanischen Hagiographie und zur (nachgebeteten) paulinischen Autobiographie. Hätte sich einige Zeit nach Pauli

Tod ein heidnischer, aber nicht heidenchristlicher Autor dazu entschlossen, des großen Mannes öffenlichen Lebensgang nüchtern und respektlos zu beschreiben: seine Darstellung wäre anders ausgefallen als die des Apostels in den Briefen und die des Lukas in der Apostelgeschichte!

Wir verstehen unser wissenschaftliches Unternehmen als diese längst fällig Kritik paulinischer Biographie. Sie wird unerwartete Tatsachen aufdecken.

# Einleitung
# –
# Das übermalte Bild

Wie hat man bisher Paulus »erforscht«? Nachdem man seine hinterlassenen biographischen Bemerkungen in den Rang b e w i e s e n e r Wahrheiten erhoben und ein für allemal darauf verzichtet hatte, diesen Wahrheiten Beweise abzufordern, stand man gegenüber späteren, ernsthaften Einwänden in jedem Untersuchungsgang von vornherein auf verlorenem Posten. Dennoch gebärdete man sich, als wäre es umgekehrt; nach kurzer Einrede schien alles Bedenken schamhaft zu verstummen. Hätte nicht so ein »harmloser« Widerspruch der naiven Redlichkit der Forscher etwas von einer womöglich raffinierten Unredlichkeit ihres Forschungsobjektes erzählen können?

Das Vertrauen auf den integeren Mann, die unterwürfige Demut der Forschung blieb unerschüttert; niemand stutzte oder zweifelte, niemand bohrte weiter oder wagte, Schlüsse zu ziehen. Treuherzig versicherte man: Zugegeben, wir können diese Behauptung des Apostels mit den uns bekannten Daten aus seinem Leben nicht zusammenbringen, aber: wissen wir denn genug über sein Leben? Nicht er, der kanonische Verkünder, ist in Verlegenheit, sondern w i r , die Unwissenden, sind es!

An Beispielen für diese freiwillige Erblindung bieten sich folgende Muster an: Paulus ein frommer Jude, schriftgelehrter Rabbine und Pharisäer? Er ist es nirgendwo. Also muß sein Rabbinen- und Pharisäertum eine kurze Periode gewesen sein; denn nur so konnte aktenkundig werden, was seinen Zeitgenossen entging. - Paulus verheiratet, wie es sich für einen echten Rabbinen gehört? Er begegnet uns stets als frauenfeindlicher Hagestolz. Dann hat wohl Paulus seine Absicht zu heiraten nicht mehr rechtzeitig ausführen können; seine Christusbekehrung kam ihm dazwischen.

Paulus ein wütender Christenverfolger? Er hat nirgendwo blutige Erinnerungen hinterlassen. Dann hat er gewiß die neue Glaubensbewegung nur geistig vernichten wollen, durch Diskussion und Verleumdung. - Paulus, der große Sammler einer Kollekte für die armen Jerusalemer Christen? Aber diese bedauernswerten Leute haben die Geldspende nicht erhalten; also hat natürlich unser Apostel bei der Geldübergabe die Öffentlichkeit ausgeschlossen und die Kollekte in einem Jerusalemer Hinterzimmer übergeben - heimlich, dabei flüsternd.

Die Farben auf dem Gemälde bröckeln, und darunter schimmert ein anderes Bild hervor. Doch anstatt das beschädigte, aufgemalte Bild sorgfältig abzutragen, stellen es die Restauratoren immer wieder her. Fürchten sie, das übermalte Bild könnte das wertlosere sein? So sind wir dem wahren Paulus ohne Unterstützung auf der Spur und tasten uns mit Menschenkunde an ihn heran.

Verrät uns nicht oft der Sprachton und die Ausdrucksart eines Menschen, w i e er meint, w a s er sagt? Übertreibt er, überbetont er, trumpft er unnötig auf, weil er unbedingt will, d a ß man ihm glaubt? Wir werden sehen: In Pauli Briefen h ä u f e n sich solche Auffälligkeiten.

Zeigt uns nicht eine genauer und schärfer blickende Menschenbeobachtung, daß auch der Selbstlose sich zuerst selbst behaupten will? Ist nicht Nächstenliebe, Hilfsbereitschaft, Mitempfinden für den, der solche schätzenswerten Züge vorweist, zuallererst einmal d e s s e n Art, im Leben mitzuhalten und sich in seiner Umwelt darzustellen? Erfüllt er nicht auch d a r i n sein Lebensverlangen, glücklich zu werden? Wie konnte man es sich dann versagen, unseren Apostel einmal nach s e i n e n Selbstbezügen auszuhorchen? Was hatte e r davon, wenn er s o redete, wie e r redete?

Kein Mensch spricht stets aus, was er denkt, fühlt, will - auch dann nicht, wenn er glaubt oder vorgibt, es zu tun. Doch auch was er verheimlicht, muß nicht zuverlässig verborgen bleiben. In bestimmten Momenten seiner e r z w u n g e n e n Handlungen ist er unfähig, sich seinen Absichten gemäß zu kontrollieren; zumal dann, wenn er obendrein über sein Tun die Übersicht verliert (und wer von uns käme nicht in solche Situationen).

Was er bisher bewußt hintanzuhalten verstand, bricht jetzt hervor; manchmal nur in einer verräterischen Nebenbemerkung, einem h a l b bedachten Wort. Und: selbst wer bewußt »lügt«, ist nicht in der Lage, in jedem Augenblick die Konsequenzen seiner »Lügen« für andere Aussagen zu bedenken. Auch Paulus unterlag solchen Verhaltensweisen. Deckte sich s e i n psychischer Kanon nicht mit den durch Erfahrung bestätigten Gesetzmäßigkeiten menschlichen Seelenlebens: haben wir dann Grund, an seiner Wahrhaftigkeit zu zweifeln?

# Unjüdisches Judentum

Zumeist ungefragt, vielleicht sogar wider den Augenschein und ohne Dokumente: Paulus hat stets seine jüdische Herkunft und Erziehung beteuert. Zum vorgeschriebenen Zeitpunkt beschnitten, sei er Israelit aus dem Stamme Benjamin, Hebräer von Hebräern, Nachkomme Abrahams; ja, er sei ein vor dem Gesetz untadeliger Pharisäer gewesen, der in seinem Judentum viele Altersgenossen aus seinem Volk übertraf. In besonderem Maße sei er für die Überlieferungen seiner Väter eingetreten, als er die christliche Gemeinde verfolgte (Phil 3,5 f; Gal 1,13 f, 2 Kor 11,22).

Diese Aussagen bekräftigt Lukas in der Apostelgeschichte. Als Sohn von Pharisäern geboren, habe Paulus von Jugend auf, von Anfang an, in Jerusalem gelebt. Dort sei er zu Füßen des berühmten Thoralehrers Gamaliel nach der Strenge des mosaischen Gesetzes unterrichtet worden; das könnten alle Juden bezeugen (Apg 23,6; 22,3; 26, 4 f).

Gerade diese letzte Bemerkung wird uns stutzig machen müssen. Wie sollten wohl alle Juden von Pauli Pharisäerexistenz gewußt haben - in einer Stadt wie Jerusalem mit mehr als 100.000 Einwohnern und ca. 6.000 Pharisäern?! Und auch die Versicherung, Pauli pharisäischer Lebenswandel sei von Anbeginn dort bekannt gewesen, will zuviel sagen. Für wen sollte der namenlose Jüngling so interessant gewesen sein?

Auch Paulus selber betont zu stark. Stellt er nicht seine (angebliche) Beschneidung und Volkszugehörigkeit wie einen Titel voran? Man hat die Beobachtung gemacht, daß gerade der Diasporajude, der von außen auf das palästinensische Judentum blickt, dieses viel leuchtender erscheinen lassen will als der von dort stammende Jude selbst. Aber sein Diasporajudentum möchte Paulus nicht wahrhaben, denn an keiner Stelle seiner Briefe erwähnt er den unjüdischen Geburtsort, den wir nur durch Lukas kennen.

Auch die Auskunft, er (Paulus) habe sich unter seinen Altersgenossen hervorgetan, taugt nicht viel. Da ein Pharisäer stets Ehrfurcht vor den Älteren zu zeigen hatte, konnte er von sich aus niemals behaupten, ältere Genossen an Leistung übertroffen zu haben. Sich mit den gleichaltrigen zu vergleichen war demnach eine nichtssagende Wertung ohne Erfahrungshintergrund.

Eine Selbstverständlichkeit stellt auch Pauli Formulierung dar, ein Pharisäer nach dem Gesetz gewesen zu sein (Phil 3,6). Ja, wonach sonst? In Palästina war es unter den Pharisäern üblich, verdienstvolle Männer aus ihren Kreisen mit prägnanten Titeln zu benennen und so etwa einen Pharisäer der Gottesfurcht von einem Pharisäer der Gottesliebe zu unterscheiden. Hätte also Paulus einen ähnlich ehrenvollen Namen getragen, hätte er ihn hier vorgebracht.

Stattdessen bot er, wie schon mit der Bemerkung über die Altersgenossen, ein lediglich analytisches, in sich törichtes Urteil an: Er hatte vor den anderen dadurch Aufsehen erregt, - daß er so war wie die anderen!

Paulus war römischer Bürger von Geburt; sein Vater erwarb das Privileg der römischen Staats- und Stadtbürgerschaft (es handelte sich um ein zweifaches Recht) erst in späteren Jahren. Hieße das nicht: Paulus müßte im Hause doppelter Römerei orthodox jüdisch aufgewachsen sein? Undenkbar!

Ist er überhaupt als Jüngling in der jüdischen Hauptstadt gewesen? Nach jüdischem Brauch hätte er dort im Alter von fünfzehn Jahren mit dem Studium des Talmud beginnen müssen, wäre also etwa im Jahre 25 nach Jerusalem gekommen. Da ein Rabbinenstudium mindestens zehn Jahre dauerte und Jesu Tod für das Jahr 30 festgesetzt wird, hätte er die Zeit des öffentlichen Auftretens Jesu, seine Wirkens- und Leidenszeit, voll miterleben müssen. Doch Paulus weiß nichts von dessen Streitgesprächen, von der Vertreibung der Händler aus dem Tempelvorhof; von der Heilung Lahmer, Blinder, Abgezehrter am Schaftor; vom Eselsritt in die Stadt; er hat nichts von der Gefangennahme im Garten Gethsemane, von der Gerichtsverhandlung gegen ihn, nichts von seiner Hinrichtung gehört; er nennt lediglich die abstrakten Eckdaten: Geburt und Tod - ohne sie doch wirklich zu kennen!

Gewiß hätte in seinen Briefen Trauer um den getöteten Herrn nachklingen, der Schmerz in ihm fortwirken müssen. Selbst wenn er zu jener Zeit noch kein inneres Verhältnis zu dem Nazarener hatte: die spätere Nähe des Geistes hätte die ursprüngliche Distanz emotional aufgeladen, hätte womöglich Reue hervorgerufen, Versäumnisbewußtsein geschaffen, Hader mit sich selbst geweckt, Selbstvorwürfe erregt. Nichts von alledem.

Wo er direkt auf den Tod Jesu zu sprechen kommt - die Herrscher dieser Welt hätten den Herrn der Herrlichkeit gekreuzigt (1 Kor 2,8) - , da hat er nicht (wie es doch hätte sein müssen) den gequälten Menschen Jesus vor Augen, sondern den real gar nicht erfaßbaren und erlebbaren überirdischen Gottessohn. Und an Stelle des Kaisers, Königs, Statthalters, Oberpriesters, von Hauptleuten und Henkersknechten, sieht er geisterhafte Weltarchonten (das bedeutet der oben angeführte Terminus) am Werke. Nein, Paulus hat nicht zu jener Zeit in Jerusalem gelebt.

Aber füllen wir unsere Beobachtungen auf. Verrät sein Denken rabbinische Eigentümlichkeiten, wie sie sich nach einem längeren Studium ergeben hätten? Für einen Rabbinerschüler stand das Auswendiglernen der Thoratexte und der anerkannten Lehrüberlieferung im Mittelpunkt des Unterrrichtes. Rhythmische Körperbewegungen, sich wiederholende Gebärden und Gesten unterstützten mnemotechnisch das Gedächtnisprogramm; der Schüler kombinierte Wortabläufe und Sprachmelodien und brachte lange Versreihen psalmodierend hervor. Die Lerntexte wurden dafür zuvor grundsätzlich nach Autorennamen oder Bibelstellen angeordnet oder ähnliche Gedanken unter bestimmten Themen rubriziert, so daß auch Stichworte assoziativ wirken konnten. Der Erfolg war verblüffend: Ohne jeden Gedächtnisfehler, ohne Textabweichungen konnte der Rabbine oft noch nach Jahrzehnten die erlernten Schriftstoffe auswendig aufsagen.

Bei Paulus ist von dieser Lerntechnik, die ihn doch nachhaltiger als andere (Gal 1,14 !) hätte beschäftigen müssen, nichts zu entdecken. Seine Zitate strotzen von Schnitzern - von so vielen, wie sie für einen ehemaligen Thoraschüler nicht mehr verzeihlich wären! Immer wieder läßt er Worte und Satzteile aus oder fügt neue hinzu; nach 84 untersuchten AT-Zitaten, die man seinen Briefen entnahm, waren so viele Textabweichungen zusammengekommen, daß der Schluß berechtigt war, die wortgetreuen Zitationen seien bei Paulus gegenüber fehlerhaften in der Minderzahl (Um auf nur drei Beispiele hinzuweisen: Man vergl. Rö 3,15 - 17 mit Jes 59,7 - 8; Rö 9,27 mit Jes 10,22 - 23; 1 Kor 15,54 f mit Jes 25,8 und Hos 13,14). Lag ihm nichts am richtigen Zitieren? Wollte er auf ahnungslose Heiden nur den Eindruck des Schriftgelehrten machen und sich mit altehrwürdiger Gelehrsamkeit schmücken?

Als jüdischer Schriftkundiger hätte er natürlich während seiner Studienzeit die hebräische Sprache erlernt haben müssen, denn für jede zunftgemäße Exegese der jüdischen Schriften, ja für alle Fachdiskussionen unter den mosaischen Gelehrten galt die Kenntnis des Hebräischen als Voraussetzung, der hebräische Wortlaut aller erörterten Texte als Grundlage und heilige Norm. Konnte Paulus hebräisch - schreiben - lesen - sprechen?

Durchforscht man seine Briefe daraufhin, stößt man auf viele sog. »Hebraismen«, Wortformeln, die wie eine griechische Übersetzung feststehender hebräischer Ausdrücke klingen, etwa die Wortverbindung: »mit Furcht und Zittern« in 2 Kor 7,15; »Fleisch und Blut« in 1 Kor 15,50 und Gal 1,16; »Anstoß und Ärgernis« in Rö 14,13; »ohne Murren und Bedenken« in Phil 2,14. Verraten solche Wortprägungen das bleibende hebräische Sprachgefühl dessen, der sich seit frühester Jugend in dieser Sprache auszudrücken pflegte? Nein.

Alle Hebraismen, die Paulus in seinen Briefen verwendet, entstammen der *Septuaginta*, der griechischen Übersetzung der jüdischen Bibel, die er fleißig las (Auf die obengenannten Beispiele bezogen:

»Furcht und Zittern« aus Ps 2,11; »Fleisch und Blut« aus Gen 37,27; »Anstoß und Ärgernis« aus Jes 8,14; »ohne Murren und Bedenken« aus Ps 105,25).

Aber er ging auch über die griechische Vorlage hinaus und warf mit aramäischen Brocken um sich, die dort nicht vorkamen, wie »abba« (»lieber Vater«) oder »maranatha« (»lieber Herr, komm«); er hatte sie aus den judenchristlichen Gemeinden bezogen, die damit in ihren Versammlungen Jehovas Nähe beschworen.

Hätte Paulus die jüdisch-christliche Ursprache beherrscht, dann hätte er auch eigene »Hebraismen« gebildet und sie für seine tägliche Umgangssprache ins Koiné-Griechische übernommen. So dürfte wohl ein gebürtiger (aramäischer) Hebräer, der sich seine spärlichen Kenntnisse der eigenen Muttersprache extra anlesen oder überliefern lassen mußte, eine ebenso absurde Vorstellung sein wie der rabbinische Musterschüler, der außer Zitationsfehlern nicht viel gelernt hätte!

Kommen wir noch zu den wichtigeren I n h a l t e n rabbinischen Denkens. Hier geht es in erster Linie um das mosaische Gesetz, wie es der Psalmist in Ps 119 in seiner Bedeutung für die frommen Juden beschreibt. Der freut sich an der göttlichen Weisung und hat seine Lust an ihr; in allen Notlagen ist das Gottesgesetz sein Trost, denn es erquickt seine Seele und erfüllt sein Herz mit Dank. Die Pharisäer als die legitimen Interpreten dieses Gesetzes haben darum die Thora nicht nur als kalte Anordnung in Gestalt von Geboten und Befehlen verstanden, sondern als Lebensweisung, als auserlesene Gnade, die Gott seinem Volk in der Offenbarungsstunde am Sinai hatte liebevoll gewähren wollen.

Ganz anders Paulus darüber. Für ihn ist das gleiche Gesetz ein harter Zuchtmeister, der den Menschen zum Gehorsam antreibt: ein Gefängniswärter, der den Unmündigen gefangenhält. Wie jedes derbe Verbot stachelt es denjenigen, der sich ihm sklavisch unterwerfen soll, erst recht zum Widerspruch auf und treibt ihn in heillose Leidenschaften hinein (Rö 7,8; Gal 3,19; 3,24).

Weil das Gesetz so unweigerlich in Knechtschaft führt (Gal 4,24), kann es nicht dem ursprünglichen Willen Gottes entsprechen. Bevor Gott es am Sinai verkündet, hatte er deshalb schon Jahrhunderte zuvor den Glauben des Stammvaters Abraham als vollgültigen Glauben o h n e Werke - ohne volle Gehorsamsleistung gegenüber den gesetzlichen Forderungen - gelten lassen; allein dafür hatte Gott ihn gerecht gesprochen und ihm eine Nachkommenschaft wie Sterne am Himmel und Sand am Meer verheißen.

Konnte Paulus so abschätzig über das Gesetz schreiben, wäre es ihm einmal in seiner Jugend blutvoll nahegebracht worden? Wohl kaum. Die Thora wäre im noch ungeprägten Inneren des jungen Menschen zu einer individuellen Macht angewachsen, um einen Prozeß der Identifizierung einzuleiten, der auch sein Ichbewußtsein umgestaltet hätte; das Verinnerlichungsgeschehen hätte das unbewußte Ziel verfolgt, das heilige Gesetz in die tieferen Schichten des Ichs zu versenken und es als Über-Ich zum Bestandteil der Innenwelt zu machen (Es ist hier dienlich, auf Begriffe der Psychoanalyse zurückzugreifen). Je länger und ausgiebiger Paulus in seiner Frühzeit dem sanften Geist der Rabbinen ausgeliefert gewesen wäre, um so schwerer hätte es ihm fallen müssen, sich in späteren Jahren das Gesetz als fratzenhaftes Ungeheuer auszumalen.

Daß er es so, wie es die Rabbinen lehrten, gar nicht kannte, beweist uns die Abstraktion, mit der er es behandelt. Stets spricht er vom Gesetz schlechthin, als habe es keinen besonderen Inhalt für ihn. Auf einen Gesamtbegriff ohne Einzelmomente ist er fixiert - einen summarischen Posten, der ihn unfähig macht, nur eine einzige Gesetzesbestimmung beim Namen zu nennen. Hätte er nicht als angeblicher Thorastudent kultische Reinheit praktiziert, besondere Sabbatmahlzeiten eingehalten, Freuden- und Trauerfeste Jerusalemer Familien mitgefeiert?

Wie müßte sein Gedächtnis mit solchen alltäglichen Eindrücken der Thorapraxis umgegangen sein, mit der Fülle kleinerer Bestimmungen, die er kennenlernte? Partiell wäre sein Ich mit bewußten, sein Über-Ich mit unbewußten Erfahrungen einem monströsen Selbstverschlingungsprozeß zum Opfer gefallen! Doch damit hätten wir wohl unseren Apostel zu einem Fabelwesen griechischer Mythologie gemacht.

Sind wir uns indes darüber klar, daß für Paulus unbewußte Vorgänge eine Rolle spielten, die er nicht steuern und schon gar nicht zu einem Zeitpunkt n a c h ihrem Auftreten bewußt herbeiführen oder nachgestalten könnte, sind wir gerüstet, ein weiteres Motiv seines Denkens und Sprechens einzuordnen.

Die Lehrart und Ausdrucksform der Schriftgelehrten charakterisierte der wiederkehrende Gebrauch bestimmter Bilder und Vergleiche. So entstand im Laufe mehrerer Jahrhunderte ein reiches rhetorisches Anschauungsmaterial, ein Bedeutungsreservoir rabbinischen Gedankentums, aus dem bei Bedarf der Gelehrte die bewährten Gleichnisse bezog. Sie entstammten durchweg der Lebenswelt des ATs, dem Alltag auf dem Lande. Da war die Rede vom Worfeln, Sieben, Messen des Getreidekorns; vom Brotbacken auf heißen Steinen, vom Milchdrücken beim Buttern; von Jagdnetzen, Schleppnetzen, Wurfnetzen; von Lehmklumpen des Töpfers, von Gurkenfeldern, Wachtürmen an den Weinbergen; vom Traubentreten, Ölpressen, Wollefärben, Tuchabschneiden beim Weben; aber auch von der Natur ohne Menschen; von Bergziegen, Klippdachsen, Heuschrecken, Ameisen, Eidechsen.

Welche Metaphern bevorzugte Paulus? Die aus dem Stadtleben und noch dazu jene aus der heidnischen Art dieses Lebens! Er fabuliert über Anzahlungen und Hauptzahlungen von Geldern (2 Kor 1,22), über Gepflogenheiten aus dem Bank- und Geschäftsleben (Phil 4,15.17); er spielt auf Dinge und Vorgänge aus den Gebieten der darstellenden Künste an, indem er vergleichend mit Flöte, Leier, Trompete (1 Kor 7,31) oder dem Kulissenwechsel auf der Bühne (1 Kor 7,31) theologische Überlegungen anstellt; er holt sich sein sprachliches Material auch aus dem Soldatenstand, schreibt von Waffen zu Angriff und Abwehr, von Kriegslohn und Requirierung (Rö 13,12; 2 Kor 6,7; 2 Kor, 11,8), von Bollwerken, die gestürmt werden müssen (2 Kor 10,4).

Selbst die griechischen Nackthallen, die Gymnasien, wo sich die jungen Athleten auf die großen Wettspiele vorbereiteten, verschmäht er nicht. So denkt er an die Sporthelden in den Rennbahnen, an Faustkämpfe in den Arenen, wenn er seine missionarischen Anstrengungen veranschaulichen will (Gal 2,2; 5,7; 1 Kor 9,24f).

Der Rabbine, penibel und körperscheu, verachtete die ganze heidnische Theater- und Körperkultur. Er konnte sich in einem Winzer wiedererkennen, der mit seinen Naturalabgaben alle gesetzlichen Auflagen erfüllt; ein nackter Schauathlet jedoch, der nur die Regeln seines ordinären Sports befolgte, war ihm widerwärtig.

Und nun hätte der orthodoxe Jude Paulus nicht nur alles pharisäische Vergleichsmaterial beiseite tun, sondern seine Sprachbilder auch noch verpönten, anrüchigen Lebensbereichen entnehmen sollen? Selbst als ehemaliger Zunftgenosse, als Schlußlicht seiner Rabbinenklasse, wäre er davor zurückgeschreckt! Ein anerzogenes, unüberwindliches Tabu in seinem Inneren hätte ihn daran gehindert, sich sprachlich derart zu profanieren. Sein Judentum, auf das er angeblich so stolz war, hätte er dabei hassen müssen: doch wer erfände sich eine hassenswerte Fiktion?

Stellen wir zum Schluß unserer Überlegung die Frage, die sich aufdrängt: warum eigentlich wollte Paulus unbedingt Hebräer, Israelit, Abrahamsnachkomme, untadeliger Pharisäer und rabbinischer Gelehrter sein? Warum buhlte er um sein »fernöstliches« Ansehen?

Bei den Juden galt nur derjenige als weiser Mann mit Autorität, der die Thora studiert hatte. Wollte Paulus das Christentum von seinem Ursprung, dem Judenchristentum, lösen, um im Heidenlande in eigener Verantwortung als Missionar Furore zu machen, mußte er den Ruf nähren, das Judentum besser zu kennen als die, die es gegen ihn vertraten; er hatte selber eine einwandfrei jüdische Vergangenheit durchlebt, war ein Insider der Mosesreligion und wußte, was er tat, wenn er sie schmähte. Nur als einer, der die Erziehung im Gesetzesgehorsam am eigenen Leibe mitgemacht hatte, konnte er das Vertrauen für seine Lehre gewinnen, sich keinesfalls auf dieses Gesetz als Christ neu einzulassen. Mit Gottes Forderungen hatte er einstmals unerbittlich Ernst gemacht, und er hatte sich so sehr mit ihnen abgemüht, daß es ihm gelungen war, das falsche Gesetz i n n e r l i c h zu überwinden.

Unsere Nachweise führen uns zu dem Schluß: **Paulus sagt nicht die (historische) Wahrheit über seine Herkunft**, wenn er (in Gal 1,13; Phil 3,5 f; 2 Kor 11,22) seine Untadeligkeit als Israelit und Pharisäer hervorkehrt. **Die für ihn idealen Angaben sind Fiktionen, die er als christlicher Außenseiter real nötig hatte.**

Natürlich war er von Geburt Jude, doch war er auch beschnitten? Sein geschäftstüchtiger Vater, rom-orientiert, weltoffen, wird am achten Tage nach der Geburt des Sohnes an andere Dinge gedacht haben als an ein blutiges Synagogenritual. Während er womöglich um Synagogen einen weiten Bogen machte, könnte der junge Saul, bildungsbeflissen und neugierig, von den Vorträgen, die in ihren Räumen stattfanden, angelockt worden sein. Wußte man, was einem die gelehrten Kenntnisse einmal nutzen würden?

Was bedeutet unser Befund für Paulus als Christenverfolger und Gottberufenen? Brauchte er ein volles Judentum dazu, stünde es schlecht damit.

# Der
# Papyruslöwe

Wer auf Zweifel stößt, wiederholt seine Behauptung, meistens öfter. Viermal hat Paulus in seinen Briefen versichert, die Gemeinde Gottes verfolgt zu haben: über die Maßen, voller Eifer, habe er sie verfolgt und zerstört (Gal 1,13; 1 Kor 15,9; Phil 3,6). Und er bietet dafür sogar eine Art von Zeugenschaft an: Die Gemeinden in Judäa, denen er von Person unbekannt war, hätten von den Betroffenen gehört: der sie einst verfolgt und ihren Glauben zerstört habe, der verkündige jetzt selber den Glauben. Und sie hätten ihn deshalb gepriesen (Gal 1,22-24)!

Daß sich Paulus nur recht allgemein ausdrückt, hat sogar schon Lukas bemerkt; in der Apostelgeschichte lieferte er deshalb ein paar anschauliche Daten nach. So habe Paulus die Tötung des Stephanus, an der er Wohlgefallen fand, dazu ausgenutzt, in die Häuser der Christen einzudringen und Männer wie Frauen gefesselt in die Gefängnisse zu zerren; dazu hätten ihn die Hohenpriester bevollmächtigt. In den Ratssitzungen hätte er, sollten Christen getötet werden, seine Stimme dazu abgegeben. Als es dann nötig wurde, die aus Jerusalem geflohenen Gläubigen - die Apostel ausgenommen, die in der Stadt geblieben wären - weiterzuverfolgen, habe er sich von den Hohenpriestern die entsprechenden Schriftstücke erbeten. Sie sollten ihn berechtigen, in den Synagogen der auswärtigen Städte die christlichen Störenfriede festzunehmen und sie nach Jerusalem zu schleppen; auf diese Weise sei er bis nach Damaskus vorgedrungen (Apg 8,1-3; 9, 1f. 13 f; 22,4 f. 19; 26,9-12). Doch war er das wirklich?

Lukas schien genau zu wissen, was Paulus tat: warum wußte der es selber nicht? Oder verschwieg er es? Offenbar drückt er sich davor, seinen Lesern anzuvertrauen, w o er die christliche Gemeinde bedrängt und um welche Gemeinde in welcher Stadt es sich dabei gehandelt habe. Er sagt nur: um die Gemeinde Gottes. Doch während er anderswo nicht versäumte, von der Gemeinde Gottes in Korinth, in Galatien, in Thessalonich oder von den Gemeinden in Judäa zu sprechen, unterließ er in seinen Verfolgernotizen jede nähere Angabe. Selbst da, wo er die Gemeinde Gottes schlechthin meinte, erfährt der Leser, in welcher Ortsgemeinde sich hier die Gesamtkirche repräsentierte. Man hat eingewendet, seinen heidnischen Lesern sei klar gewesen, daß er an die Jerusalemer Urgemeinde dachte; doch darauf hätten sie von sich nicht kommen können. Alle Christen waren für Paulus »Heilige«, Heilige in einer bestimmten Stadtgemeinde; die Jerusalemer aber waren ohne geographischen Hinweis »Heilige«, d i e »Heiligen«, und jedermann kannte die Adresse der so Geehrten (s. 1 Kor 16,1; Rö 15, 25 f. 30):

37

Warum hätten sie, wenn er rückblickend von ihnen als den Opfern seiner Bluttaten redete, zu allem Übel auch noch ihren bekannten Titel einbüßen sollen?!

Wir erfahren nicht, w e r die armen Verfolgten waren; dennoch kriegen wir sie - überraschenderweise - selber zu hören. Paulus läßt sie im Chor sprechen und zitiert sie in direkter Rede (s.o. Gal 1,23):»Der uns einst verfolgte, verkündigt jetzt den Glauben, den er einst zerstörte«. Indes: wie konnte er auf den Gedanken kommen, die Worte einer Gruppe von Menschen anzuführen, die seinen Lesern vorzustellen er vorher und nachher nicht für nötig befand? Hatten diese Leser von seinem Verfolgertum bereits gehört, dann hätte es genügt, sie kurz daran zu erinnern und auf das überflüssige Vergegenwärtigungsmittel wörtlicher Rede zu verzichten; kannten sie seine böse Vergangenheit hingegen noch nicht, dann hätte er zur zitierten Rede auch die Redenden preisgeben müssen.

Akustisch konkretisieren, optisch abstrahieren: Wirkt Pauli Ausdrucksweise nicht so, als hätte er gewußt, daß er genau die Zeugen brauchte, die er nicht hatte?

Ihr anonymer Auftritt deckt uns noch eine zweite Unstimmigkeit auf. Paulus will nicht mitteilen, w a n n er verfolgt habe; er schreibt: »einst«, wörtlich »irgendeinmal«. Das ist ein unbestimmter, beiläufiger Ausdruck, den er nicht zufällig verwendet; er setzt ihn hier gleich dreimal ein. Doch ist dieser Terminus psychologisch wahr? Nein.

Könnte sich Paulus seiner antichristlichen Lebensperiode wirklich entsinnen, so entsönne er sich auch einer bestimmten, festumrissenen Zeit; er würde sie mit »damals«, »seinerzeit«, »zu jener Zeit« kennzeichnen. In seinem Inneren würden klirrende Spieße und Schwerter, fallende Leiber, die Schreie Verängstigter die vergangenen Ereignisse (das verklungene Einst) als bedrückend gegenwärtig erscheinen lassen.

Auch über sein Verfolgungsmotiv sagt er uns nichts; ja, er läßt uns mit seiner Ausdrucksweise in einen psychischen Hohlraum blicken. Er beteuert (sogar zweimal) g e m ä ß dem Eifer verfolgt zu haben (Phil 3,6; Gal 1,14) - also nicht etwa voller Eifer; »Eifer« war das gebräuchliche Sammelwort für den gebührenden Gesetzesgehorsam, den der fromme Jude zu leisten hatte.

Der »Täter« Paulus war demnach nicht von einem persönlichen Affekt erfüllt, sondern verstand sich lediglich als Korrelat der geltenden, sachlichen Norm jüdischer »Gottangemessenheit«. So wie er sich als Pharisäer der Gerechtigkeit beschrieb, welcher der Pharisäer ohnehin war, so beschrieb er sich hier als »eifernder« Verfolger, der dieser, trat er als jüdischer Gerechtigkeitsdiener auf, ebenfalls ohnehin zu sein hatte. Doch wer würde einschlägige Erfahrungen, die zum besonderen Werdegang seiner Persönlichkeit beitrugen, hinter vorgeschriebenen Verhaltensweisen verstecken?

So sind selbst theologische Forscher geneigt, auf die Annahme einer Christenverfolgung in Jerusalem zu verzichten. Der Hohe Rat hätte ja gar kein Todesurteil vollstrecken dürfen! Allein die römische Obrigkeit, die über das Land bestimmte, wäre dazu berechtigt gewesen; und die mischte sich in jüdische Religionsfragen nicht ein. Lukas perhorresziere, wenn er den jungen Pharisäer Saul in amtlich beschlossene Todesmaßnahmen, für die angeblich Juden die Verantwortung trugen, einbeziehe (Apg 22,4; 26,10). Sei es zur Steinigung des Stephanus gekommen, dann natürlich o h n e Saul und lediglich als Lynchjustiz.

Hätte Paulus nicht in Jerusalem verfolgt, wo dann? Er habe das, so versichert man uns, in Damaskus getan. Lukas nenne die syrische Hauptstadt dreimal (Apg 9,2; 22,5; 26,12) - und Paulus notiere selbst in Gal 1,17, im Anschluß an seine Bekehrung wieder nach Damaskus zurückgekehrt zu sein. Habe er aber schon vorher dort als Thora-Oberer herumkommandiert, dann müßten die Damaszener Christen mit den hellenistischen Männern und Frauen identisch sein, die aus Jerusalem vertrieben worden waren.

Doch ob die wirklich so weit geflohen wären? Diese Menschen zerstreuten sich in der näheren Umgebung, und sie hatten nicht etwa das Ziel vor Augen, sich wieder im fernen Damaskus zu sammeln; sie kamen in den sogenannten Griechenstädten unter, wie Samaria, Antipatris, Skythopolis, die nicht mehr als 40 - 60 Kilometer von Jerusalem entfernt lagen; sie glaubten (wofür einiges spricht) an den baldigen Herrschaftsantritt des Messias auf den Zinnen des Tempels, und sie wollten das große Ereignis in geographischer Nähe abwarten.

Wären sie dennoch weitergezogen und hätten sich hier und da in kleineren Gruppen abgespalten, um neu Wurzeln zu schlagen, so wäre, wenn überhaupt, für die über 300 km entfernte Stadt Damaskus nur noch eine verschwindend kleine Anzahl dieser Flüchtenden übriggeblieben.

Und allein ihretwegen hätte sich Paulus auf den weiten Weg machen sollen? Warum eigentlich sollte, wie Theologen meinen, nur ein Gesetzeskundiger wie Paulus erkannt haben, daß er im agierenden Eifer als Verfolger die Gesamtverantwortung für die Thora wahrnahm und ihrer Bedrohung beispielhaft widerstand? Kein zweiter oder dritter Pharisäer unter mehreren tausend hätte es an thoratreuer Wachsamkeit mit dem jungen Heißsporn aufnehmen können? Das zu glauben setzt voraus, dem Bramarbas aus Gal 1,14 voll aufgesessen zu sein (als Thorascholar seine Altersgenossen übertroffen zu haben). Und das alles müßte er als Einzelgänger veranstaltet haben! Wie hätte er wohl ohne bewaffnete Begleitung, ohne Thorapolizei, ohne amtliche Befürworter und Helfer, mit den Gehaßten fertig werden sollen? Wehrten die sich nicht in ihrer Verzweiflung mit allen Mitteln: mit Stöcken, Messern, Steinen? Und hätten sie damit nicht gegen einen an sich Furchtsamen, Schwachen (2 Kor 10,10; 12,9ff; 1 Kor 2,3) Aussicht auf Erfolg gehabt?

War die Gefahr, die die Hellenisten (falls es sie denn gegeben haben sollte) in Jersualem für den Bestand der Gemeinde, aber auch für das offizielle Judentum darstellten, gebannt und die amtlichen Stellen begnügten sich damit, im Gegensatz zu Paulus: der stünde wie ein blindwütiger, halb wahnsinniger Fanatiker da, den nach Blutvergießen dürstete und der nicht zur Vernunft zu bringen war. Was aber hätte solche Verrücktheit mit g o t tgemäßem Gesetzes- und Glaubenseifer zu tun?!

Paulus hat immer wieder auf seine gute, böse Vergangenheit gepocht. Verfolger konnte er nur als Pharisäer der Gerechtigkeit sein; die Beteuerungen seiner Herkunft kulminierten in den Beteuerungen der Verfolgung, und seine schuldhafte Vorzeit begründete nicht weniger seine Untadeligkeit; das machte sein Unschuldsbewußtsein aus. Nach 1 Kor 3,10 war er sich seiner Sache vollkommen sicher; er hatte die grundlegende Arbeit getan, andere sollten darauf weiterbauen; sie hatten sich noch zu bewähren, er nicht; seine gute Lebensleistung stand von vornherein außerhalb jeder Überprüfung fest - auch einer Überprüfung durch Gott. Nach 2 Kor 5,10 f. war er Gott offenbar, in seiner wahren Gestalt vor ihm sichtbar gemacht; Gott wußte alles von ihm - und der fand an ihm nichts auszusetzen! Darum sehnte Paulus sich auch danach, mit dem erhöhten Herrn bald in den himmlischen Gefilden vereint zu sein (Phil 1,23; 2 Kor 5,8).

Setzen wir dagegen. Woher konnte er des göttlichen Freispruchs so sicher sein? Hätten ihn nicht Selbstzweifel plagen müssen? Während andere mit Furcht und Zittern an ihr Heil denken sollten (Phil 2,12), sonnte er sich bereits unter den Lichtstrahlen seines künftigen Heils? Sein segensreicher Apostolat hätte alle frühere Schuld ausgeglichen?

Gerade das aber konnte er nicht wissen. Darum behaupten wir: Paulus fühlte sich, was seine rabiate vorapostolische Zeit betraf, nur deshalb schuldlos, weil nichts geschehen war, das ihn belastete. Nach harmlos bürgerlichen Jugendjahren hatte er sich der neuen Glaubenssekte auf banale, nicht auf dramatische Weise angeschlossen.

Ob er sich nach Psalm 7 zum großen Verfolger stilisierte? Dort heißt es, David (der Getreue Gottes wie der verfolgte Christusjünger später) habe sich vor einem wilden blutrünstigen Menschen geängstigt, der ihn bedrängte; der war der böse Feind für ihn, der Frevel und Unheil brachte. In Ps 18,49 dankt der fromme Beter Gott, ihn von diesem Unmenschen, diesem Manne der Gewalttat befreit zu haben. Für den eifrigen Septuaginta-Leser Paulus ein gefundenes mythologisches Fressen!?

Ein womöglich noch deutlicherer Beleg für die Irrealität der Verfolgervergangenheit ist Pauli Umgang mit den ehemaligen Opfern. Konnte er wirklich von sich sagen, er habe niemandem Anstoß gegeben (2 Kor 6,3)? Hätte er nicht zumindest bei denen Anstoß erregen müssen, die unter den Untaten gelitten hatten und nun an ihm diese unbekümmerte Selbstgerechtigkeit beobachteten? Wie hätte er mit seiner selbstbewußten Reuelosigkeit unter den einst verfolgten Mitbrüdern (oder auch nur unter denen, die davon hörten) in Harmonie zurechtkommen können? Hätte er nicht mit Scham und Gewissensbissen auf ihre Vorwürfe reagiert? Hätte er sich nicht vor ihnen an die Brust geschlagen und ihre Nachsicht erfleht? Wir hören nichts davon; alle scheinen sich an seiner Wandlung nur erfreut zu haben.

Aber vielleicht hat man ihm gar nicht geglaubt, und etliche Christusbrüder mögen über die seltsamen Allüren des großsprecherischen Apostels gelächelt haben; auch für sie hatte er nur Theaterblut vergossen.

Vermutlich hat ihm nicht einmal Lukas geglaubt. Bei Pauli ( angeblicher) Taufe (Apg 9,17) werden Hände aufgelegt, Augen geheilt, Speisen genommen - aber nicht Sünden vergeben! Lukas erwartet von seinem Helden kein Schuldgeständnis; und wo er von dessen Verfolgungsunwesen und seiner glücklichen Bekehrung schreibt, fällt ihm nicht ein, dem zahm gewordenen Wüterich die Sünden, die doch die Sünden anderer an Schrecken übertroffen haben müßten, mit Flußwasser abwaschen zu lassen. Sollte Paulus nicht Juden **und** Heiden zur Buße aufrufen (Apg 26,20)? Und er, der sich grausam an den Heiligen Gottes vergriffen hatte, hätte nicht selber zuvor seine Buße aller Welt kundgetan?

Die Absurdität wäre vermieden, wenn Paulus fingierte und damit nicht allzuviel Erfolg gehabt hätte. Er hatte es sich wohl in den Kopf gesetzt, in einer dekadenten Zeit, unter müde und kraftlos gewordenen Glaubenssymbolen, neben vielen obskuren Gestalten, die herumzogen und den Leuten Unsterblichkeit versprachen, als überbietungsversessener Prediger mit d e r b e n Mitteln Aufmerksamkeit zu erregen. Hatte Gott ihn nicht, wie er selbst sagte, bereits von seiner Mutter Leibe an durch Gnade zum Verkünder des Evangeliums ausersehen (Gal 1,15)? Der Apostel putzte die hohe Gnadenmacht noch mehr heraus, wenn der Herr ihn aus der äußersten Gottesferne zurückholen mußte! Selbst seine Christusfeindschaft konnte seiner vorgeburtlichen Bestimmung nichts anhaben. Welches Wunder! Oder wie es ein Theologe formuliert: »Je dunkler seine Verfolgerzeit gewesen war, um so lichter wurde seine Apostelzeit«. Menschlicher Einfluß schien somit ausgeschlossen; Pauli radikalen Umschwung hatte der lange Arm Gottes bewirkt.

# Aus Damaskus nichts Neues

Hat Paulus seine christusfeindliche Gewalttätigkeit von Anfang an auf den großen Gewalteinbruch Gottes hin konzipiert, den er bei Damaskus erlebt haben will? Wollte er durch eine Gegengewalt in die Knie gezwungen werden?
An vier Stellen seiner Briefe spricht er direkt und scheinbar spontan von seinem Bekehrungs- und Berufungserlebnis. Er habe den neuen Glauben nicht von einem Menschen empfangen oder erlernt, sondern durch eine Offenbarung Jesu Christi; in ihr sah er den Herrn, in ihr erschien er ihm (Gal 1,12; 1 Kor 9,1; 15,8); Gott, der ihn von seiner Mutter Leibe an ausgesondert und durch seine Gnade berufen habe, habe es gefallen, seinen Sohn an ihm zu offenbaren, damit er ihn unter den Heiden verkünde; er, Paulus, habe sich dann nicht mit Fleisch und Blut darüber beraten und sei nicht nach Jerusalem zu den Altaposteln gegangen; vielmehr habe er sich nach Arabien begeben und sei danach wieder nach Damaskus zurückgekehrt (Gal 1, 15 ff.).
Will Paulus im selben Gottesakt (zum Glauben an den Sohn) bekehrt u n d (zur Heidenmission) berufen worden sein? In der Religionsgeschichte wäre das ein einmaliger Vorgang. Stets war ein Berufener ein schon (längst) Bekehrter; ehe Gott einem Menschen eine besondere Mission zusprach, hatte der sich vor der höchsten Rechtsordnung mit seinem Glauben bewährt.
Diesen Normalfall können wir schon im Alten Testament beobachten. Jesaja besaß den rechtmäßigen jüdischen Glauben; in seinem späteren Berufungserlebnis berührt Gott Jesajas Lippen und erteilt ihm den Auftrag, hinauszugehen und das Herz seines Volkes zu verstocken (Jes 6,1-9).
Für Jeremia lag ebenfalls der Beginn seines Glaubenslebens (das Leben in der jüdischen Vorstellungswelt) zeitlich weit vor dem Berufungsereignis. Nun hat ihn der Herr zum Propheten für die Völker bestimmt: Jeremia solle seine Lenden gürten, sich vom Herrn zur festen Burg, zur eisernen Säule, zur ehernen Mauer wider das ganze Land machen lassen und reden, was der Herr ihm gebiete (Jer 1,1ff).
Im Neuen Testament können wir die ermittelte Norm am Verhalten Jesu ablesen. Da begegnet der Herr dem Simon und dessen Bruder Andreas am See Genezareth und fordert sie zur Nachfolge auf (Mk 1,16 f); doch erst später, in einer zusätzlichen Handlung, teilt er ihnen ihre besondere Aufgabe zu (Mk 3,14 ff): bei ihm zu sein, das Evangelium predigen, Dämonen auszutreiben.
Weder bei den Propheten noch bei den Jesusjüngern ist somit Bekehrung mit Berufung identisch. Sollte man für Paulus eine große Ausnahme postulieren? Da er in vielen Fällen Ausnahmebedin-

gungen benötigt, um seine Fiktionen zu sichern, weigern wir uns bereits an dieser Stelle, seinem Geltungswillen nachzugeben.

Schon Lukas zweifelte an der Realität des paulinischen Doppelereignisses und trennte die beiden Akte wieder (Apg 22,8-10. 14 f.). Im Berufungserlebnis auf die Heidenmission verwiesen (s.o. Gal 1,16), will Paulus seine Botschaft von Anfang an, ohne Verzögerung durch Erstirrtümer und Entwicklungsschwierigkeiten, als gesetzesfreie Predigt verstanden haben: Gerechtigkeit vor Gott aus Glauben ohne (jüdische) Werke (s. 1 Kor 9,20 ff; Gal 2,15 ff; Phil 3,7 ff).

Doch wieso eigentlich hätte sich der Pharisäer Paulus, der angeblich das Gottesgesetz leidenschaftlich verteidigte, in seiner Offenbarungsstunde sogleich von diesem Gesetz lossagen sollen? Er kannte doch das Beispiel der Jerusalemer Judenchristen, die die überlieferte Lehre mit dem neuen Glauben mühelos verbunden hatten! Warum wurde er jetzt nicht Judenchrist, der seinen Gesetzesgehorsam beibehielt - so wie der zu Jesus Christus bekehrte Hellenist als Heidenchrist seine Gesetzesdistanz nicht aufgab? Die Notwendigkeit des paulinischen »Sprungs« läßt sich nicht einsehen. Wenn Gott in seiner Welt alles nach seinen Gesetzen schuf: Könnte denn dem Ei des Kohlweißlings ein ausgewachsener Schmetterling entschlüpfen, der nicht zuvor Raupe und Puppe gewesen war?

Paulus bekämpfte Christus in dessen Anhängern, und nun stand ihm dieser Christus plötzlich selber gegenüber: ja, hätte ihn die Erscheinung nicht erschrecken und ängstigen müssen? Hätte er nicht Widerstand, Bedrohung oder gar Bestrafung erwarten können? Statt dessen milde, verständnisvolle Annahme des blutrünstigen Feindes? Ein Christus, der sich für Sünder opferte und Schuld vergab, war aber im Judentum unbekannt! Hätte Paulus sich tatsächlich dem Judentum so sehr mit Haut und Haaren verschrieben gehabt, wie er versicherte: er hätte einen barmherzigen Christus überhaupt nicht begreifen können!

Paulus will auch als Missionar gleich fertiger Schmetterling gewesen sein. Seine Beteuerung, n i c h t nach Jerusalem gezogen zu sein, kann nur bedeuten, er habe es nicht nötig gehabt, sich dort von den Urjüngern über den neuen Glauben unterrichten zu lassen. Er schreckte kaum vor der Zumutung zurück, in wenigen Sekunden »erlernt« zu haben, wozu andere Wochen oder Monate brauchten.

Vermittlung durch Menschen wies er von sich; so wie er Gottes Ohr besaß, besaß Gott Pauli Mund: Vorgänge im selben Organismus, wo e i n Gehirn das Zusammenspiel aller Organe regelt. Als Paulus drei Jahre später Kephas (Petrus) kennenlernt, wäre er mit ihm nicht länger als fünfzehn Tage zusammen gewesen (Gal 1,18):

zu kurze Zeit, um von dem Säulenjünger (Gal 2,9) belehrt worden zu sein! Sei er anschließend nach Arabien gegangen, so heißt das natürlich, er habe dort sogleich das Evangelium verkündet. (Auch Lukas läßt ihn unmittelbar nach seiner Bekehrung predigen, Apg 9.19.28 f - und Paulus selber erfährt in Damaskus seine erste Widersacherschaft, 2 Kor 11,32; er war ja sofort »flügge).

Doch wie hätte er das fertigbringen können - ohne Kenntnis der arabisch-nabatäischen Sprache, ohne mentales Gespür für die einheimischen Landmenschen, nomadische Beduinen? Wir kennen dort keine christliche Gemeinde; aus Pauli späterer Missionszeit wissen wir, daß ihn große Hafenstädte anzogen; Menschen mit Stadtproblemen waren von seinem Schlage.

Nur wenige Forscher wollen übrigens den absoluten Sinn von Gal 1,12. 16-19 zugestehen, wonach er alles, was er über den neuen Glauben wissen mußte, in einem wunderbaren Augenblick erfuhr. Doch behauptete Paulus nicht, ein Geistesmensch, ein Pneumatiker zu sein (1 Kor 7,40; 2,12 u.a.), der untrügliches, vollkommenes Wissen besaß und in die Tiefen der Gottheit schaute (1 Kor 2,9 f.)? Den Offenbarungsakt, der ihn zum Christusapostel machte, scheute er sich nicht mit der Weltschöpfung zu vergleichen (2 Kor 4,6)! Und Gottes Welt war in sich vollkommen!

Wie schon in den anderen Fällen, wo er sich sein »Geheimnis« zu bewahren trachtete, hat Paulus auch mit den Damaskusnotizen das angebliche Ereignis eher verhüllt als wirklich beschrieben. In Gal 1,6.12 findet man keine Antworten auf die Fragen: Wird Jesus Christus offenbart oder offenbart der sich selbst? Wem gefiel es, ihm seinen Sohn zu offenbaren, und wer sonderte ihn aus, um ihn zu berufen? Warum, da Paulus kein frommer Jude war, nennt er Gott nicht beim Namen? Spielte er auch jetzt den Orthodoxen, der den Namen des Allerhöchsten nicht aussprechen darf, belastete er die neue Aussage sogleich mit der alten Fiktion.

Auch über das göttliche Motiv der verhüllten Vorgänge schweigt Paulus. Liebte ihn Gott vornehmlich, oder hatten sich seine Vorväter verdient gemacht, daß ihn Gott so bevorzugte? Gefiel es Gott, ihn zu erwählen, sollte gewiß der Terminus des Wohlgefallens seinen souveränen göttlichen Beschluß anklingen lassen, den zu ergründen dem Menschen nicht gestattet sei. Aber gerade damit kann der Apostel sofort den Verdacht der Selbstgeltung wegwischen und jede Diskussion über seine Würdigkeit abschneiden.

Auch die Art und Weise (das Wodurch und Wie) seiner Berufung verbirgt er. Man erfährt nur, daß alles durch Gottes Gnade geschah. Der Gottessohn erschien ihm ja nicht so ohne weiteres; es war Offenbarung durch Gnade, ihn zu erleben; erst diese Gnade befähigt zum wunderbaren Sehen. Wie schmachvoll für die armen Unfähigen! Mit herrischer Geste hatte Paulus lästige Frager und neugierige Zeugen abgewehrt, die etwa die Beobachtung gemacht oder bloß weiterzugeben hatten, es sei damals gar nichts Auffälliges und Ungewöhnliches geschehen; i h n e n hatte die Gnade Gottes eben nichts enthüllt.

Handelte es sich lediglich um einen innerseelischen Vorgang? Auch »psychologisch« läßt Paulus seine Angabe schillern: »An i h m« habe Gott seinen Sohn offenbart (Gal 1,16)? Das griechische Wort könnte sowohl »in ihm« bedeuten als auch nur »ihm«; auch ein äußeres Geschehen wäre dann nicht ausgeschlossen. Je nach Zuhörerschaft konnte Paulus so oder so betonen.

Zu der verweigerten Antwort auf das fragliche »Wie« gesellt sich als weitere Frage das unsichere »Wo«. Paulus notiert zwar, wohin er zurückgekehrt sei, nach Damaskus nämlich, aber nicht, von wo er kam; er sagt n i ch t, daß er sich schon vorher dort aufgehalten habe. Hätte die Rückkehrbemerkung nicht nur dann interessiert, wenn er in der Stadt etwas unternommen hätte, das mitteilenswert war? So kann der Leser nur vage zu erschließen versuchen, wo der Schreiber die Gottesoffenbarung erlebt habe.

Zuguterletzt kaschiert Paulus auch den Zeitpunkt des Ereignisses. W a n n soll sich das zugetragen haben? Er spricht von einem größeren zurückliegenden Zeitabschnitt, von vierzehn oder siebzehn Jahren - je nachdem, wie er gezählt wissen wollte (Gal 1,18; 2,1). Ein beabsichtigter Schwankungsspielraum?

Gliederte man seine Aussage in zwei Teile: Gott habe es gefallen, ihm seinen Sohn zu offenbaren - und Gott sei der, der ihn (zuvor) ausgesondert und berufen habe (Gal 1,15 f), dann könnte man interpretieren, der Offenbarungsakt müsse später liegen als der Berufungsakt.

Da Paulus mit dem Terminus »Berufung« stets »Bekehrung« meint, entspräche sein Erleben der Norm der zwei getrennten Akte. Aber die Mystifizierung wäre gewachsen: jetzt müßte man sich noch den Kopf darüber zerbrechen, wie man zwischen der angeblichen Verfolgerzeit und dem Damaskusgeschehen eine erste Begegnung mit Christus unterzubringen hätte, die ihn für den Gottessohn gewann. Doch wer hätte jemals d a r ü b e r etwas gehört?

Was wußte Lukas über Pauli Damaskuserlebnis? Überprüfen wir seine Angaben auf ihre historische Zuverlässigkeit. In Apg 9 berichtet er, den Verfolger Saul hätte, als er sich der Stadt Damaskus näherte, plötzlich ein Licht vom Himmel (her) umstrahlt, und er sei zu Boden gestürzt (vom Pferd, vom Maulesel), danach habe er eine Stimme gehört, die ihn mit seinem Namen Saul anredete und von ihm wissen wollte, warum er den Fragenden verfolge. Als Saul zurückfragte, wer der ihn Anredende sei, habe er die Antwort erhalten: Jesus, den er verfolge. Und er möge in die Stadt gehen und sich dort (von einem gewissen Ananias) sagen lassen, was er tun solle. Sauls Begleiter hätten sprachlos dagestanden; sie hätten zwar die Stimme gehört, aber niemanden gesehen. Saul habe dann getan, was ihm befohlen war, und hätte in Damaskus drei Tage lang weder sehen, noch essen und trinken können; danach habe ihm Ananias, den der Herr durch ein Traumgesicht zu Paulus führte, sein neues Leben als leidender Christuszeuge vor Augen gestellt (Apg 9,3 ff).

Daß Lukas mit dieser Schilderung ein in der Religonsgeschichte bekanntes Berufungsschema abwandelte, hatte die Forschung schnell entdeckt. Die Lichtschau, die Gestalt im Licht, der Bodensturz des Schauenden, die göttliche Stimme, der erteilte Auftrag, die Erblindung - das alles waren feststehende Visionsdaten, die hundertfach überliefert waren. So lassen sich Parallelen vorbringen aus der jüdisch-hellenistischen Legende von Joseph und Asenath, aus der Heliodor-Lgende, aus der Jakobsgeschichte im AT (Gen 31,11-13) - und sogar aus der spätjüdisch-apokryphen Literatur, z.B. im Buch der Jubiläen. Die große, überraschende Ähnlichkeit kann kein Zufall sein.

Besonders ein Vergleich mit der Heliodor-Legende aus dem zweiten Makkabäerbuch ist aufschlußreich. König Seleukus (187 - 175 v. Chr.) hatte gehört, der Jerusalemer Tempelschatz sei so maßlos angewachsen, daß er den kultischen Bedürfnissen längst nicht mehr entsprach. Er sandte deshalb seinen Kanzler Heliodor nach Jerusalem, um den Tempelschatz zu beschlagnahmen. Der Hohepriester Onias schritt ein und beteuerte, ein Teil des Geldes sei zu treuen Händen hinterlegt und gehöre den Witwen und Waisen; der andere Teil gehöre dem Hirkanus, einem trefflichen Manne. Es handele sich um nicht mehr als 400 Zentner Silber und 200 Zentner Gold (ein Zentner umfaßt ca. 59 kg). Heliodorus berief sich auf den Befehl des Königs, das Geld an sich zu nehmen. An einem bestimmten Tag kam er in den Tempel, um es zu besehen; doch alle Priester hatten sich in ihrem heiligen Schmuck vor den Altar gelegt und riefen Gott im Himmel an: Er selbst habe doch geboten, Hinterlegtes nicht zu veruntreuen! Der Hohepriester stand dabei, blaß und zitternd, und die Leute liefen haufenweise aus ihren Häusern zusammen; die Weiber rannten mit angelegten Säcken in den Gassen herum, die Jungfrauen stürmten unter die Tore und auf die Mauern. Die Aufregung war groß.

Inzwischen war Heliodor mit seinen Kriegsknechten schon bei dem Gotteskasten voller Geld angelangt, da galoppierte ein geschmücktes Pferd mit einem schrecklichen Reiter im goldenen Harnisch herbei und stieß den königlichen Abgesandten mit den Vorderfüßen kräftig an. Zwei junge, starke Gesellen, wie aus dem Nichts aufgetaucht, schlugen auf ihn ein, der hohe Mann stürzte ohnmächtig zur Erde; man nahm ihn auf und trug ihn in einer Sänfte davon. Er redete kein Wort und lag wie tot da. Die Juden lobten Gott, und der

49

ganze Tempel, den Gott so mit seinem Schutz geehrt hatte, wurde nach diesem Zeichen voller Freude und Wonne. Freunde des Heliodorus kamen herbei und baten um sein Leben (er läge schon in den letzten Zügen). Die zwei Gesellen rückten wieder an und sagten dem Geschlagenen, er solle Onias danken, der für ihn bete und opfere; um dessentwillen habe ihm der Herr das Leben geschenkt. Sie verschwanden wieder, und Heliodor opferte dem Herrn, gelobte ihm viel und reiste zu seinem König zurück. Der blieb dabei, einen anderen Mann nach Jerusalem zu schicken. Der gewandelte Heliodor widersprach und versicherte: an dem Ort sei eine Kraft Gottes, die wache darüber; wer den Ort beschädigen wolle, den strafe Er und schlage ihn zu Tode.

Die Ähnlichkeit der Erzählung mit der Damaskuserzählung fällt sofort ins Auge. Auch Paulus soll wie Heliodor einen gottfeindlichen (jesusfeindlichen) Auftrag ausführen, und Gott selbst hält das Unternehmen auf. Dort bewahrt er den Tempelschatz vor bösem Zugriff, hier die in ihrem Glauben reiche Damaskusgemeinde. Der Übeltäter bekehrt sich, nachdem er wie tot oder gelähmt war, und er preist danach Gottes Kraft.

Die Paradoxie und die versteckte Spitze, die aus der Parallelisierung der beiden Geschichten hervorguckt, spricht für lukanische Raffinesse. Lukas vertauscht die Positionen. Während im Makkabäerbericht sich der unbekehrte Heliodor das hinterlegte Geld aneignen will, versucht das in der unverfälschten Paulusbiographie gerade der angeblich längst zum treuen Apostel bekehrte Paulus (s. später).

Nicht das Heidentum eines hohen Abgesandten zeigt sich habgierig, sondern dessen Christentum. In beiden Fällen steht das anvertraute Sachgut armer Witwen und Waisen mit auf dem Spiel. Einmal will der »böse« Zudringling den Schutz des Tempels aufbrechen, um an den Schatz heranzukommen; das anderemal will er den Tempelschutz für sich und den angeeigneten Schatz nutzen.

Einer sachgemäßen Interpretation der angeblichen Bekehrungswende Pauli kommt neben der Religionsgeschichte auch die Religionspsychologie zu Hilfe. Lukas war wohl der erste Schriftstellertheologe nach Paulus, der dessen »Erlebnis« als eine Vision deutete; auch die Späteren haben an dem Visionscharakter festgehalten und vielfach dabei eine objektive Struktur von einer subjektiven unterschieden. Mit der ersteren behauptete man die reale Anwesenheit des auferstandenen Herrn, der sich dem schauenden Saul mittels einer Vision sichtbar machte; mit der letzteren die gläubige Imagination des Schauenden, der aus seinem Inneren die Bilder des Erscheinenden und zu ihm Redenden visonär und auditionär produzierte.

In beiden Fällen folgt das geistige Erleben bestimmten seelischen bzw. auch körperlichen Voraussetzungen; ohne sie käme eine objektive oder subjektive Schauung nicht zustande. Welche sind das?

Es müßte sich um Umstände handeln, die auf die Seele des Betroffenen so einwirken, daß sie den Organismus mürbe machten und seine Widerstandskräfte einschränken, wie z.B.: eine drohende Verfolgung oder Hinrichtung, die innerlich Schrecken hervorruft; eine hoffnungslos machende Verzweiflung, ein erwartetes Martyrium überhaupt; Einsamkeit und Verlorenheit in der Wüste, einer menschenleeren Insel, der Gefängniszelle, des Krankenlagers. Die Ausnahmesituation müßte Angst hervorrufen, Gewissenszweifel, Grübelsucht, Alpträume, innere Qualen schlechthin; die körperliche Lage sich durch Fasten verschlimmern, durch Enthaltsamkeit, schlaflose Nachtwachen, Selbstgeißelung, Krankheit und Entbehrung überhaupt.

In diesen schier unerträglichen Leiden steigerte sich nun die Erwartung, Hoffnung und Sehnsucht: Ein »Etwas«, das die Qualen beendete, ein erlösender Ausgleich, ein geistiger Triumph, der alle Schmerzen überwand, sollte den Leidenden über seinen Übelstand hinausheben - und besonders sein religiöses Begehren erfüllen. Seine Gedanken konzentrierten sich immer wieder auf eine noch unsichtbare, nur erahnte Mitte - auf die Nähe »Gottes«, auf die Begegnung mit dem Heilenden, dem »Heiland«; erst die körperlich erlebte »Gottheit« würde das qualvoll drängende Verlangen stillen, ein glühender Lichtstoß das Dunkel erhellen.

Es ist nun verblüffend, wie plastisch die beschriebene schöpferische Not das Erleben aller bekannten Visionäre der Religions- und Kirchengeschichte durchdrungen hat; Dutzende von Namen frommer Männer und Frauen zwingen sich auf (von Johannes auf Patmos, Polycarp von Smyrna, über Franz von Assisi, Mechthild von Magdeburg, Heinrich von Suso, zur heiligen Therese und Swedenborg); jeweils hätte das eine oder andere Märtyrerfleisch da oder dort, mehr oder weniger stark, Blut gelassen; nirgendwo würde dem Gesamterscheinungsbild widersprochen.

In keinem Beispiel jedoch hätte das betroffene Ich gerade die Höhe seiner Vitalkraft erklommen, könnte dauerhaft Aktivität entfalten und Widerstände anderer brechen!

Denn so müßte es doch mit Paulus gestanden haben, hätte er in einer Zeit, wo er der gesetzesstolze Verfolger sein wollte - und nicht selbst der Verfolgte wie manch andere Visionäre -, seine Christusvision erlebt. Sollten wir einem Mann, der n i c h t seelisch-körperlich geschwächt war, sondern sich im Vollbesitz seiner Kräfte befand, eine so bedeutsame Ausnahme zubilligen? Könnte gerade er, der angeblich Christus so böse zusetzte, sich nach einer erlösenden Begegnung mit seinem Erzfeind (insgeheim) gesehnt haben?

Das wäre psychologisch unwahrscheinlich, und Theologen versuchen hier nur vereinzelt, verdrängte Gewissensregungen in Pauli Unterbewußtsein auszumachen. Der unterdrückte Konflikt hätte das Bewußtsein seiner pharisäischen Untadeligkeit trüben müssen - und so die Unglaubwürdigkeit Pauli nur auf eine andere Seite verlagert.

Indes, der Apostel bestreitet - um des totalen Wunders willen - jede Art von innerer Vorbereitung und Ankündigung des Damaskuserlebnisses (worin ihm Theologen, um ihre wissenschaftliche Unsicherheit loszuwerden, gerne beipflichten)!

Nein, eine Vision könnte nicht aus bloßen Erwartungen und Gedankenwünschen entstehen; vergangene und gegenwärtige Erlebnisse müßten die Psyche zuvor mit negativen Mustern des Erleidens so prägen, daß sie in einer Vision verklärt und verstärkt wiederkehren könnten. Daraus folgt eine religionspsychologische Gesetzmäßigkeit: »daß es nur zur Vision kommen kann, wo die Elemente des Visionsbildes schon vorher im Geiste des Visionärs vorhanden waren. Die visionäre Phantasie ist nur eine reproduktive Tätigkeit. Geschaut wird nur, was vorher schon als Vorstellung oder Bild der freien Phantasie im Bewußtsein des Visionärs gelebt hat« - und, möchte man ergänzen, im erhitzenden Konflikt zum »Zündstoff« geraten wäre.

Welche gegensätzlichen An-Sichten vom imponierenden und geschmähten Jesus stritten in der Seele Pauli? Keine. Nicht nur Jesu leibhaftige Person war ihm unbekannt geblieben, sondern erst recht der provozierende Widerspruch, der ein geistiges Erleben, das die Spannungspole verbindet und schließt, hervorrufen kann.

Oder könnten die leidenschaftlich negierten Elemente des christlichen Glaubens (nochmals rückwirkend) ihn als Verfolger in Rage versetzt haben? Indirekte Einflüsse, erst über andere Christen vermittelte Bilder von Christus würden kaum ausreichen, um in ihm einen emotionalen Zwiespalt zu verursachen.

Bliebe man in den Außenbezirken seiner Erfahrung: Wie hätten die Vorstellungen, die er als Christushasser von seinem Feinde und dessen Anhängern gewann, zum wirksamen Gegenpol gegenüber seinem gesetzlichen Glauben, seinem apokalyptischen Messiasverständnis werden können, wenn dieses ihn als frommen Eiferer erst recht gegen die Idee eines gekreuzigten Judenkönigs einnehmen mußte?!

Unsere Einwände gelten der objektiven wie der subjektiven Form der Vision; auch objektiv hätte sich der erhöhte Jesus weder einem unvorbereiteten oder ungeeigneten Gläubigen noch überhaupt einem Ungläubigen sichtbar machen können. (Ein absolutes Erscheinungswunder, unabhängig von menschlicher Disposition und menschlichem Aufnahmevermögen, kann nicht Objekt einer wissenschaftlichen Untersuchung sein; es bleibt hier außer Betracht).

Paulus hat nun durch eigene Äußerungen, die sein Wachbewußtsein in ihren Konsequenzen nicht zu überschauen vermochte, unserem Befund recht gegeben. Obwohl er einem Auferstandenen schon einmal gegenüber gestanden haben wollte und genau hätte sagen können müssen, wie der ausgesehen habe, fühlte er sich ( in 1 Kor 15,35 ff) außerstande, ihn zutreffend zu beschreiben. Er müht sich vergeblich, seine Leser/Hörer zu belehren, wie sie sich einen neuen Leib nach dem Tode zu denken hätten. Wie ein Samenkorn, das, in die Erde gesät, die Kornschale zersetzte und als ein Keim hervorwuchs? Doch dann käme der unvergängliche geistige Leib aus dem Grableibe heraus wie die Pflanze aus dem Korn, und der Autor Paulus hätte Gottes grenzenlose Wundermacht desavouiert und eher einen bloßen Naturvorgang gepriesen.

Oder formte Gott himmlische Leiber wie die Gestirne? So verschieden wie Sonne, Mond und Sterne - die Paulus sich nach dem Glauben seiner Zeit als lebende Wesen vorstellte - ihre Lichtkleider trugen, so verschieden fielen auch die Leiber der Auferstandenen aus? Um Gottes Schöpfervielfalt gerecht zu werden, erinnert Paulus auch an Fleisch in jeweils anderer Daseinsart, an die irdische Gestalt von Vögeln, Menschen, Fischen, die Gott erschaffen hatte. Doch wie die Gestirne als Glanzleiber, die aus Lichtstoff bestanden, etwas anders waren als die den irdischen Sinnen unzugänglichen himmlischen Leiber der Auferstandenen und somit über deren Gestalt nichts aussagen konnten, so verfehlte er auch mit der Tiermetapher seine Absicht.

Er wollte ja auf eine ganz andere, an Herrlichkeit alle schon vorhandenen Arten ü b e r t r e f f e n d e Art von Lebewesen hinaus! Schuf Gott aus seiner Allmacht die irdische Fülle ebenso wie die himmlische - wie er das eine konnte, konnte er eben auch das andere -, so ginge wiederum die entscheidende Differenz der Seinsarten verloren, die Pauli Überschwenglichkeit stets meinte. Wie dem auch sei, selbst den Theologen kommt die Unbeholfenheit des Apostels hier »immerhin auffällig« vor.

Warum verkündete Paulus das Damaskusereignis, wozu diente es ihm? Gott hatte ihn, den einstigen Verfolger, voll angenommen; er tat sich ihm als derjenige kund, der Sünden vergab; der Apostel durfte nun auch anderen Sündern, den gesetzlosen Heiden, die Vergebung (als Rechtfertigung ihrer Gesetzlosigkeit) zusagen. Konnte er lebensnäher und praktischer zu ihnen sprechen, als ihnen sogleich sein eigenes Beispiel vor Augen zu führen? So wie der erwartete Herr bereits auf Erden gewandelt und nicht bloß als ein Lichtwesen der Zukunft den Propheten aufgegangen war, so hatte der vergebungsbereite Gott schon einmal tatsächlich und wunderbar vergeben; Paulus verhieß Vergebung nicht nur, er exerzierte sie vor!

Und am Ende konnte er sogar mit dem attraktiven Vorher und Nachher in privater Gestalt, an sich selber und an anderen, das große Vorher und Nachher der öffentlichen Zeitenwende abbilden, die allen bevorstand.

Und bedurfte er nicht auch der Legitimation? Er war ja der Außenseiter, und er predigte ein Evangelium im Widerspruch zu dem des historischen Jesus und seiner palästinischen Anhänger; den Protest, der aus Jerusalem zu ihm drang, konnte er nur abwenden, wenn er erklärte, er habe sich ja sein umstrittenes Amt nicht selber angeeignet! Er m u ß t e bezeugen können, der Herr persönlich habe ihn dazu ausersehen - ja g e g e n seinen (Pauli) Willen habe der Herr das getan! Erblickten die Jerusalemer in ihm den Feind, dann konnte er ihnen zustimmen und beteuern, daß er der ja einstmals war und sein wollte - aber ihr eigener Herr, der nun auch der seine geworden sei, wollte es anders!

Paulus brauchte die Damaskus-Gewalt; ohne sie konnte er als Apostel nicht argumentieren. Sein Zeugnis bot er allen, die ihn kannten, Freunden und Feinden, als seinen Beglaubigungserweis an. Wie mit dem untadeligen Pharisäer und blutigen Verfolger, so hat er sich auch mit dem gehorsam Berufenen ideal in Szene gesetzt.

Ihn dabei für ehrlich zu halten sei eine psychologische Albernheit, meint Nietzsche; Paulus sei zu aufgeklärt gewesen, um sich aus einer Halluzination einen Auferstehungsbeweis zu machen - oder auch nur aus dem Verlangen nach diesem Beweis eine Halluzination! Doch der treffliche Religionskritiker bemerkte nicht, daß er Paulus noch immer zuviel zutraute und den Beglaubigungsnachweis für den Auferstehungsbeweis nahm, der den Apostel kalt ließ.

Was haben wir geleistet? Eine wissenschaftliche Klärung mit doppeltem Gewicht. Hätten wir nicht einfach auf den Apostel o h n e Verfolgervergangenheit hinzeigen können? Denn natürlich: Kein »Erscheinungs«-erlebnis **ohne** den vorangegangenen jüdischen Fanatismus!

Doch wir wollten, wenn wir Paulus entgegenkamen und ihm seine Behauptung zugute hielten, n e u argumentieren und nicht schon vollzogene Widerlegungen voraussetzen. Verstärkung ist besser als der Rückgriff auf eine abgekämpfte Truppe.

# Anhang
# 1. Biographische Skizze

–

**Ein profaner Entschluß oder Was mir Gewinn war, das habe ich um Christi willen für Schaden gehalten (Phil 3,7)**

Eines Tages reiste Saul von Tarsus nach Antiochia in Syrien. Hatte er über die Stadt jenseits der Berge des Amanus Dinge erfahren, die seine Neugier reizten? Oder begleitete er seinen Vater nur auf einer Geschäftsreise? Wir wissen es nicht. Er lernte so die Weltstadt am Orontes kennen: ein lärmendes Gewimmel von rastlosen, heißblütigen Menschen, ein Häuserhaufen voll glühender Sonne, mit Märkten und Schenken, mit Musikern, die stundenlang ihre Flöten, Harfen und Trommeln traktierten. Der große Herodes hatte eine Säulenallee mit vierfachen Marmorkolonnaden gebaut; sie bildeten drei nebeneinander liegende Straßen, über die Tag und Nacht Fuhrwerke ratterten, elegante Wagen glitten, Reiter trabten und rechts und links Fußgänger quollen. Soviel urbane Lebendigkeit hatte Saul noch nicht erlebt, auch in Tarsus nicht. War es das undisziplinierte, überbordende Heidentum, das ihn beeindruckte - die gigantische Jupiterstatue, die im Osten auf hohem Berge die ganze Stadt überragte? Durchzuckte es ihn, selbst wie Jupiter zu sein?

Doch Sauls innere Distanz zu den Menschen machte sich auch jetzt bemerkbar. Bald hatte er genug von dem Treiben und suchte die verlassenen Ruinen am Stadtrand auf. Hier traf er zum erstenmal auf »Christianer«. Sie besaßen noch kein Gotteshaus, sammelten Leute um sich, die sich dem Judentum entziehen wollten; aber auch solche, die nach einem neuen Weg zum unsichtbaren Gott fragten. Hier draußen, von den römischen Wachen unbemerkt, hatten sie ungestört ihren Altar errichtet. Ob sie auch vor einer Nachbildung des Gekreuzigten knieten? Das grausame Symbol des gemarterten Gottessohnes faszinierte Saul.

Er nahm wahr, wie sie Jesus erlebten: er war zweifellos für sie gegenwärtig. Es genügte nicht zu sagen, sein Geist wäre unter ihnen, und sie spürten die innere Verbundenheit mit ihm. Nein, manchmal glaubte Saul, sie erschauten seine hohe Gestalt leibhaftig. Einige standen auf, sangen und jubelten in der Mitte der Versammelten, und wenn sie die Hände hoben und sie nach einiger Zeit langsam, nicht ruckartig senkten, meinte er, sie strichen an den Schultern und Armen ihres jünglinghaften Gottes entlang, den sie jetzt überlebensgroß vor sich sahen. Andere streckten sich auf dem Boden aus, wanden sich in der Ekstase und wiederholten rhythmisch, zuweilend stammelnd, den Namen: Kyrios, Kyrios!

Saul hatte das Wort noch nie aus solcher Leidenschaft gehört. Er wußte, daß es »Herr« hieß und er kannte es aus Verlautbarungen römischer Magistrate. Hier bedeutete es, der Herr sei Jesus, ein unbekannter Nazarener, noch dazu ein hingerichteter, judäischer Rebell. Diese Gläubigen unterwarfen sich ihm, verschworen sich ihm, verschmolzen mit ihm - doch in Demut, die nie die Grenze zwischen Herr und Knecht aufhob. Nach einem solchen Gottesdienst ging es dann überraschend nüchtern zu - so als wäre die eine Welt des emphatischen Gottes von der anderen des praktischen Gott*menschen* abgelöst worden. Man besprach Bekehrungen an geachteten Bürgern der Stadt: man plante, tüftelte aus, rechnete. Ja, sogar mit festen Einnahmen, die man von jedem Neophyten erwartete, ging man in den Gesprächen um. Da fehlte nur der Schreiber, der Ausgaben und Eingänge notierte; und Saul war sicher, den würden sie bald ernennen (vielleicht würde es dieser Barnabas sein, der in den Beratungen am häufigsten das Wort nahm).

Von einer Unternehmung in den südöstlichen Landesteil war die Rede, von Ortschaften, deren Namen Saul unbekannt waren. Hier wollte man die Gebetsstätten der Juden schlagartig besetzen, alle dort Betenden in kurzen Hanfschlingen festhalten, und sie zwingen, ihrer Predigt zuzuhören. Das klang etwas bedrohlich und ließ auf Konflikte schließen, die zwischen ihnen und den Christen in Jerusalem entstanden waren. Saul merkte schnell, daß sie Moses nicht allzu hoch schätzten. Zitierten sie eine Bestimmung von ihm, ein Gesetz, fügten sie stets voller Genugtuung hinzu, daß ihr Kyrios es sie anders lehre.

Noch bemerkenswerter war aber für Saul die Beobachtung, daß sie zu der Planung ihrer Landreise auch Spendengelder bereitstellten. Jemand hatte eine Kiste herbeigeschleppt und ihren Inhalt über einen Teppich ausgeschüttet. Saul erschrak fast über die Menge an Silber- und Goldstücken. Waren diese Leute denn so reich, und waren sie so viele? Hatte er sie noch nie alle beisammen gesehen? Von Reichtum spürte er auch später nicht viel, als er sie besser kannte. Einige Gutbetuchte waren gewiß dabei; aber gerade die hatten weniger gegeben als Schlechterbetuchte. Und auch die Anzahl der Gläubigen lag unter der, die er geschätzt hatte. Nein, es war nicht Gebefreudigkeit aus Überschüssen einzelner; Überschüsse entstanden erst aus dem Willen aller: lieber ärmer zu werden, als auf den eindrucksvollen Reichtum der *Gemeinde* zu verzichten.

Selbst die Jerusalemer sollten eine Spende erhalten. Wollte man es denen zeigen, wie weit man es inzwischen mit der Freiheit vom jüdischen Gesetz gebracht hatte (aber indem man sich mit einer Tributzahlung unterwarf, die man als Spende deklarierte, wohl doch nicht weit genug)?

Noch größere Summen gingen für die Seereisen nach Libyen drauf. Saul hörte von regelmäßigen Schiffsmietungen, von Sammelpreisen für Ausrüstung und Proviant. Und er konnte nicht herausfinden, ob dort im fernen Afrika eine Gläubigengruppe existierte, die die Antiochener ins Leben gerufen hatten.

Saul verstand es, bei aller innerer Erregung und verwunderter Beteiligung kühl zu bleiben. Er sagte kaum ein Wort, die meisten beachteten ihn gar nicht. Für sie war er ein gewöhnlicher Gast wie manch anderer auch, den man in Ruhe zu lassen pflegte. Denn nur so, ganz unbedrängt, hoffte man, würde der sich vielleicht eines Tages entschließen, ihrer Gemeinschaft beizutreten (Nur einmal ließ Saul sich ansprechen, und man bat ihn, ein paar Texte vorzulesen, die er selbst bei sich trug).

Abends dann, in einem Gasthaus im Stadtkern, überdachte er das ganze Erlebnis. War es das, was er suchte: Geist, bewegter Geist, der zum körperdurchglühenden Willen wurde; Glaube, der die Welt überflog, eine neue Schau des Lebens, Weisheit vielleicht - *und* totale Opferbereitschaft, leichthändiger Umgang mit Geld, mit *viel* Geld als Existenz*einsatz*?

In seiner angeborenen Lust, alle Dinge, die ihn berührten, daraufhin zu überprüfen, ob er sie in ihrer Wirkung und Bedeutung noch steigern könnte, wußte er, wie *er* die Elemente dieser »Himmelsunternehmung« (er lächelte dabei) verbessern würde - vorausgesetzt, er hätte darüber mitzuentscheiden. Nicht *unter* ihnen wäre dann der Kyrios lebendig geworden - *in ihnen*, in jedem einzelnen würde er leben: er in ihnen, sie in ihm; und mehr noch: Nicht der betreffende Gläubige lebte, lebte eigentlich - der Christos Kyrios lebte für ihn, an seiner Stelle! Jeder, wohin er auch ginge, trüge ihn mit sich: ein in ihren Herzen und Eingeweiden eingesperrter Gott!

So würden keine Spendengelder in die Ferne tranportiert und in die Hände anderer ausgeliefert, damit andere auch dort Christus erlebten. Die Gelder blieben in ihren Händen, auch wenn sie in fremde Länder wanderten; sie blieben bei Christus, mit dem diese Überall-Bekenner herumzogen; und in jedem bekehrten Menschengesicht erblickten sie ihn! Für einen alltäglichen Begleiter, der wegen seiner Gegenwärtigkeit kein Erstaunen erregte, bedürfte es nicht erst feierlicher Einberufung und Einladung.

Teilten alle alles mit allen, und alles bedeutete eine »unendliche« Größe (sie sollte die ganze Welt umfassen), dann bekam keiner von allen sehr viel; nur Christus wäre reich. Saul hatte noch keine Ahnung, wie er das praktisch regeln müßte; aber er dachte, es würde sich alles von selbst einstellen, wenn es nötig wäre.

Wieder zurück in Tarsus vergaß er seine Begegnungen, Eindrücke und Gedanken im entrückten Antiochia. Was sollte das auch. Er hatte den Nazarener nicht gekannt, und er konnte mit denen, die ihn erlebt hatten, nicht konkurrieren. Und unter seiner Würde wäre es gewesen, sich den Vielen, die ihm ebenfalls nicht begegnet waren, schlicht zuzugesellen. Monate vergingen. Da stand eines Tages Barnabas vor der Tür. Er hatte in der Stadt nach ihm gesucht und sich jetzt zu ihm durchgefragt. Wie Saul von ihm erfuhr, war er inzwischen Leiter der Gemeinde von Antiochia geworden und war gekommen, ihn als Gehilfen zu holen.

Saul war erstaunt. Wieso sollte er einen Glauben verbreiten, der ihn nichts anging? Da wurde er nun von Barnabas ganz anders belehrt. Alle Welt drüben im Syrischen und Judäischen wisse, daß er inzwischen in die Gemeinden von Jerusalem und Damaskus gewalttätig eingedrungen sei. Dort habe er (mit einer Vollmacht des Jerusalemer Synhedriums) Männer und Frauen unter Geißelhieben verhaftet und in die Gefängnisse überliefert. Sein Besuch bei ihnen habe wohl dazu gedient, sich von der Gefährlichkeit der neuen Sekte zu überzeugen, und sie dankten ihm, sie von der plötzlichen Verfolgung ausgenommen zu haben. Daß er ein verkappter jüdischer Schriftgelehrter war, der seinen Fanatismus nur mühsam verbergen konnte, das hätte damals jeder gespürt.

Saul widerprach sofort. Er sei in Jerusalem noch immer persönlich unbekannt und Damaskus habe er noch nie betreten. Dann wolle er den Vorgang leugnen? Das begreife er gut, beteuerte Barnabas. Wen der Herr bezwinge, dem ginge seine Vergangenheit verloren. Um so lebendiger stünde ihm, Saul, nun der Herr selber vor der Seele: wie er seinem Verfolger gebieterisch in den Arm falle, indem er extra seinetwegen vom Himmel herabsteige, um sich ihm auf der Wüstenstraße vor Damaskus in einer Lichterscheinung als der erwartete Messias zu nähern; so erzählt man es sich jedenfalls.

Saul war noch verblüffter als vorher und er grübelte herum, wodurch diese falschen Gerüchte über ihn entstanden sein könnten. Verwechselte man ihn mit jemand anderen, mit dem er irgendetwas gemeinsam hatte: die Herkunft, die Statur, den Namen? Ja, er hatte sich in Antiochia einmal wegen seines bösen Namens spaßhaft verlästern lassen, und er hatte darauf mit der Verlesung eines Psalms geantwortet, in welchen ein wutschnaubender Gottesfeind andere das Fürchten lehrte.

Oder war der bekehrte Gewalttäter eine Ausgeburt der antiochenischen Gemeinde? Wollte man sich mit einer markanten mythischen Figur an die Spitze der ganzen Heidenmission setzen? Trachtete man danach, ihn zum Instrument antiochenischer Geltungssucht zu machen - in der Hoffnung, dabei auf seine eigene zu stoßen?

Saul lachte in sich hinein. Er, ein blutrünstiger Verfolger?! Er bat sich Bedenkzeit aus und hoffte, Barnabas würde ein paar Wochen in Tarsus verweilen, um seine Entscheidung abzuwarten. Doch

Barnabas blieb nicht. Er meinte, Saul wolle sich seiner göttlichen Pflicht entziehen und reiste enttäuscht wieder ab.

Für Saul dagegen begann eine Zeit des inneren Umbruches. Was sollte er tun? Bot sich ihm hier nicht Gelegenheit, seine geistige Ziellosigkeit ein für allemal loszuwerden? Gab ihm der Gott Israels, von dem er sich bisher fernhielt, womöglich ein Zeichen? Sollte er sich mit ihm, über den er nur eine oberflächliche Meinung besaß, nicht einmal ernsthaft auseinandersetzen? Doch andererseits: wollte er sich wirklich in Antiochia als vermeintlich überwundener Verfolger und Gottberufener bestaunen lassen? Konnte ein so aufgesetztes Spiel auf die Dauer glücken?

Saul war ein rational denkender Mann. Ohne vorher sorgfältig das Für und Wider abzuwägen, ließ er sich auf kein Abenteuer ein: schon gar nicht auf eins, das über sein weiteres Leben entschied. Sein Vater konnte ihm nicht helfen, und er wollte seinen Beistand nicht. Freunde, denen er sich anvertrauen konnte, hatte er nicht. Er mußte allein damit zurechtkommen; er mußte so nüchtern darüber nachdenken wie möglich und eine Bilanz erstellen.

So zog er sich in die abgelegenste Kammer seines Hauses zurück, nahm einen Papyrus zur Hand, unterteilte ihn senkrecht mit einem langen Tintenstrich in zwei Seiten, notierte links oben das Wort »Gewinn« (kerdos), rechts daneben das Wort »Schaden« (zemia) - und freute sich auf diese erste Lebenstabelle, gleichgültig wie sie nun ausfiel.

Ein Gewinn wäre zweifellos das ihm angedichtete fromme Judentum. Man hatte in Antiochia die gelehrten Schriftrollen in seinem Gepäck bemerkt, und er zitierte Prophetenworte, die in die Situation paßten - oder auch nur zu der Vorstellung, die man sich später von seiner Person und seiner Schweigsamkeit machte. Ein Jude voll böser Hintergedanken, der mit »Gott« Gutes vorhatte? Sehr schön, das war der Freibrief, die christliche Lehre von ihren jüdischen Wurzeln zu lösen. Er war im Judentum nicht genug beschlagen, und er durfte sich auch um der Heiden willen, die er ohne lange Umstände zu bekehren gedachte, nicht auf das Mosesgesetz einlassen. Um so mehr aber mußte er als orthodoxer, pharisäischer Jude gelten wollen! Erst dann hätte er das Recht zu der Behauptung erwirkt, genau zu wissen, was er tue, wenn er die nationale Vergangenheit des neuen Glaubens abzustreifen wagte.

Und er würde den Effekt sogar noch steigern; er hatte für das Gesetz die Mosesverräter verfolgt, eingekerkert, getötet! Es stand in seinem Belieben, mit vagen Andeutungen auf die Grausamkeit seiner Verirrung hinzuweisen. Ja, er war so weit weg davon, selbst einer der Ihren zu sein, daß er es »Gott« persönlich überlassen mußte, ihn auf den rechten Weg, den Weg Jesu, zurückzuholen.

So konnte er auch den Vorwurf entkräften, er sei ein Eindringling, er könne neben den Uraposteln nicht bestehen, er habe ja niemals den Nazerener umarmt.»Gott« selber hatte nun dafür gesorgt, daß er ihn, nachträglich, noch lieben lernen konnte; und zwar sogleich auf eine Weise, die der aller anderen Jüngererwählungen überlegen war. Ohne den irdischen Jesus mißzuverstehen wie die Jerusalemer (sie hatten sich in den Gesetzesgehorsam verkrampft), hätte er, Saul, sogleich den *erhöhten* Jesus richtig verstanden. Mochten nun die Altapostel murren, hadern und ihn verunglimpfen: er konnte sich auf ihren eigenen Herrn berufen, der gewollt habe, daß er in der vordersten Front zu ihnen gehöre!

Doch indem er das alles als Gewinn vermerkte, erkannte er, daß er aus der falschen Sicht der anderen nur die eigene, trotzige Richtigkeit bezog. Barnabas, der im Auftrag der Antiochener, nicht der Jerusalemer zu ihm gekommen war, befand sich in einem (an sich) lächerlichen Irrtum über ihn, und wenn er ihn darüber aufgeklärt hätte, wäre es zu seinem, Sauls, Schaden gewesen. Doch auch wenn er seine Verhüllung vor ihm bewahrte, müßte er eine Unterordnung unter seine Autorität als Posten der passiva ansehen. Denn eine fremde Strategie würde für ihn, Saul, geschäftliche Einbußen nach sich ziehen; Einbußen auch an (möglichem) Ruhm und Einfluß in der heidnischen Welt.

Noch nachteiliger wäre natürlich eine organisatorische oder sogar geistige Abhängigkeit von den Urjüngern in Jersualem. Als ihr »Sendbote« würde er über jede Sesterze, die er irgendwo einnahm, mit ihnen abrechnen müssen. Und ließen sie ihn, um selber großmütig dazustehen, an langer Leine ein wenig Gesetzesfreiheit vorexerzieren, würde das seiner Autorität als letzter Apostel, der das reine »Schlußevangelium« an den Mann zu bringen suchte, nicht gerade schmeicheln. Er müßte also auch die Altapostel als Schadenposten verbuchen.

Indes: er brauchte sie ja vor den Heiden! Wie sollte er denn, spräche er nicht freundlich und in verehrender Liebe von den fernen »Säulen« (sie *trugen* ja alles, Gott sei`s geklagt), alle Welt davon überzeugen, er wäre selbst ein *Jesus*jünger?! Jesus konnte nicht, um eines späteren Neulings willen, die Altvertrauten zuguterletzt noch übergangen haben!

Nein, er mußte frei handeln, frei verfügen, frei verurteilen können, mußte seine Freiheit über ihre Knechtschaft stellen, in die sie ihre *andauernde* Gesetzestreue noch immer brachte - und er mußte die Knechte respektieren, mußte ihnen ihre Vorrechte lassen, als seien *sie* die Herren und er der Knecht.

Natürlich erwiese sich auch Christus selbst als Passivposten in seiner Abwägung. Glaubte er, Saul, an den Auferstandenen wie die Jerusalemer an ihn glaubten: er hätte den lebendigen Kyrios auf lästige Weise *hinter* sich; und der müßte ihm wohl einen Stoß in den Rücken versetzen, betriebe er eine Verkündigung auf eigene Faust. Er brauchte, so absurd es klang, als Christ, der die Auferstehung predigte, den *toten* Jesus, nicht den wieder lebendig gewordenen. Erst die Gewißheit, nicht bloß der Prokurist des Evangeliums zu sein, sondern offiziell sein Teilhaber (neben den Jerusalemern), aber inoffiziell der einzige Eigentümer, verschaffte ihm Erfolge. Rücksicht auf einen anderen Besitzer, Christus, mußte seinen Geschäftssinn trüben und schlechtes Gewissen machen (falls er dazu fähig wäre, was er nicht wußte); nur für sich selber, nicht für einen anderen, vermochte er seine Kräfte anzuspannen und sich zu verausgaben.

Allerdings wußte er auch, daß er die Einbildungskraft seiner Zuhörer anzufeuern hatte; also konnte er auf die phantastische Geschichte eines auferstandenen Toten keineswegs verzichten. Kein noch so treffendes Argument würde mit ihr konkurrieren können; er wollte ja *genügend* Anhänger gewinnen. Dann aber mußte die verheißungsvolle »Wundertat« auch seine eigene Predigt befeuern! So käme denn Christus auf der Kehrseite ein *Aktiv*posten zu; und der ergäbe, gegenüber dem (aufgehobenen) Passivposten, eine weitere Ambivalenz. Also sah Sauls Aufstellung folgendermaßen aus:

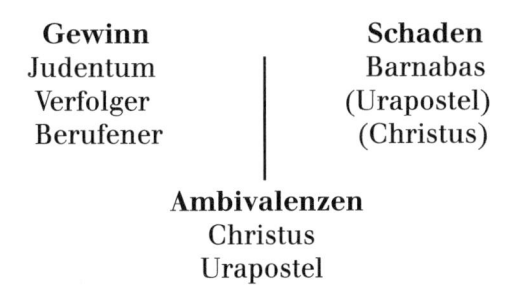

| **Gewinn** | **Schaden** |
|---|---|
| Judentum | Barnabas |
| Verfolger | (Urapostel) |
| Berufener | (Christus) |

**Ambivalenzen**
Christus
Urapostel

Doch als er diese Bilanz noch einmal überflog, begriff er auch schon, daß er sie später seinen Anhängern umgekehrt darbieten würde: was ihm Gewinn war, seine angebliche untadelige Gerechtigkeit als Pharisäer vor dem Gesetz, das mußte er um Christi willen für Schaden ansehen! Der überragende Wert, der seine angebliche Vergangenheit als Jude zum Unwert machte, war ja der überragende Wert der Erkenntnis *Christi*; Christus war so der eigentliche Gewinn! Denn wie anders sollte er seine Gläubigen dazu anspornen, einzig und allein nach *diesem* Gewinn zu streben? Die verkündigte Erkenntnis Christi, das wäre die erkannte »Gerechtigkeit«, ohne die Werke des Gesetzes - die kostenlose »Gnade« also, *allen* zugesprochen, Juden *und* Heiden! Doch wodurch? Dem Verkünder zum Trotz: durch die Kraft von Christi *Auferstehung*, an der alle Gläubigen teilhätten. So notierte er denn:

| **Schaden** | **Gewinn** |
|---|---|
| Judentum | Christus |
| Gesetzesgerechtigkeit | Glaubensgerechtigkeit |
|  | Auferstehung aller |

Saul liebte Paradoxien, die ihn beglückten, wenn er sie gedanklich hinter sich und abgetan hatte; sollten sie ruhig in der Praxis noch zu bewältigen sein. Er war zufrieden mit sich.

Entsprach das Übergewicht der Gewinne gegenüber dem Schaden den späteren Realitäten? Saul wartete noch ab. Je später er auftrat, desto glaubhafter konnte seine Vergangenheit für ihn sprechen.

Nachdem die Entscheidung positiv ausgefallen war - und er sich in Antiochia als der neue Mann vorgestellt hatte -, reiste er mit Barnabas von dort über Cypern nach Kleinasien, in die südlich gelegenen Landschaften Pamphylien und Lykaonien. Kaum dürfte er dabei schon die theologischen Gedanken entwickelt haben, die ihm zur Geschäftsgrundlage wurden, als er Mysien, Mazedonien und Achaja bereiste.

Natürlich: Menschenbeobachtung und Erfahrung prägten bleibend sein Denken, nicht Absicht und Kalkulation.

Und sein späterer »Christusglaube«? Der war ein Arbeitsergebnis; »Gnade« insofern, als auch Paulus nicht hätte sagen können, *wie* er zustande gekommen war und *wie* ihm damit geschah.

So war dieser Weltprediger, lebte er vom verkündigten Herrn, nicht durch sein Werk, für sein Werk, aber *in* seinem Werk »auferstanden«. Seine eigene apostolische Lebendigkeit bewies ihm die Lebendigkeit des Gekreuzigten.

# Eine Konferenz ohne Teilnehmer

Genügte Pauli Beglaubigung durch die höchste Instanz? Selbst die gläubigsten Menschen werden durch Menschen nachhaltiger überzeugt als durch Götter. Gesetzt den Fall, der Apostel hätte sich nur auf seine Gottesunmittelbarkeit verlassen: Die angeredeten Heiden hätten ihn für einen eitlen Schwärmer gehalten. Aus seiner »Glaubwürdigkeit« als Apostel mußte er ein gut lesbares Billet herstellen, das er jedesmal neu gegen i h r e Glaubwürdigkeit als Bekehrte einlöst; dazu bedurfte es der Männer der älteren Verkündigung. Sie sollten seine Lehre überprüft und für legitim erklärt, und sie sollten den Verdacht ausgeräumt haben, er wäre ein Neuerer mit einem anderen Evangelium. Ein Herz und eine Seele mit ihm, müßten sie mit der Botschaft auch den Boten gebilligt und den Ruf, er sei ein frecher Störenfried, entkräftet haben.

Die offizielle Annahme des paulinischen Heidenevangeliums in Jerusalem wäre somit das Siegel auf seine Berufung; überall, wohin er kam, sollte es ihm die Türen öffnen; besonders bei den heidnischen Besuchern der Diasporasynagogen, die er ohnehin bevorzugte.

Über das sogenannte Apostelkonzil, einem Treffen der Apostel in Jerusalem, bei dem auch Paulus zugegen gewesen sein will, berichtet er in Gal 2,1-10. Er erzählt, er sei vierzehn Jahre nach seiner Jerusalemer Begegnung mit Kephas (Petrus) abermals nach dort aufgebrochen und habe Barnabas und Titus mitgenommen: den Reise-Entschluß habe er aufgrund einer Offenbarung gefaßt. Um nicht als Missionar vergeblich gelaufen zu sein, habe er den in Jerusalem Geltenden in einer Sondersitzung sein Evangelium, wie er es unter den Heiden predigte, auseinandergesetzt; das Ergebnis sei gewesen: nicht einmal von Titus, einem unbeschnittenen Heiden, hätten sie die Beschneidung verlangt! Er, Paulus, habe ihnen die Einsicht abgerungen, mit dem Evangelium an die Unbeschnittenen betraut zu sein - wie Petrus mit dem Evangelium an die Beschnittenen. Am Ende hätten die »Säulen« Jakobus, Kephas und Johannes ihm und Barnabas den Handschlag der Gemeinschaft gegeben; er, Paulus, sollte auch in Zukunft zu den Heiden, sie selber aber (weiterhin) zu den Beschnittenen gehen.

Warum durfte er einem strengen judenchristlichen Ansinnen, das jüdische Gesetz auch den Heiden aufzubürden, nicht nachgeben? Falschbrüder seien aufgetreten; sie hätten sich in die Gemeinden von Antiochien, Galatien und auch in die Gemeinde von Jerusalem eingeschlichen, um nach Schwächen der christlichen Freiheit auszuspähen und deren Bekenner zu Fall zu bringen. Er, Paulus, konnte daher im Falle des Titus von seinem Standpunkt nicht abweichen; das hätte den gefährlichen und heuchlerischen Eindringlingen

Oberwasser verschafft. Titus war die Probe aufs Exempel, der Testfall für die Glaubenssicherheit des Apostels, stummer Garant seines Einvernehmens mit den Uraposteln. Die judaistischen Gegner Pauli, die ihm das Leben in seinen Gemeinden schwermachten, beriefen sich mit ihrer Beschneidungsforderung zu Unrecht auf Jerusalem!

Überzeugt Pauli Berichterstattung? Auffällig und verdächtig wirken Überbetonungen. Hinter seinem Auftreten stand Gott, seine innere Festigkit übertraf die seiner Gegner, er siegte über alle, die an ihm zweifelten? Doch warum mußte er d r e i m a l versichern (Gal 2,7; 2,8; 2,9), daß er der anerkannte Heidenprediger sei und die anderen sich mit der (schon damals wenig erfolgreichen) Judenmission herumärgern sollten?

Und weshalb entzog er sich in seinem Bericht (wieder einmal) jeder näheren Festlegung ? Er sagt nicht, w a n n er in der heiligen Stadt eintraf; der Leser weiß nicht, von welchem Zeitpunkt an er die genannten vierzehn Jahre zu datieren habe; er sagt auch nicht, w o er die Reiseoffenbarung empfing und w o h e r er gerade kam; ja, er schweigt darüber, w e m eigentlich er in Jerusalem sein Evangelium erläutert haben will. »Ihnen« schreibt er - doch sein intim wirkendes Personalpronomen bringt er zu früh vor; er hatte ja die Betreffenden noch gar nicht vorgestellt. Versuchte er gleich von vornherein eine Atmosphäre der Vertrautheit zu schaffen?

Und das Abkommen: will er das in der Versammlung aller abgeschlossen haben - oder in einem Hinterzimmer alleine mit den Geltenden (Gal 2,2)? Im letzteren Falle konnte er natürlich erzählen, was er wollte. Eine Unterredung dieser Art trug eher geheimen Charakter, die Zahl der Zeugen war gering; und einige von denen waren schon nicht mehr am Leben oder waren unglaubhaft geworden (s.u.).

Man erfährt nicht einmal, w i e denn die ganze Debatte verlaufen sein könnte. Sollen seine Sätze darüber (Gal 2,3-5), wie selbst Ausleger fragen, die Denkwürdigkeiten der damaligen Vorgänge im Verborgenen lassen? Doch welcher Sieger genösse nicht auch die Details seines Sieges, und welcher große Sieg setzte sich nicht aus vielen kleinen Siegen zusammen?

Auch die Gegner bleiben im Dunkeln. Die Falschbrüder sind auf geheimnisvolle Weise eingedrungen; niemand weiß, wer sie eigentlich sind, und weshalb diese flüsternden Schurken so fanatisch gegen die verständigungsbereiten Apostel ankämpfen.

Paulus verhüllt schließlich Art und Inhalt der »Gemeinschaft«, die er mit den Uraposteln (überraschend) gefunden haben will; er verwendet den Ausdruck absolut und läßt - gegen den Sprachgebrauch

- den explizierenden Genitiv weg (s.u.).

Doch das Auffälligste: Den Inhalt der Vereinbarung, die sie getroffen haben wollen, gibt Paulus nicht an! Gewiß, jede Partei durfte ihrer Wege gehen wie bisher, die eine mit einer jüdischen, die andere mit einer heidnischen Zielgruppe vor Augen; das versichert er mehrmals. Doch zuvor, als er (in Gal 2,4), die Feststellung begann, wegen der Falschbrüder, die seine Freiheit in Christus nur knechten wollten, habe er nicht nachgegeben - unterläßt er zu sagen, w a s die Versammelten denn nun taten! Das zu erfahren interessierte aber die Leser mehr als das, was diese Versammelten n i c h t taten (denn das sagt er)!

Theologen meinen, Paulus konnte nur fortfahren wollen zu versichern, danach auf einer grundsätzlichen Entscheidung bestanden zu haben. Aber warum hätte er d i e s e Konsequenz nicht ziehen und hier das Resultat der Verhandlungen n i c h t formulieren sollen? Der Widerstand gegen den Versuch, Titus zu beschneiden, konnte ja noch keine allgemeingültige Lösung gebracht haben. Ein seltsamer Sitzungsbericht!

Ist diese Fülle von Ungereimtheiten zufällig? Paulus bevorzugt ein dialektisches Sowohl-als-auch nicht ohne Grund. Gab es diese Unterredung wirklich, dann hätte er sie mit seiner Verhüllungstaktik in ihrer Ausstrahlung unnötig abgeschwächt; gab es sie nicht, dann mußte er zugleich bekräftigen und verdunkeln, um die fehlenden Konkreta nicht auffallen zu lassen.

Weder geographisch noch ethnographisch ergäbe eine Übereinkunft, wie Paulus sie suggerieren will, einen Sinn. Wie hätten die Jerusalemer Judenchristen ihre Judenschaften in den auswärtigen Gebieten abschreiben können, um lediglich im eigenen Mutterland Heiden und Juden zu bekehren? Zu soviel Selbstüberwindung ist eine politische oder religiöse Vereinigung, die nicht freiwillig ihre Schrumpfung beschließt, nicht fähig; ungeniert tauchen daher Petrus und seine Anhänger in Antiochien und Achaja (Korinth) auf und kontrollieren, stören, spalten (Gal 2,11 ff; 1 Kor 1,12; 3,22).

Auch die ethnographische Interpretation stimmt uns nicht um. Danach hätte es Paulus hinnehmen müssen, daß Juden, die er bereits für Christus ohne Gesetz gewonnen hatte, von den Jerusalemer Judaisten auf das Vätergesetz zurückverpflichtet wurden. Dagegen hat er sich aber stets in aller Entschiedenheit gewehrt! (Es konnte ihm nicht zusagen, daß sie ihre Sabbatkerzen wieder anzündeten; der Duft Christi roch anders).

Nach allgemeiner Praxis lebten Judenchristen und Heidenchristen in Mischgemeinden zusammen. Wie sollte man hier die Gläubigen nach ihrer unterschiedlichen Einstellung zum jüdischen Gesetz noch einmal voneinander trennen können?! Eine solche Trennung durchzuführen und zu überwachen, organisatorisch, rechtlich, gottesdienstlich, menschlich - das hätten selbst die wildesten Gemeindeaufpasser nicht vermocht. Welche Gemeinsamkeiten bewahrten sich sonst diese Christen? Nur die, die das zukünftige Heil betrafen. Bei Lichte besehen machte ein Abkommen, das zu erfüllen unmöglich wäre, diejenigen, die es schlössen, zu Dummköpfen oder Simulanten; der Schlauberger wollte nur derjenige sein, der den Abschluß dennoch behauptete und dabei auf die Ehrlichkeit und Gutgläubigkeit der anderen setzte.

Hätten die Jerusalemer Gläubigen es sich leisten können, mit heidnischer Gesetzlosigkeit (über die Vermittlung paulinischen Heidenchristentums) gemeinsame Sache zu machen? Versuchten sie nicht womöglich (als die wahren Repräsentanten Israels), die Sinaigesetzgebung noch vollkommener zu respektieren als die ungläubigen (nichtchristlichen) Juden?

Wollten sie die Gunst der Volksstimmung bewahren, mußten sie gegenüber den Paulinern auf Distanz gehen; sie konnten nicht zulassen, daß ihre Volksgenossen außerhalb des Landes keine ungesäuerten Brote mehr backten; das hätte man ihnen in Jerusalem angelastet. Pauli gesetzesfreie Predigt mußte ja auch Juden anlokken, die seine Glaubensauffassung als erleichtertes Judentum empfanden; sie wären dann als Steuerzahler dem jüdischen Tempel verlorengegangen, und man hätte die armen Jerusalemer Christen womöglich mit der Forderung nach Ausgleichszahlungen erschreckt. Daher dürfte Jakobus, als Leiter der Jerusalemer Gemeinde, nicht das Zugeständnis gewagt haben, bei der Heidenmission (der eigenen oder nur der hingenommenen) auf die Beschneidung zu verzichten.

Wurde Paulus die Freiheit zugestanden, in seiner Missionsarbeit zu schalten und zu walten, wie er wollte? Dagegen spricht: Die Muttergemeinde suchte die Oberaufsicht über alle anderen christlichen Gemeinden auszuüben; anders ließen sich die Inspekteure, die von ihr in auswärtige Gebiete ausgesandt wurden (s. Apg 8,14 ff; Gal 2,11 ff) nicht erklären.

Sollten nun etwa, wie etliche Ausleger meinen, die Jerusalemer von sich aus missionsabstinent gewesen sein (der Herr würde, wenn er wiederkäme, zugleich die Heiden zur Anbetung nach Jerusalem führen), so wäre nicht einzusehen, daß sie eine Heidenmission, die sie nicht billigen konnten, ausgerechnet dem umstrittenen Konkurrenten Paulus, dem verhaßten Außenseiter, gestattet hätten.

Pauli Gemeinschaftsbegriff, den er in seinem Konzilbericht vorstellt, ist irreal; das griechische Wort, das er verwendet, bedeutet:

Partizipation an einer gemeinschaftsstiftenden Wirklichkeit, Kommunikation untereinander, persönliche Beziehung zu den Teilgebenden, Verbundenheit mit den Teilhabenden. Das »Einssein« gilt dabei nicht nur für die gegenwärtige Gemeinschaft, sondern schließt den Willen ein, auch in Zukunft Gemeinschaft zu pflegen; der Kontakt ist eng und innig, und er gleicht einer ehelichen Gemeinschaft.

Hätte doch der Apostel weniger gesagt! Die gegenseitige Fremdheit stieß sie voneinander ab: hier der abgefallene Diasporajude mit der angemaßten Berufung, dort die Orthodoxen in der heiligen Stadt mit den ursprünglichen Rechten (s.u.)!

Die Gemeinschaftsbeteuerung erweist sich nicht nur als affektive Übertreibung, sondern als aalglatte Fiktion. Woran denn und worin sollten sie Gemeinschaft erlebt haben? Paulus wußte es nicht zu sagen und wagte die Konkretion nicht; um sich nicht festlegen zu müssen, verhüllte er seine Aporie. An allen anderen Briefstellen, wo er das Wort benutzt, läßt er keinen Zweifel daran, welche Art Gemeinschaft er meint: die Gemeinschaft mit dem Gottessohn (1 Kor 1,9), mit dem heiligen Geist (2 Kor 13,13), mit Christi Leiden (Phil 3,10), mit Christi Blut (1 Kor 10,16), die Gemeinschaft der barmherzigen Dienste (2 Kor 8,4).

Nur in Gal 2,9 schweigt er darüber; er läßt den Genitiv aus, der das Wesen d i e s e r Gemeinschaft n ä h e r bestimmt hätte.

Den fehlenden Erlebnis- und Erfahrungsinhalt verrät uns auch die Fortführung der Rede Pauli. Sie hätten sich die rechte Hand der Gemeinschaft gegeben: daß sie selber zu den Heiden, die anderen zu den Juden gingen? Danach müßte ihre tiefe Zusammengehörigkeit gerade in einer oberflächlichen Trennung bestanden haben! Offenbarte sich ein Sachverhalt erst in dem Einwand, den man gegen ihn erhöbe, ließen sich wohl alle Widersprüche aus der Welt schaffen.

Ausleger meinen, Paulus wollte die Gemeinschaft, die ihre Herzen, Seelen und Köpfe erfüllte, mit dem Handschlag nur sichtbar machen. Doch dann hätte er stillschweigend das Geschehen übergangen, das alleine Neugier weckte: wie sie nämlich trotz aller Gegensätze zueinander gefunden hätten.

Womit will der Apostel eigentlich seine Gesprächspartner überzeugt haben? Sie hätten die Gnade erkannt, die ihm von Gott verliehen sei (Gal 2,9). Meinte er die Gnade seiner Berufung? An die konnten sie nicht glauben; es gab ja nur sein eigenes zweifelhaftes Zeugnis dafür. - Das Charisma seiner kraftvollen Persönlichkeit? Paulus war, das räumte er ein, im persönlichen Auftreten schwach, ohne besondere Rednergabe, eher schüchtern und verklemmt (2 Kor 13,4 u.a.); und das wird ihn in der Anfangszeit seiner Mission noch mehr behindert haben.- Seine Missionserfolge, die für die Kraft seiner Geistesgaben sprachen? Die hatte er in jenen frühen Jahren noch nicht erzielt. Barnabas war ja bei ihm; Paulus unterstand ihm als dem Missionsleiter, und er selbst hatte noch nicht zu einer eigenen Theologie und »Überredungstaktik« gefunden. Hatte er überhaupt schon eine Missionsreise hinter sich? Zu seiner Zeit existierten keine Gemeinden, die mit ihm korrespondierten und die für seine »Erfolge« zeugen konnten.

Doch nehmen wir einmal Pauli Gnadenbeteuerung für bare Münze. Hätten seine Trophäen nicht die entgegengesetzte Reaktion auslösen müssen? Die gespendeten Silbermünzen, die empfangenen Papyrusbriefe, die mitgebrachten Wunderberichte riefen bei den Uraposteln nicht Staunen, Beifall, Ergriffenheit hervor - sondern Verdammung, Beunruhigung, Abwehr - oder auch bloß Mißgunst und Neid? Demütig hätte er auch andere für sich auftrumpfen lassen können (2 Kor 5,12); d i e s e Leute konnte er **nicht** überzeugen!

Er will Kephas, Jakobus und Johannes brüderlich ins Auge geschaut haben? Mit zwei von ihnen könnte er das nur als Schimären getan haben. Herodes Agrippa I., der Enkel Herodes des Großen, war in Palästina jüdischer König geworden und regierte von Roms Gnaden (37-44 n.Chr.) Obwohl eher philosophierender Skeptiker, trat er wie ein rechtgläubiger Jude auf, um sich der Sympathien breiter Volksschichten zu versichern; er verpflichtete sich die Pharisäer, die im Synhedrium, dem jüdischen Hohen Rat, den größten Einfluß ausübten, und er buhlte um die Gunst der Sadduzäer, die besonders durch den Landadel vertreten waren. So suchte er sich mit der Verfolgung der Christensekte in Jerusalem beliebt zu machen, indem er Jakobus - den Bruder des oben erwähnten Johannes, nicht den Herrenbruder - durch das Schwert hinrichten und danach Kephas (Petrus) gefangennehmen ließ (Apg 12,1-3). Wann sich das ereignete, bestimmen die Historiker exakt: im letzten Viertel des Jahres 43 oder im ersten Viertel des Jahres 44.

Nun steht aber in der christlichen Traditionsgeschichte spätestens seit dem Jahre 70 n. Chr. fest: Jakobus und Johannes, die beiden Zebedäussöhne, sind gemeinsam den Glaubenstod gestorben! Dafür spricht Mk 10,35 ff, wonach die Brüder von Jesus Ehrenplätze im Reiche Gottes beanspruchten! Jesus zweifelt an ihrer Glaubensfestigkeit, sagt ihnen aber trotzdem voraus, sie würden den Leidenskelch, den er trinke, ebenfalls trinken. Dieses Herrenwort gilt der Forschung als späterer Eintrag; es sei Jesus n a c h dem Faktum der vollzogenen Blutzeugenschaft in den Mund gelegt worden.

Dann wäre es unter Herodes Agrippa zur Hinrichtung gekommen: historisch gesehen die beste Gelegenheit, die spätere Überlieferungsgeschichte zu erklären; der berühmte Papias von Hierapolis in Phrygien (Kleinasien), in der Mitte des 2. Jhdts., und auch Afrakat, der bedeutendste Schriftsteller der persischen Christen im 4. Jahrhundert, führen Jakobus und Johannes als Märtyrer an.

Die drei Jünger auf dem Konzil in Gal 2,9 mußten Lukas arges Kopfzerbrechen bereiten. Hatte er nicht von z w e i toten Urjüngern gehört? Um Paulus zu helfen, ließ er kurzerhand den Leichnam des Johannes verschwinden und notierte tapfer nur das halbe Ereignis: die Ermordung des Bruders Jakobus (Apg 12,2)! **Doch wie hätte Johannes dann an dem nur einige Zeit später stattfindenden Konzil teilnehmen können?** (Die von der Historizität des Konzils überzeugten Forscher setzten es in der Mehrheit für das Jahr 48 n. Chr. an).

Ähnliche schlüssige Überlegungen verunsichern das Schicksal des Petrus. Nach Apg 12,7 ff nahm ihm im Gefängnis des Herodes ein Engel seine zwei Ketten ab und führte ihn durch ein eisernes Tor ins Freie; an der Hoftür zum Haus der Maria, der Mutter des Johannes Markus, mußte er beharrlich klopfen, ehe man ihn einließ; in Sorge darüber, ob Jakobus von den erlebten Wundern erfahren würde, verließ er die Stadt, um - wie Lukas verhüllend formuliert - sich an einen anderen Ort zu begeben. So plastisch die wunderbare Befreiung, so unplastisch der profane Abgang! Petrus bleibt verschwunden - bis ihn Lukas überraschend in s e i n e m Konzilsbericht (Apg 15) wieder auftreten läßt, ohne zuvor seine Rückkehr anzugeben und zu motivieren.

Die Rede Petri wirkt hier unhistorisch: Er spricht wie Paulus, denkt gesetzesfrei; ansonsten hüllt er sich in Schweigen, in den Handlungen der Apostel und Ältesten versteckt er sich als Anonymus.

Konnte er überhaupt anwesend sein? Markantes wußte Lukas von ihm auf dem Konzil nicht zu erzählen, die politisch gefährliche Situation hatte sich ja nicht verändert; zwar war Agrippa inzwischen verstorben, doch die nun im Lande herrschenden Statthalter durften einen führenden Christen wie Petrus nicht wieder Anstoß erregen lassen.

Etliche theologische Forscher haben die Pein, in die sie durch Pauli Konzildarstellung geraten, mit der Umdatierung des Konzils zu überwinden versucht. Die große Versammlung sollte nicht erst 48 n. Chr. stattgefunden haben, sondern bereits v o r dem Jahre 44; so konnten die beiden Jünger Petrus und Johannes erst n a c h dem früheren Datum ihre Leidenserfahrungen machen. Indes: die Forscher vermögen für die Korrektur der Chronologie keine andere Begründung vorzubringen, als die von Paulus behauptete Zusammenkunft mit den aus triftigen Gründen A b wesenden! Wie töricht! Um der Wahrhaftigkeit e i n e s Zeugen willen müßte ein Ereignis, das dieser behauptet, zeitlich vorverlegt werden: Wer würde jetzt nicht für den veränderten Zeitpunkt nach einem a n d e r e n Zeugen fragen?

Der »Begleiter« Pauli, Titus, einer seiner Mitarbeiter, kann ebenfalls nicht dabeigewesen sein. Er war unbeschnitten, und es wäre einem Affront gleichgekommen, ihn eigenmächtig mit in die heilige Stadt zu den gesetzestreuen Uraposteln zu schleppen; bei der ersten Mahlzeit wäre der Konflikt aufgebrochen (miteinander essen gehört zu jeder Gemeinschaft). Mit einem Heiden am Tisch zu sitzen hätten sich die Jerusalemer Gerechten, die unter sich mit Mose speisten, hartnäckig geweigert. Sollte der taktisch kluge Paulus nicht vorausgewußt haben, wie grob er mit diesem uneingeladenen Manne von vornherein seine Verhandlungsposition belastet hätte?

Titus besäße als Konferenzteilnehmer keine Funktion: Im Konzilskollegium ohne Stimmrecht, in der Eidszene überflüssig, hätte er keinen offiziellen Auftrag gehabt: eine auswärtige Gemeinde konnte ihn nicht delegiert haben, und als Zeuge für das geschlossene Abkommen hätte Barnabas genügt.

Titus ist ein lebloses Abstraktum; die reine Idealität eines Sammelbegriffes steckt in ihm. So wie Theologen ihn beschreiben, ist er die unbeschnittene Heidenchristenheit überhaupt, ein lebendiger Zeuge der gottgewollten Erfolge des Apostels, ein lebender Beweis Pauli Sieges über die Beschneidungsforderer, ein Triumph schlechthin. Ein Demonstrationsobjekt des Apostels also, der seine Interessen in ihm verkörpert sah!

War er ein lebendiger Mensch? Zur Zeit, als Paulus den Galaterbrief schrieb, gehörte auch Titus zur Gefolgschaft des Apostels; daß er schon früher in seinem Leben eine Rolle gespielt hätte, sagt der Apostel nirgendwo (abgesehen von Gal 2). Titus hätte für ca. 10 Jahre verschwunden sein müssen, um danach, als Paulus ihn für seine Briefnotiz brauchte, rechtzeitig wieder aufzutauchen!

Auch die angeblich in die Gemeinde eingedrungenen Falschbrüder sind eine Fiktion: ein Begriffsgespenst, eine Idealgröße im Negativen, die Paulus dringend nötig hatte. Ohne erkennbare Herkunft, von niemandem geschickt, von niemandem gerufen, treiben sie sich ohne echten Glauben herum, ohne einen (theologischen) Standpunkt in der Argumentation, den man ernst nehmen müßte; sie können nur spionieren, drohen, verknechten, als typische Christusfeinde die »Kirche überhaupt« bedrängen.

Auch rein sprachlich preßt Paulus mit ihnen nur einen Begriff aus: Vor das Wort »Falschbrüder« setzt er das Partizipialadjektiv »eingeschlichen«, »heimlich eingeführt« - und sagt dann noch einmal verbal von ihnen aus, daß sie sich heimlich einschlichen (Gal 2,4). Wer waren diese Leute wirklich? Die Urapostel selber: Paulus maskierte sie, um nicht eingestehen zu müssen, wie heillos er mit ihnen verfeindet war.

Wir können hier den exegetischen Beweis nicht liefern; nur soviel sei gesagt: Paulus spricht von den Feinden, die in Galatien gegen ihn auftreten (Gal 5,10), und wählt für sie die (fast) gleiche Formulierung wie die in Gal 2,6 für die Urapostel; stets behandelt er die Urgemeinde als eine geschlossene Einheit; in den Kollektenkapiteln 2 Kor 8/9 will er seine Heidengemeinden zu einer Spende für die Jerusalemer Christen animieren - und hat dabei a l l e Heiligen in der Stadt vor Augen: A l l e angeredeten Heidenchristen stehen a l l e n Gläubigen der Muttergemeinde gegenüber und haben brüderlich für sie aufzukommen. Warum hätte er den Angeredeten nicht zugeben dürfen, daß er nicht für alle sammelte? Eine aufrichtigere Mitteilung über unwahre Brüder, die sich von den wahren Brüdern lossagten, hätte ihre Gebefreudigkeit nur anstacheln können. Galt es doch nun auch, den gefährdeten Jerusalemern zu helfen!

Unser Apostel hatte es nicht mit einer Splittergruppe von Falschbrüdern zu tun - die hätten sich in Jerusalem nicht halten können und wären nicht lange in der Gemeinde geduldet worden. Er stand in Spannung zur g a n z e n (falsch-brüderlichen) Judenchristenheit, besonders zu deren Führern. Eine Einigung mit ihnen war ausgeschlossen; er hätte sich wohl nicht einmal in ihre Nähe wagen können, ohne sich der Gefahr auszusetzen, von ihnen gesteinigt zu werden.

Als Christuszeuge und Christusprediger brauchte Paulus die Verbindung zu den Urjüngern; die hatte ja der Herr selber in seine Nachfolge berufen. Ohne diese Rückkoppelung hing er in der Luft, wären seine Erfolgschancen gleich null. Mußte er nicht ihr Plazet erlangen? Das Legitimationsdokument, das ihm fehlte, ersetzte er durch den bezeugten Handschlag, der nach antiker Vorstellung Rechtskraft besaß; dabei verwendete er den berühmten, in der griechischen Welt verständlichen Namen »Petros« (= Felsen) für die gewünschte Garantieperson (die er sonst nur Kephas nannte).

Die aufgeführten Ehrenmänner sollten nicht g e g e n ihr fiktives Zeugnis auftreten können: Titus war womöglich in Pauli Verfahren eingeweiht, Johannes nicht mehr am Leben; Petrus und Barnabas hatte er in Antiochia als »Heuchler« entlarvt (s.u.); was sie auch vorgebracht hätten, sie waren unglaubwürdig geworden. Und Jakobus, den härtesten Brocken, hoffte er durch Simulation ausschalten zu können: er diffamierte die zu erwartenden lästigen Vorstöße aus Jerusalem als Aktionen von Falschbrüdern, die mit den Gemeindesäulen nichts zu tun hatten.

Den drei Vorderen wollte er die rechte Hand zur Gemeinschaft hingestreckt haben? Ja, wußte er nicht, daß sie Jesu Wort im Ohr hatten, wonach sie sich kurzentschlossen die eigene Rechte abhakken sollten, wenn die sie zum Abfall verführe (Mt 5,30)? Doch vielleicht hätte er diese Lösung für sie einem Abkommen mit ihnen vorgezogen.

# Das geplatzte Mahl

Der Konvent in Jerusalem wäre mit einem einfachen und doch festlichen Mahl zu Ende gegangen: gebratener Seefisch, gekochter Lammrücken und in Öl und Knoblauch gedünstete Artischocken hätten wohl den Geschmack aller getroffen. Indes, als Paulus von seinem Zusammensein mit Kephas im syrischen Antiochien berichtet (2 Gal 2,11 ff), tut er so, als hätte er mit ihm zum erstenmal an einer gedeckten Tafel gesessen.

Einen Heiden als Tischnachbarn hätte der Nebenbuhler hier wie dort gehabt; nur: in Antiochia habe Kephas selber heidnisch gegessen! Vielleicht Hasenbrühe oder gebackenes Leguanfleisch? Offenbar war der nicht wählerisch und aß immer wieder mit den dortigen Heidenchristen. Für Paulus: so weit so gut. Doch dann seien Judenchristen aus Jerusalem in das kulinarische Idyll eingebrochen, und Kephas habe sich von der freieren Glaubenspraxis wieder zurückgezogen; er fürchtete sich vor den bärbeißigen Leuten des Jakobus aus der Beschneidung! Trotzdem lebte er heimlich weiter heidnisch - zwang aber auch Heiden, jüdisch zu leben!

Dieser Erzheuchelei hätten sich schließlich auch die übrigen Judenchristen angeschlossen; ja selbst Barnabas hätte sich mit hineinziehen lassen. Da hätte Paulus den Felsenmann Petrus vor der versammelten Gemeinde zur Rede gestellt: Wenn er, Petrus, der er doch Jude sei, nach heidnischer Sitte lebe und nicht nach jüdischer, wie dürfe er da die Heiden zwingen, nach jüdischer Art zu leben? Von Geburt seien sie beide ja Juden und nicht Sünder aus den Heiden, und sie hätten beide die Erkenntnis gewonnen, daß ein Mensch nur durch den Glauben an Jesus Christus vor Gott gerechtgesprochen werde, nicht aber aus Werken des Gesetzes.

Paulus führt diesen Gedanken noch weiter aus, versäumt aber dabei, den Schluß des Spektakels zu beschreiben. Von einer Reaktion des getadelten Petrus schweigt er, ebenso davon, ob sich die anderen auf seine Seite gestellt haben oder nicht (Gal 2,11-21).

Hatte Paulus (wie Theologen meinen), um die gesetzesfreie Gnadenbotschaft zu retten und den Fortbestand der Gemeinde zu sichern, notgedrungen eingegriffen und ein öffentliches Ärgernis öffentlich gerügt? Hatte er in der Tat, ehe »der Funke des falschen Feuers in den Herzen der noch jungen Christusgemeinde zünden konnte«, diesen Funken beherzt ausgetreten?

Wie wir es von ihm gewohnt sind, schildert er auch hier nur vage und schemenhaft. Warum und wann kam Petrus nach Antiochien? Und weshalb ließen ihn die eisernen Mosebekenner nicht aus den Augen? Warum zuckte der mit ihnen vertraute Petrus sofort zurück? Wieso konnte er überhaupt so schnell umfallen? Und was die Mitbeteiligten angeht: Wer waren sie eigentlich? Wie erklärte sich ihr

Verhalten überraschender »Heuchelei«? Wieso denn - auch für Petrus - Heuchelei? Und warum berichtet Paulus nicht auch von der Wirkung seiner Zurechtweisung? Konnte er tatsächlich so aufgetreten sein und so geredet haben?

Selbst Theologen verneinen die letzte Frage und sprechen hier von einem großen Maß des Unhistorischen; es fehle jedes historische Detail; und Pauli dogmatisches Programm, das seine grundsätzliche Rede biete, habe keine echte, begründete Beziehung zu dem dargestellten Vorfall.

Gewiß, doch Pauli g a n z e r großartig-rhetorischer Auftritt wirkt gemacht. Seine uns bekannte Furchtsamkeit und Ausdrucksschwäche sprächen gegen ihn - vergrößert durch die ehrfurchtgebietende Autorität des Jesusvertrauten Petrus; auch diese ausführliche Belehrung auf einem Sachgebiet, in dem der Jerusalemer doch besser Bescheid wissen mußte als er! Der nichtpraktizierende Jude unterwiese ja nicht den praktizierenden Juden in der Handhabung des Gesetzes!

Und ob nicht die Umstehenden eine solche »unverschämte« (Paulus sagte dafür gern: »freimütige«) Abkanzelung unterbrochen oder gar verhindert hätten? Gegenüber Petrus war Paulus ein Neuling und Anlernling - zu dieser frühen Zeit noch ohne Rückendeckung, ohne Anhängerschaft! Unsere Zweifel verstärken sich noch, wenn wir fragen, ob Petrus überhaupt mit den Heiden hätte heidnisch essen k ö n n e n!

Gab es nach Gal 2,8 f (die Konzilsfront gegenüber Paulus) in der jüdischen Gesetzesfrage keinen Gegensatz zwischen Petrus und Jakobus, bestand Petrus also ebenfalls auf dem Gesetzesgehorsam der (jüdischen) Gläubigen, er, das Haupt der Muttergemeinde und Leiter ihrer auswärtigen Kontrollarbeit: wie könnte man sich dann ausgerechnet bei ihm einen Gesetzesbruch wie den eines gemeinsamen Mahles mit den Heiden vorstellen?

Als frommer Jude hätte er sich durch den geselligen Verkehr mit Heiden rituell verunreinigt; er hätte sich der Gefahr ausgesetzt, Libationswein zu trinken, Wein, den man für Opferdarbietungen in heidnischen Götterkulten verwendete; er hätte sogar verbotenes Schweinefleisch vorgesetzt bekommen können - oder erlaubtes Fleisch vom Rind, Schaf, Reh, das nicht ausgeblutet und aus den Götzentempeln auf die Märkte gelangt war: Nach jüdischer Einschätzung hätte er sich daran dämonisch infiziert! Und welches Entsetzen löste bei Juden Blutgenuß aus! Er war als Jude aufgewachsen, und er hätte sich niemals zu einem Tabubruch, der sein vertieftes, unbewußtes Innere berührte, verstehen können.

Um Pauli Angaben verifizieren zu können, hat man daher angenommen, in Antiochien wäre das Dekret aus Apg 15,20 bekannt gewesen und respektiert worden; danach war den Heidenchristen verboten, blutiges, ungeschächtetes Fleisch auf den Tisch zu bringen, wenn sie Judenchristen bewirteten. Aber in dieser Frühzeit gab es dieses Dekret noch nicht; erst Lukas hat es, nach den Gepflogenheiten s e i n e r Zeit (um die erste Jahrhundertwende), in die Anfangsjahre der Gemeinden zurückdatiert. Hätte es Paulus damals in Antiochien gekennengelernt: Mit dem Problem des Götzenopferfleisches ein paar Jahre später in Korinth und dem schwierigen Leben seiner Anhänger zwischen Altar, Markt, Haus (1 Kor 8/10) wäre er leichter fertiggworden.

Nein, Petrus soll mit den Heiden m i t gegessen haben! So jedenfalls steht es in Pauli griechischem Original (Gal 2.12). Petrus wäre ganz auf die Seite der Nichtjuden übergetreten, aus Liebe und brüderlicher Solidarität, seine völkische Gebundenheit überwindend. Abgesehen davon durfte Paulus hier auch die Mahlfreiheit nicht einschränken - hätte er sich doch für eine anschließende theologische Argumentation jeder Glaubwürdigkeit beraubt.

Paulus bekräftigt nun seine Mitteilung noch: Petrus habe wiederholt mitgegessen (dafür spricht seine Formulierung im Imperfekt).Nicht impulsiv habe er gehandelt, sondern nach längerer Reflexion; andernfalls hätte er sich ja hinterher distanzieren können. Doch wäre Petrus wirklich so oft von den Gerüchen der heidnischen Küche angelockt worden: er hätte unabsehbare Konsequenzen heraufbeschworen! War er nicht die überragende Autorität des Urglaubens, als verantwortlicher Judenmissionar die bestechende Vorbildfigur? Und jetzt gab er das Judentum auf - um nach der Preisgabe wieder umzukehren?

Seine Handlungsweise müßte die Gemeinde verwirrt, ja verstört haben: Judenchristen und Juden, die sich dem christlichen Glauben angenähert hatten, wären ins Judentum zurückgetrieben worden; Heidenchristen hätten sich zu zweitklassigen Christen, die noch jüdischer Segnungen bedurften, herabgesetzt gefühlt und hätten aufbegehrt; in Jerusalem hätte Petri Hin und Her Enttäuschung, wenn nicht gar Erbitterung und Zweifel an seiner rationalen Zurechnungsfähigkeit ausgelöst; die Konflikte zwischen Heiden und Juden wären noch bösartiger geworden.

Und nun soll die angebliche Feigheit des Petrus obendrein noch etliche andere Judenchristen angesteckt haben; jetzt kuschten sie alle: aber nicht vor der vielleicht bedrohlichen Mehrheit der Heiden in ihrer Gemeinde, sondern vor fünf, sechs Hemdröcken aus Jerusalem! Die grimmigen Agenten mit ihrem Auftrag zur Einmischung hätten sich in der fremden Umgebung eher selber fürchten müssen! Sie alle, die sich nach einem längeren inneren Umdenkungsprozeß von alteingefleischten Geboten zu lösen begonnen hatten, sollten sich nun i n s gesamt durch Mangel an Einsicht und Festigkeit, an Wahrheitsliebe, Überzeugungssicherheit, logischer Konsequenz, Charakterstärke und Mut bloßgestellt haben! Selbst Theologen zweifeln an einer solchen Reaktionsvervielfachung, die Paulus als Gruppenheuchelei verstanden wissen will (Gal 2,13).

Hatten sich die Betroffenen nicht als aufgeschlossene, weitherzige und überzeugungstreue Leute erwiesen? Vermutlich gehörten sie zu den vertriebenen, gesetzeskritischen Christen aus Jerusalem, die ihren Glauben selbst unter Druck nicht preisgaben. Sie hatten ihre Geldbeutel für Jerusalem geleert und verkehrten mit christlichen Propheten und Lehrern (Apg 11,27 ff; 13,1); sie ließen sich ihren Glauben auch vor der erwarteten Hungersnot etwas kosten und pflegten ihn sorgfältig durch geistigen Austausch. Wäre schon ein schwankender, heuchlerischer Freundeskreis eine unerlaubte psychologische Pauschalierung, so erst recht die hier in Antiochia daran Beteiligten!

Paulus führt stellvertretend für die anderen nur den Namen des Barnabas an. Hatte der nicht Jahre gemeinsamer Arbeit mit ihm hinter sich? Er sollte der Gesinnungsfreund und feste Beistand aus den Tagen der ersten Konflikte mit den Judaisten sein. Und der könnte nun unvermittelt der Gegenseite zugefallen sein? Gerade er, ein entschlossener, trefflicher Mann, voll heiligen Geistes (Apg 11.,23 f), weniger an Jerusalem gebunden als alle anderen, brauchte sich von den herbeigeeilten Glaubenshetzern nicht ins Bockshorn jagen zu lassen. Mit seiner Abkehr vom gemeinsamen Essen hätte er seine Heidenchristen preisgegeben, um die er sich seit vielen Jahren bemühte. Bekam ihm auf die Dauer die antiochenische Kost nicht, und er hätte d e s halb seine Lebensarbeit verraten? Paulus schweigt über das Motiv seiner angeblichen Abtrünnigkeit.

Wäre Barnabas dagen viel weniger frei gewesen, als wir ihn hier einschätzen, wäre er, vermutlich ehemaliger Levit (Apg 4, 36), innerlich noch immer ein frommer Jude geblieben, wie Ausleger vermuten: er hätte schon den ersten Schritt nicht getan, bevor er den zweiten hätte tun können: nämlich es sich an heidnischen Tischen schmecken zu lassen. Nein, diese ehrenwerten judenchristlichen Männer konnten nicht ins gesetzliche Leben zurückgefallen sein, weil ihnen angeblich ihr Judentum tief im Fleisch und Blut saß: sie wären sonst gar nicht erst vom jüdischen Leben abgekommen!

Worauf wollte Paulus mit seinem »Bericht« hinaus, welchen Zweck verfolgte er? Die erste renommierte heidenchristliche Gemeinde, voller Geist-Erleben und gläubigem Selbstbewußtsein, sollte als idealer Hintergrund für Petri Verhalten dienen, der sich angeblich unter freien Heidenchristen habe mitreißen lassen. Petrus sein Bundesgenosse, verständlich gemacht im Kreise von Christianern, denen die Zukunft gehörte!

Doch dieses aufsehenerregende, vorwiegend alimentäre Ereignis fingierte Paulus zu seinen eigenen apostolischen Gunsten; folglich mußte er die gewagte Fiktion der Realität im Leben des Felsenmannes wieder angleichen: Petrus sei ja leider rückfällig geworden! Und natürlich bestritt der die nichtswürdige Tisch-Unterstellung. Paulus mußte vorbeugen und ihn aller Welt als Heuchler präsentieren; nur so konnte er seine eindrucksvolle Antiochia-Anekdote verteidigungsfähig halten.

Der Seitenhieb: Mit Petri Abfall fielen auch die anderen ab, und Paulus, der ideale Freiheitsprediger, blieb als leuchtender Bekenner allein übrig; alle hatten sie ihm betreten zugehört, niemand widersprach, selbst Petrus schwieg wie überführt: Welcher Sieg für den Außenseiter Paulus!

Stets war er dem Vorwurf ausgesetzt gewesen, er habe sein theologisches Wissen von den Jerusalemern bezogen, er habe sich erst in der heiligen Stadt, im Urkreis der Jesusjünger, über den neuen Glauben unterrichten lassen. Dagegen hatte schon seine Versicherung, einer persönlichen Gottesoffenbarung gewürdigt zu sein, angekämpft, und auch seine Reiseziele - Arabien, nicht Jerusalem, dann Tarsus -, sollten Distanz signalisieren.

Nun fügte er dem allen noch eine effektvolle Pointe hinzu: Nicht der eine oder andere Altapostel sei sein Lehrmeister geworden, sondern umgekehrt: er selber habe den namhaftesten Altapostel belehren müssen!

Am Ende hatte sich der große Paulus, Gottes Musterapostel, gegenüber Gefahr und Verrat meisterlich bewährt; allerdings: in einer frei erfundenen, selbstinszenierten Wunschsituation!

# Die Weltend-Kulisse

Weltuntergänge, obwohl noch keiner gutbezeugt stattgefunden hat, waren bei den Menschen früherer Zeiten so beliebt, daß sich die meisten davon mehrere wünschten. Angst, Erregung, Neugier, Hoffnung: was mischte sich da nicht alles! Auch Paulus wollte mit ein paar ausgesuchten Empfindungen mitmischen.

Bisher haben wir die Fiktionen beschrieben, wie er, um seine Vertrauenswürdigkeit zu bezeugen, als hochangesehener Pharisäer die christliche Gemeinde blutig bekämpft haben wollte und sich dann vom Herrn durch eine Offenbarung eines Besseren habe belehren lassen; wie ihm in Jerusalem die führenden Männer sein gesetzesfreies Evangelium bewilligt hätten, und wie er schließlich, um der Wahrheit eben dieses Evangeliums willen, dazu gezwungen gewesen sei, in Antiochien den großen Petrus herunterzumachen.

Im Vertrauen darauf, mit seiner Darstellung unter den angeredeten Heiden Glauben zu finden, mußte das alles seiner Bedeutung als berufener Apostel dienen: Mit dem Staub des weither Gereisten auf dem Mantel, dem Gestus des fremdartigen, fern-orientalischen Gottgesandten gab er seiner »Heilsbotschaft« noch mehr Gewicht.

Was aber sollte er zuallererst verkünden, und wie erreichte er, daß man aufhorchte? Er mußte sein Auftreten zu einem bedeutenden Ereignis stilisieren und die Aufmerksamkeit der Angeredeten dauerhaft gewinnen; schnell sollten sie sich zu ihm bekennen und keine Zeit finden, ihre Zustimmung hinauszuzögern.

Was k o n n t e kein Mensch überhören? Daß er in Gefahr sei. Je größer die Gefahr, desto schöner die Rettung. Jeder Erfolg ging aus der Relation von Einstz und Wirkung hervor; die richtige Werbung leitete ihn ein.

In allen seinen Briefen predigte Paulus die unmittelbar bevorstehende Weltenwende, den Untergang des alten Aeons, die Wiederkunft des Herrn (die Parusie), das Gottesgericht über Gläubige und Ungläubige - und das danach anhebende Reich messianischer Herrlichkeit. Ja, er selber dürfe, zusammen mit denen, die er noch bekehre, bis zum Tage des Herrn am Leben bleiben (1 Thes 4,15.17; 1 Kor 15.51 f.): dieser Tag würde unerwartet auf sie kommen wie der Dieb in der Nacht (1 Thess 5,2); in jeder Stunde müßten sie darauf vorbereitet sein; wachen sollten sie deshalb und nüchtern sein (1 Thess 5,6); die Zeit, die noch währe, sei kurz (1 Kor 7,29-31).

Es sei auch besser, unverheiratet zu bleiben (1 Kor 7.26): in der schrecklichen Endzeitsituation käme es zu Verfolgungen der Gläubigen, zu großen Martyrien, und die würden Eheleute härter treffen als Alleinstehende. Der Herr sei nahe: das baldige Weltende verlange eine unaufschiebbare Entscheidung von allen! Er blicke, so schreibt er den Römern, auf den Augenblick zurück, wo er - mitsamt seinen Lesern - gläubig geworden sei; vergleiche er nun diesen Zeitraum mit jenem, der bis zur Parusie Christi noch vergehe, so erscheine ihm die vor ihm liegende Zeitstrecke kürzer als die hinter ihm liegende (Rö 13. 11ff.) Paulus kannte die allgemeine Menschensohn- Christus-Erwartung aus den jüdischen Apokalypsen. Ob er wirklich, mit einem weltverneinenden Lebensgefühl, auch ohne Herrnoffenbarung bei Damaskus, in echter Endzeitstimmung (und also e s c h a t o l o g i s c h) lehrte, angesteckt vom Glauben anderer Juden und Christen?

Briefliche »Äußerungen« und lukanische Zeitangaben in der Apg verraten es: Er betrieb n i c h t in fliegender Eile eine Art »Durchreisemission«, wie Theologen versichern; er konnte sich durchaus Zeit lassen. Nachdem er auf seiner sogenannten zweiten Missionsreise in Thessalonich eingetroffen war, habe er, um sich wirtschaftlich von seinen Gastgebern unabhängig zu halten, Tag und Nacht in seinem Handwerk (als Zeltmacher und Tuchweber) Lederstücke geschnitten und Zeltstoffe genäht (1 Thess 2,9). So aber verhielt sich nur jemand, der über einen längeren Zeitraum Gastrecht beanspruchen wollte. Zum anderen hätten ihm mindestens zweimal die Philipper Unterstützungsgelder nach dort geschickt (Phil 4,16). Dann blieb er mehrere Monate - oder noch länger?

Zur Weiterreise zwang ihn nicht seine eschatologische Konzeption, sondern - wenn man der Darstellung des Lukas glauben darf - die Eifersucht der Juden, die im Hause des befreundeten Jason seiner habhaft werden wollten (Apg 17,5).

In Korinth, der nächsten großen Reisestation, fühlte er sich noch wohler; er verweilte 1 1/2 - 2 Jahre - trotz der Querelen mit den dortigen Juden (sogar vor den römischen Statthalter Gallio hätten sie ihn geschleppt; Apg 18,18) - und erlebte eine arbeitsreiche, erhebende Zeit (die späteren Aufenthalte würden anders ausfallen!).

Bei der Niederschrift seiner »Reiseberichte« wurde Lukas darüber stutzig und mußte eine Entschuldigung für das regelwidrige Verhalten finden. In einem nächtlichen Gesicht habe Christus den Apostel dazu aufgefordert, wegen der vielen ansässigen Christen Korinth n i c h t so schnell wieder zu verlassen; der Herr schütze ihn, er solle hier ausharren und weiterpredigen (Apg 18,19 f).

Der Herr hätte sich wohl nächtens noch öfter zeigen müssen, denn auch in Ephesus, wo Paulus die längste Zeit hintereinander verbrachte, nämlich drei Jahre lang (Apg 19,8.10.22; 20,22), belasteten ihn seine Parusienöte nicht. Sein Leben erreichte hier einen Grad seßhafter Verbürgerlichung, der selbst den Theologen erstaunt (war der Asket dicker geworden und entwickelte sich zum sanft lebenden Fleisch wie Luther in Wittenberg? Sättigte er seinen Alltag mit geregeltem Dauerbezug von neuesten Nachrichten, Theaterbillets, süßen Weinen, kandierten Datteln?).

Diese interessante, erlebnisreiche Stadt - die römische Bürger begünstigte und durch ihre Obrigkeit den Apostel umschmeichelte - hätte er sich gern noch länger gegönnt; doch schlechte Botschaft aus Korinth und ein kleiner Pöbelaufstand (Apg 19, 23 ff, Historizität vorausgesetzt) schreckten ihn in seiner residierenden Geruhsamkeit auf.

Für Unglaubhaftigkeit hatte er zuvor noch selbst gesorgt. So wie er bereits in Korinth trotz günstiger Lebensumstände, die er genoß, den 1 Thess mit seinen Wachsamkeitsermahnungen niederschreiben konnte, so verfaßte er in Ephesus den 1. Kor; und in dem verbot er - Paulus, der f l i e g e n d e Verkündiger - menschliche Beziehungen einzugehen (1 Kor 16,8; 7,26 ff)! Aber wer könnte, behaglich im gepolsterten Sessel ruhend, überzeugend Eile predigen?

Woran läßt sich überhaupt die Echtheit eines eschatologischen Motivs erkennen? An einer unüberwindlich scheinenden geschichtlichen Notlage. Völkerschaften, politisch enttäuscht und mit ihren Hoffnungen gescheitert, überdies aus einer konkreten geschichtlichen Situation keinen Ausweg wissend, reagieren oft mit hochfliegenden metaphysischen Vorstellungen.

Mitunter hatten sie der Vernichtung ihres »Heiligtums« zusehen müssen, mußten Bedrückung und Entfremdung ertragen, ohne Aussicht auf baldige politische Freiheit oder nur neue religiöse Betätigung. Nach dem Verfall ihres Selbstvertrauens: wer sollte sie von allen Zwängen erlösen? Eine Gottheit natürlich, mit der sie wieder versöhnt und vereint sein wollten! Ihr Schicksal verdankten sie ja nicht nur i h r e m Versagen, i h r e r Schuld, sondern auch dem Groll des hohen Wesens!

Oder auch den Machenschaften ihrer Feinde? Dann müßte sich in die Erlösungssehnsucht auch das Bedürfnis nach Rache hineinmischen - Rache an politischen, religiösen Widersachern, deren endgültige Vernichtung das unbefriedigte Gerechtigkeitsverlangen stillen sollte.

Klassisches Beispiel solcher Befindlichkeiten ist die Apokalyptik Israels. Immer wieder fremden Völkern unterworfen wie Assyrern, Babyloniern, Ägyptern, Griechen, Römern, blickte das Gottesvolk in seiner Verzweiflung nach Vorzeichen einer baldigen, totalen Wandlung aus.

Und Paulus, woran hätte er hilflos leiden, womit hätte er sich herumquälen können? Er war nicht aus seiner Heimat vertrieben wie die Juden in die Babylonische Gefangenschaft; er litt nicht unter heidnischem Hellenismus, mit seinen erbarmungslosen Schändungen überlieferter Heiligtümer; auch die Entweihung des jüdischen Tempels hatte er nicht miterlebt; selbst Hellenist, hatte er sich mit griechischer Bildung und heidnischen Mysterienkulten ohne (jüdisches) Sträuben vertraut gemacht; er war nicht in hoffnungslose kriegerische Konflikte verwickelt; und er kannte keine verhängnisvollen Gefangenschaften, denen er nicht auf natürliche Weise zu entkommen hoffte.

Bedrückte ihn politischer Terror? Nein. Gerade die brutalste Macht, die fromme Juden zum letzten seelisch-geistigen Ausweg trieb, zum Glauben an die Zeitenwende, die Macht Roms nämlich - s i e verehrte Paulus als von Gott eingesetzte Ordnung! Ihr verdankte er für sein Leben Schutz und Sicherheit, und ihr unterwarf er sich als braver Steuerzahler ehrfürchtig (Rö 13,1-7). Welcher psychische Affekt hätte in Paulus das Vertrauen auf eine baldige eschatologische Lösung hervorrufen sollen?

A l l e hatten sich geirrt, die Beter im äthiopischen Henochbuch und im Buch der Jubiläen, vor mehr als 100 Jahren, als die noch der Überzeugung waren, zur letzten Generation der Menschheitsgeschichte zu gehören; auch den Frommen aus dem Urkeis um Jesus war es nicht besser ergangen. Nach den zwanzig Jahren seit dem Tode des Herrn war dort die erste Welle einer eschatologischen Dringlichkeit längst verebbt. Man hatte den Brauch aufgegeben, Häuser und Äcker abzustoßen, um alle Hände frei zu haben für den kommenden Herrn; die ekstatischen und dynamischen Geisteserlebnisse hatten sich verflüchtigt, und ein nüchterner Alltag mit banalen Gemeindediensten war eingekehrt.

Und das alles nahm Paulus nicht wahr? Trotz dieser deprimierenden Erfahrungen, ohne erkennbaren inneren oder äußeren Grund, frischte er, der N i c h t - Schwärmer, das überholte Katastrophenweltbild wieder auf, mit dem Anspruch, ihm selber noch einmal bedingungslos verfallen zu sein? Das glaube, wer will.

In der Art und Weise, wie der Apostel in seinen Briefen mit den Parusiebemerkungen umgeht, verrät er im übrigen mehr, als ihm lieb sein konnte. Erstaunlich genug - und aufschlußreich: Alle diese aus der Tradition stammenden Stücke tauchen bei ihm ausschließlich in Nebenbedeutungen auf. Er bringt sie nicht ein, um notwendigerweise auf die letzten Akte Gottes voraus zu verweisen, denen alle gegenwärtigen Gemeindeinteressen schon jetzt zu dienen hätten, sondern umgekehrt: mit der Erinnerung an diese Geschehnisse will er gerade die augenblicklichen Gemeindeinteressen fördern!

Welche Briefstellen zur Parusie man sich auch vornimmt (z.B. 1 Thess 1,2 f; 1,9 f; 3;13; 1 Kor 1,7 f u.v.a.): um das große Ereignis geht es ihm nur nebenbei. Der »Gegenstand« seiner Ermahnungen oder Tröstungen ist in keinem der untersuchten Fälle (über fünfzehn) die Wiederkunft Christi, die Weltkatastrophe oder das Endgericht, sondern die derzeitige Lebensführung der Christen!

Dieser Tatbestand kommt auch rein sprachlich zum Vorschein. Stets ordnet er die eschatologischen Bemerkungen im Satzbau unter, setzt sie in syntaktischen Nebenfunktionen ein; dabei zieht er Nebensätze vor, Relativsätze, indirekte Fragesätze und formuliert in Partizipialkonstruktionen und Präpositionalausdrücken. Bringt er sie wenigstens in den Hauptteilen seiner Briefe unter - wo sie doch wegen ihrer Bedeutung hingehörten? Nein, sie stehen am Ende eines Sinnabschnittes, eines Gedankenganges; oft auch nur im Briefrahmen, am Briefende überhaupt (neben den obengenannten Stellen auch 1 Thess 5,23; 2,19 ff; 1 Kor 15,22 ff; 16,22; 4,5; 5,5; 2 Kor 1,13 f; Phil 1,6.10; 2,16; 3,20).

Legte man die sprachliche Regel zugrunde, daß jeder Hauptgedanke einen Hauptsatz erfordere, jede Hauptsache einen direkten, eigenen Ausdruck verlange und keinen erborgten oder sonstwie von anderen übernommenen: wir müßten bei Paulus die durchgehende Verletzung dieser Regel konstatieren!

Was würde sie besagen? Das apokalyptische Weltereignis, das weder Nebensache sein noch zur Nebensache werden könnte, sofern es wirklich das Gemüt existentiell berührt hätte, ließ den Apostel kalt; es bedeutete ihm nichts. Seine aktuellen Interessen gingen ihm vor, s i e bestimmten die Eschatologie; er banalisierte die schönen Verheißungen, die ihm Gott angeblich anvertraut hatte. Der vielleicht schlagendste Beweis, den Pauli unbewußte Sprachführung gegen eine wirkliche Teilhabe am Parusieglauben liefert, ist sein Substantivismus. Er spricht, geistig lahm, von »Ankunft«, vom »Tag« (des Herrn), von »Offenbarung« (1 Kor 15,23; 1 Thess 2,19; 3,13; 4,15; 1 Kor 3,13; 5,5; 1,7 u.a.) - niemals aber vom k o m m e n d e n Messias, von dessen K o m m e n!

Während in den Evangelien und in der Johannes-Apokalypse gerade diese Verbalstruktur auffällt (s.Mt 16,27; 24,24; Mk 9,1; Lk 17,20, Apg 1,7 u.a.), drückt Paulus durchweg die erwartete Parusie Christi nicht als Bewegung aus, die auf ihn und alle anderen zu-kommt, sondern als inaktiven Vorgang, der längst in sich erstarrt scheint. Seine Substantive verweisen nicht (mehr) auf reale Akte; sie reflektieren Bewußtseinsinhalte, die in den vorgestellten Akten gegeben sind.

Der Sprachkenner erblickt in stereotyper Hauptwörterei eine »geistige Ermüdungserscheinung«, die Unfähigkeit, sich die Welt und ihre Dinge als bewegtes und bewegliches Geschehen zu denken.

Erst recht nicht könnte s o diese Welt von einer Über-Welt bewegt, erschüttert, zerstört werden.

Obendrein entheiligt Paulus diese Bewegung aus der Hand Gottes zum bloßen Kulissenverschieben. Die Verwandlung der irdischen Welt am Messiastage erscheint ihm wie ein Szenenwechsel auf der Theaterbühne; die Gestalt der Welt, die vergeht, ist (im Griechischen) die Szene im Theater (1 Kor 7,31). Kaum möglich für einen Weltendgläubigen!

Den ordinären Optimismus, den Paulus in die fortdauernde, scheinbar unzerstörbare Existenz des römischen Staates investierte (Rö 13,1-7), bezeugt uns zuguterletzt sein unstillbares Besitzstreben. Allein dieser Drang nach materiellem Gewinn, aus Überbietungsinteressen, Sicherheitsdenken und Habgier gespeist, widerlegt Pauli vorgegebenen Parusieglauben ein für allemal. Zu allen Zeiten haben sich Menschen, die apokalyptischen Gemeinschaften beitraten, zuvor von ihrem weltlichen Hab und Gut getrennt und sich in bewußte Armut begeben. Würde eine baldige Weltkatastrophe alles Irdische vernichten und Gott die wahrhaft »Frommen« aus dem Untergang erlösen, dann stellte deren Verzicht auf Besitz ein Markierungszeichen her, das Gott nicht übersehen würde, wenn er sie rettete.

Paulus, der mühsam über Jahre hinweg seinen zeitlichen Besitz vermehrte, hätte das Gegenteil getan.

Mit der Unverwüstlichkeit des Goldes hätte er an die Ewigkeit seines i r d i s c h e n Lebens glauben müssen.

Um sein Vermögen stand es so: m i t der Parusie gewann er die Gläubigen, durch die er es sich beschaffte; aber nur o h n e Parusie hatte er etwas davon.

# Himmlisches nach Vorlage

Paulus will Offenbarungsträger gewesen sein. Theologen versichern, immer wieder habe ihm der Herr wunderbare Erkenntnisse über die Dinge göttlichen Heilswirkens vermittelt, habe ihm die Geheimnisse endzeitlicher Ereignisse enthüllt, Verborgenheiten der vergangenen, gegenwärtigen oder künftigen Heilsgeschichte offenbart.

War es so? Blicken wir auf die »Offenbarungen« zurück, die uns bereits beschäftigten: Das Damaskuserlebnis erwies sich als Pauli große Lebensfiktion, die dem apostolischen Nachzügler unentbehrlich war; und der ihm »offenbarte« Befehl, nach Jerusalem zum Apostelkonzil zu reisen (Gal 2,2), dürfte ihn nicht sonderlich motiviert haben, wenn es diesen Konvent nicht gab.

In 2 Kor 12,1-6 berichtet Paulus von einer »Himmelsreise«, die er in der Ekstase erlebt haben will - nicht er, vielmehr ein Mensch in Christus, vor vierzehn Jahren (der ihm aufs Haar ähnelte?); ob der sie im Leibe erlebt habe oder außerhalb des Leibes, also rein seelisch-geistig, wüßte er nicht zu sagen, nur Gott wüßte es. Der Betreffende sei bis in den dritten Himmel entrückt worden, ins Paradies, wo er unaussprechliche Worte hörte, die ein Mensch nicht wiedergeben dürfe; des Betreffenden wegen wolle er sich jetzt rühmen, seiner selbst wegen jedoch nicht.

Wirkt die Schilderung des Erlebnisses glaubhaft? Trotz einiger (scheinbarer) Bestimmtheiten überwiegen die Unbestimmtheiten. Paulus sagt nichts über die seelischen oder körperlichen Voraussetzungen des Ereignisses, schweigt über die Erschöpfung danach, über schmerzende Augen oder lahme Glieder, worüber andere Ekstatiker klagen; ja den Vorgang selbst beläßt er in der Ambivalenz: betreffs der Körperlichkeit oder Unkörperlichkeit will er sich nicht festlegen.

Wissen und Nichtwissen des Apostels widersprechen sich. Er nahm nicht wahr, was ihm eigentlich und in welcher Gestalt widerfuhr, er war ja »außer sich«, in v ö l l i g e r Selbst-Bewußtlosigkeit: wieso merkte er dann, wohin er kam, welche und wieviele befestigte Himmelsgrenzen er überschritt und was er dort erlebte?

Nicht nur könnte hier ein zählendes Bewußtsein das Un-Bewußtsein nicht begleiten - auch das Verbot, das er erfahren haben will, könnte das nicht; in dem Augenblick, wo er es erfaßte und die Kenntnis davon behielte, wäre der bewußtlose Erlebnisstrom gestört, der transzendente Schauungsakt aufgehoben gewesen. Wußte er, w a s er nicht weitersagen durfte, und hätte er d i e s e s Wissen für sich selbst nicht vergessen können: es hätte an sein Ichbewußtsein gebunden sein müssen; das aber war unfähig, in die Entrücktheit der Ekstase einzutauchen! Jeder wissenschaftliche Kenner solcher mystischen Erfahrungen wird diesen »Ichverlust« bestätigen.

Im übrigen wäre das Erlebnis nach Pauli theologischer Einstellung weder leiblich noch nicht-leiblich möglich gewesen. Nach 1 Kor 15,50 sind Fleisch und Blut nicht imstande, das Gottesreich zu »ererben«; wegen ihrer sinnlichen Beschaffenheit, die der vergänglichen Welt angehört, können sie nicht in die Gotteswelt und in die Nähe Gottes gelangen; also konnte auch der Erlebende, als die metaphysische Aktion begann, nicht im Leibe sein.

Andererseits war für Paulus die körperlose Existenz eine Vorstellung des Schreckens; in 2 Kor 5,1-10 bekämpft er sie deshalb. Wie quälend: Der sterbende Mensch würde im Tode seinen Leib verlieren und bis zum »Anziehen« des neuen geistigen Leibes am Auferstehungstag »nackt« bleiben - in einem »Zustand vollendeter Unseligkeit und Zwecklosigkeit«.

Und in dieser vorweggenommenen, gefürchteten Seinsverfassung sollte Paulus einen »Gnadenerweis« erlebt haben dürfen, dessen er sich rühmen konnte? Vor Entsetzen verstummt, mit Gott hadernd, hätte er d i e s e s Erlebnis verschwiegen!

Und was die »Geheimnisse« anbelangt: wären sie unaussprechlich gewesen, erübrigte sich ein Verbot, sie auszusprechen. Argumentierte er vorsichtigerweise doppelt: Was er nicht durfte, konnte er auch nicht? Und was er weder konnte noch durfte, wollte er auch nicht? Wie ideal, wenn ein göttliches Verbot so wenig störte!

Doch nehmen wir den Apostel beim Wort. Welche un-sagbaren Mysterien hätte er im Paradiese erfahren können? Geheimnisse kommender Heilsgüter, die die Menschen dermaleinst empfangen sollten? Die pflegte Paulus seinen Gemeindemitgliedern von sich aus gerne mitzuteilen (s. 1 Kor 15,50 ff; 1 Thess, 4,13 ff; auch Rö 11,25 ff, s.u.).

Die wundersame Sprache der Engel? Nach damaliger Einschätzung ging die Himmelssprache solcher Wesen über menschliches Begriffsvermögen hinaus: Paulus hätte sie nicht verstehen können, und ein Verbot wäre (nochmals) überflüssig gewesen.- Verschlossene Rätselweisheiten Gottes, die er niemandem vorzeitig verraten durfte? Die wären mit den Dingen in den »Tiefen Gottes« identisch gewesen, in die er ohnehin »schaute« (1 Kor 2,10); über sie zu schweigen bestand kein Grund (lieber hätte er mit ihnen vor anderen geglänzt).

Unser Zweifel, Paulus könnte seine Transzendenzerfahrung nicht wirklich gemacht haben, wird zur Gewißheit, wenn wir die literarischen Anleihen entdecken, die er sich in seinem Bericht geleistet hat. Es existierte seinerzeit eine spätjüdisch-apokalyptische Erlebnisliteratur, die frühere Glaubenshelden wie die Söhne Jakobs,

Henoch, Mose, Daniel, Jeremia, Jesaja, Esra aufbot, um ihnen (fiktive) Himmelsaktivitäten zuzuschreiben. Auch diese Erlebnisse waren nicht »echt«, doch der Leser konnte sie dafür halten; auch Paulus kannte sie, blieb aber skeptisch; er hätte sich sonst nicht mit ihren Äußerungsmerkmalen bedenkenlos geschmückt.

So steht für einschlägige Forscher fest, daß sich Pauli Entrückungsdaten »auf zeitgenössischem Hintergrund« gebildet haben. Ja, die Übereinstimmung in der Beschreibung ginge so weit, daß beispielsweise zwischen dem Text Pauli und der Himmelfahrt Henochs aus der slawischen Henochapokalypse eine bis ins Einzelne gehende Parallelität des Satzbaues bestehe! Hatte der Apostel - wie ein unbegabter Schüler bei einem anerkannt besseren - nur ungeniert abgeschrieben?

Versucht man, aus den durchgeführten Vergleichen, die wir hier nicht wiedergeben können, eine Summe zu ziehen, so kommt man zu folgendem Resümee: Auch in der syrischen Baruchapokalypse und im Testament des Levi wird eine geistige und/oder leibliche Himmelfahrt, die sich im Zustand der Unbewußtheit abspielt, detailliert beschrieben; im zweiten Henochbuch und wiederum im Levi-Testament gilt der dritte Himmel als höchster Himmel, glänzender als die beiden anderen: der ihn ekstatisch Erlebende stößt über einen hohen Berg zum Throne Gottes vor, wo er Pauken und schöne Gesänge vernimmt; das Levi-Testament und das genannte Henoch-Buch kennen ebenfalls die Geheimniserfahrung und das Schweigemotiv, ja, sogar die abschließende Rühmung fehlt im Baruchbuch nicht (die Rühmung, die Paulus nur scheinbar schamhaft umgeht, indem er einen Dritten rühmt, der er doch offensichtlich selber ist; vgl. 2 Kor 12,5.7; was ginge ihn, den Ruhmbeflissenen, sonst die Rühmung eins Menschen an, der er n i c h t selber wäre).

Somit finden sich ausnahmslos alle Motive aus der zeitgenössischen Literatur bei Paulus wieder; nicht ein einziges e i g e n e s Motiv verrät, daß er verzückt in eine andere Seinsdimension eingedrungen wäre. Da niemand nach Vorlage erleben kann, muß er das Erlebnis nach Vorlage fingiert haben; nicht nur als Entrückter, auch als Entrückungsliterat hat er sich nicht besonders anstrengen müssen.

Stattdessen haben sich später andere für ihn angestrengt. In einer Paulus-Apokalypse, die vielleicht schon Mitte des 2. Jahrhunderts entstand (wahrscheinlich aber später) und die in der alten Kirche sehr verbreitet war, haben unbekannte Verfasser Pauli Paradiesentrückung weiter ausgemalt. Was sie berichten, hätte nach ihrer Einschätzung auch Paulus berichten dürfen; was er nicht vorbringen durfte, brächten sie auch nicht vor (warum hat dann nicht Paulus selbst erzählt, was sie nun erzählen?). Mit dieser vorgegebenen Zweiteilung der himmlischen Dinge sind sie fein heraus; jetzt können sie ungeniert fromme Neugier befriedigen.

Der angelus interpres (ein Engel, der alles erklärt) führt Paulus zum Paradies; der Apostel bestaunt dort die goldene Pforte mit den zwei goldenen Säulen und den zwei goldenen, beschriebenen Tafeln, auf denen die Namen der Gerechten stehen, und begrüßt nach dem Eintritt die alttestamentlichen Männer Henoch und Elias. Er erblickt den Acherusischen See, der weißer ist als Milch; in ihm tauft der Erzengel Michael reuige Sünder und geleitet sie danach in die Stadt Christi ... Über den milchigen See gelangt Paulus in einem goldenen Schiff dorthin, von 3000 Engeln begleitet. Die Christusstadt ist ganz golden, von zwölf Mauern umgeben, mit je einem Turm darauf. Als der Apostel in eines der 12 Tore tritt, sieht er große, sehr hohe Bäume mit Blättern, ohne Frucht; im Schatten der Bäume Männer, die in Tränen ausbrechen, sowie sie jemanden in die Stadt kommen sehen. Paulus weint mit ihnen und will von seinem angelus wissen, warum diese Verzweifelten nicht in die Stadt hinein dürfen.

Was er erfährt, müßte ihn stark beunruhigt haben. Die weinenden Männer hätten auf Erden ein stolzes Herz gehabt, stolzer als das der übrigen Menschen; sie hätten sich selbst gerühmt und gelobt und für ihre Nächsten nichts getan. Die Wurzel aller Übel, versichert der Engel, sei der Stolz ...

Ob der namenlose Apokalyptiker, der diese Szene erfand, wohl ahnte, was er Paulus damit zumutete? Wollte er eine versteckte Anspielung auf Pauli unapostolisches Benehmen lancieren? In dessen Briefen wimmelt es von Ruhmredereien auf sich selber, direkten und indirekten (1 Thess 2,9 f. 1. Kor 4,1.16; 2 Kor 1,12 ff.5,12). Und wie würde er wohl vor Gott mit seiner Nächstenliebe abschneiden? Nach eigenem Geständnis hatte er seine Gemeinden »ausgebeutet« (s.u.).

Jeder gläubige Leser seiner Briefe und der lukanischen Apostelgeschichte war überzeugt davon, daß er es mit dem Apostel mit einem schriftgelehrten Manne zu tun habe, der für die hebräische Überlieferung seiner Väter eiferte und sie besser und tiefer verstand als andere. Doch wie erklärt sich dann folgende Szene in der Apokalypse? Mitten in der Christusstadt, neben einem großen, sehr hohen Altar steht König David und psalmodiert »Halleluja«. Er tut das mit so kräftiger Stimme, daß alle, die sich auf den Türmen und an den Toren aufhalten, mit Halleluja antworten und von der Lautstärke sich die Fundamente der Stadt bewegen. Da fragt der unbeeindruckte Paulus ahnungslos: »Herr, was ist Halleluja!?«. Das werde in der hebräischen Sprache gesagt, erfährt er, und auch was es bedeutet. Aber Paulus fragt noch einmal begriffsstutzig, ob denn alle, die Halleluja sängen, Gott priesen? So sei es, beteuert der Engel; und wer nicht mitpsalmodiere, obwohl er sich darauf verstehe, der sei stolz und unwürdig.

Wollte der Engel den armen Apostel noch mehr einschüchtern? Denn jetzt will er ihm die Seelen der Gottlosen und Sünder vorführen, damit er, Paulus, erkenne, wie beschaffen der böse Ort sei. Was der Erschrockene nun zu sehen kriegt, ist in der Tat schrecklich - besonders deshalb, weil er nicht sicher sein kann, ob das alles insgeheim nicht auch mit ihm selber zu tun habe.

Er sieht einen von Feuer siedenden Fluß, eine Menge von Männern und Frauen sind hineingeschritten: die einen bis an die Knie, andere bis an den Nabel, bis an die Lippen oder an die Augenbrauen hineingesunken. Nördlich von ihnen erblickt er Gruben, etwa 3.000 Ellen tief, in denen viele seufzende und weinende Seelen zusammengepfercht schmachten; darunter ein verdeckter Abgrund wie ein tiefer Brunnen. Fallen die Seelen hinein, stoßen sie nicht früher als nach 500 Jahren auf den Grund (so lange stürzen sie). Paulus will wissen, wer diese Wesen seien.

Der Engel antwortet, das seien die, die nicht auf den Herrn gehofft haben! Unser Apostel, wie wir wissen, selbst ohne Hoffnung auf den kommenden Herrn, weint wiederum mit ihnen, seufzt und verlangt Barmherzigkeit. Doch niemand erbarmt sich der Armseligen, und Paulus muß sich vom Engel vorwurfsvoll fragen lassen, ob er denn barmherziger sein wolle als Gott. Gott sei gütig, aber er dulde solche Strafen. Da sich Pauli Mitgefühl weder theologisch noch menschlich erklärt (er war persönlich eher kaltherzig), bleibt der Verdacht an ihm hängen (und an dem Autor, der ihn fiktiv in diese Situation bringt), er könnte gerade jetzt den wahren Grund seiner Gefühlsäußerung ängstlich verschweigen.

Doch noch schrecklichere Szenen warten auf ihn. Wegen der fehlenden Herrnhoffnung sind andere, Männer und Frauen, nackt an einen Ort von Eis und Schnee verbannt, mit zerschnittenen Händen und Füßen, voller Würmer, die sie bei lebendigem Leibe verzehren. Einem Presbyter, einem Greis, schnüren Engel auf dem feurigen Fluß die Kehle zu und piesacken ihn mit einem dreizackigen Eisen, ihm dabei die Eingeweide durchbohrend. Ein greisenhafter Bischof steht bis an die Knie im Feuerfluß und wird mit Steinen beworfen, die sein Gesicht verwunden. Einem Diakon, in der gleichen Lage wie er, mit ausgestreckten, blutigen Händen, kriechen Würmer aus dem Mund und den Nasenlöchern. Männern und Frauen in der Feuergrube haben die Flammen schon die Gesichter schwarz gebrannt, andere sind an ihren Augenbrauen aufgehängt; wieder andere zerkauen selber ihre Zungen. Ein Strafengel kommt mit einem großen, feurigen Schermesser und zerfleischt Lippen und Zunge eines Mannes.

Paulus weint, seufzt und fragt nach den Gründen der entsetzlichen Martern. Der Bischof, so hört er, habe sich der Witwen und Waisen nicht erbarmt, und der Diakon habe die Opfergaben aufgegessen; andere hätten nur auf Reichtum vertraut, die Armen geschädigt und auf den Herrn nicht gehofft.

Nun: Paulus konnte nicht beruhigt sein; er vernahm die Aufzählung seiner eigenen Sünden! Auch er trieb Gelder ein von den Ärmsten, vergriff sich an den Opfergaben anderer, wollte seine Reichtümer vor dem Zugriff der verhaßten »Brüder« retten. (s. später).

So hatten Pauli gläubige Nachfahren alles noch schlimmer gemacht. Eine »Himmelreise« mit solchen versteckten Schmähungen seiner Autorität hätte er nie erwähnt. Kehren wir zu den anderen »Offenbarungserlebnissen« zurück, von denen uns der Apostel berichtet.

Nach der Notiz über das Himmelserlebnis versichert Paulus in 2 Kor 12,7-9: der Überschwenglichkit seiner Offenbarungen dürfte er sich nicht überheben; darum sei ihm ein Dorn ins Fleisch gestoßen; ein Satansengel bedränge ihn und schlage ihm ins Gesicht; daraufhin hätte er dreimal den Herrn gebeten, der Engel möge von ihm ablassen; Gott habe ihm aber geantwortet, seine Gnade sei für ihn genug, die Kraft erreiche ihre Vollendung in der Schwachheit.

Der Hintergrund dieser Bemerkung war Pauli Krankheit. Litt er an Epilepsie? Dann könnte er mit den Schlägen des Engels ein Zu-Boden-Geworfen-Werden meinen. Oder quälte ihn, da er auf sein Gesicht (mit den ständig geröteten Augen) anspielte, ein Augenleiden, auf das er auch in Gal 4,16 hinwies? Dort lobt er die Galater: wenn es ihnen möglich gewesen wäre, hätten sie sich für ihn die Augen ausgerissen, um sie ihm zu schenken. - Plagten ihn Migräne, Malaria-Anfälle, Muskelkrämpfe, neurasthenische Depressionszustände?

Wir wissen es nicht; wir wissen nur: ihn peinigte die Vorstellung, als Apostel des Welt h e i l andes Christus unheilbar krank zu sein. Warum, wenn er doch ein Wundertäter war, konnte er an sich selber keine Wunder tun? Oder weshalb heilte ihn, den Auserwählten, nicht der erhöhte Herr persönlich? Schien nicht sein Leiden auf peinliche Weise gegen ihn zu zeugen, gegen ihn und seine Berufung, gegen ihn und seinen Intimverkehr mit dem Herrn?

Wie half er sich? Aus der Not seines bedrückenden Gesundheitszustandes machte er die Tugend einer erfüllten Gnadenzuwendung;

aus dem, was er nicht ändern konnte und ihn benachteiligte, machte er etwas, das Gott nicht ändern wollte und ihn begünstigte; was er sowieso sein mußte, durfte er nun bevorzugt sein. Hatte ihm der Herr nicht genug geschenkt mit seinen Schmerzen? (Wie konnte er wagen, sich auch einmal wohlfühlen zu wollen!).

Nachträgliche »heilstheologische« Rechtfertigungen lästiger Handikaps; ein (zeitloses) Rezept, das nicht die anderen »rettet«, wie man versichert, sondern den Heilsverkünder selber! So beteuerte ein kropfkranker Gaukelprophet unserer Tage, in seinem unansehnlich wachsenden Halsgeschwulst alle Sünden und Gebrechen seiner Gefolgsleute mit sich zu schleppen.

Dreimal will Paulus den Herrn um Erlösung von seinen physischen Leiden gebeten haben: Das so oft wiederholte Gebet war indes nicht Ausdruck einer gesegneten Hartnäckigkeit, Verzweiflung oder insistierenden Frömmigkeit, sondern entsprach ganz konventionell einem Brauch in der jüdischen und griechischen Religion. Pauli Formulierung, »diesbezüglich, mit bezug auf« habe er seinen Gott »angerufen« (2 Kor 12,8), glich (in zweifacher Hinsicht) sogar der Formel der antiken Heilungserzählungen, die er womöglich selbst auf einer Inschrifttafel in Epidauros bei Korinth gelesen hatte.

Wie konnte er, fragt man betroffen, eines seiner angeblich eigenartigsten Bekenntnisse in die Form antiker Heilstexte kleiden, Intimstes aus dem Umgang mit seinem Gott in der geistigen Nähe eines »Götzen« bloßstellen!? In 1 Kor 10,20 schreibt er: »Ich will nicht, daß ihr Gemeinschaft mit dem Dämon habt!«. Das war offensichtlich nur ihm vorbehalten, dem »Gottlosen« (Rö 4,5), der darüber lächelte.

Doch es kommt noch dicker. Das heidnische Muster, das er benutzte und recht genau einhielt, brauchte er nur an zwei (allerdings entscheidenden) Stellen abzuändern; sah es zunächst vor: die Beschreibung des Leidens (Dorn im Fleisch, Gesichtsschläge), die Hinwendung zum Gott (dreimaliges Bitten), den Gebetsinhalt (mit den Satansschlägen nachzulassen), so offenbarte der angesprochene Gott anschließend die Heilkur, die anzuwenden war, und der Beter beendete die Szene, indem er (oder der Priester), sich von der Heilung überzeugte und ein Dankopfer brachte.

Paulus mußte sich nun mit dem »Gotteswort« (»meine Gnade ist dir genug«) die Gesundung verweigern und sich gerade die fortbestehende Krankheit als gewährte »Schwachheit« aufbürden lassen, die das Äquivalent der Gotteskraft sei!

Was aber präsentierte er seinen Lesern/Hörern mit dem scheinbar so persönlich gemeinten Orakelwort Gottes für ihn? Einen literarischen Gemeinplatz!

Im Judentum und im Griechentum tauchte das Sprüchlein so oft auf, daß es zur abgenutzten Worthülse geworden war. Schon Mose kriegte es zu hören, als er Gott bedrängte, das gelobte Land zu schauen (Dt 3,26 ff); im Neuen Testament blitzte es in einer Rede Jesu auf (Mt 10,25a); später sollten es der Philosoph Epiktet und der römische Kaiser Marc Aurel im Munde führen, die es wiederum der Volksüberlieferung entlehnten: Es ist uns/mir genug (= es sich damit begnügen lassen).

Offenbarte Gott nun auch Allerweltweisheiten - oder hatte Paulus aus einem verbreiteten Sprichwort, das auch in die palästinensische Gemeindeüberlieferung eingegangen war, im Handumdrehen eine Christusoffenbarung gemacht? Das konnte wohl nur unter ungebildeten Heidenchristen aus den städtischen Subkulturen gutgehen!

So hat sich in allen »Offenbarungen«, die wir untersuchten, nicht Gott dem Apostel mit neuer Kunde »offenbart«, sondern der Apostel sich selber uns mit der alten Kunde: seines unverbesserlich zweckdienlich denkenden Wesens.

# Geistmängel

Wie käme es, daß wir stutzten, wenn jemand von sich behauptete, Geist zu haben - aber eher unberührt blieben, wenn ein anderer von sich sagte, er hätte keinen? In 1 Kor 7,40 beteuert der Apostel, den Geist Gottes zu haben; nach eigenem Verständnis war er Träger eines Geistes, der viele Gnadenkräfte in sich barg. Gewöhnliche Menschen in Christo besitzen nur diese oder jene Geistesgabe, Paulus aber will Pneumatiker in hohem Maße gewesen sein: er vereinigte alle Charismen in seiner Person.

So habe er die Kraft besessen, übernatürliche Zeichen und Wunder zu tun; habe über die Gabe der Prophetie oder Weissagung verfügt und auch über die Gabe der tieferen Erkenntnis, die er Weisheitsrede nannte; er konnte Gesichte und Offenbarungen empfangen, als Prediger Gottes Wort und nicht nur Menschenwort verkünden - und die überlieferten heiligen Schriften der Juden, die diese mit der göttlichen Thora identifizierten, inspiriert auslegen, unfehlbar, vom Gottesgeist diktiert. Auch in geheimnisvoller »Zungenrede«, einem ekstatischen Beten, konnte er inspiriert sprechen.

Die höchste Geistesgabe war das Apostolat; es schloß die ganze Geistesfülle in sich und bot sie, »überschwellend von der Gewalt des Geistes in Wort und Tat«, den Gläubigen freigebig dar. Paulus war, wie er meinte, ein solcher Apostel, der geringste zwar unter allen anderen Aposteln (er habe ja die Gemeinde Gottes verfolgt!), doch auch der begnadetste; mehr als andere habe er gearbeitet (1 Kor 15,9 ff).

Sehen wir uns einige der sog. Gnadengaben in den Äußerungen, die Paulus in mehreren Briefen dazu vorbringt, genauer an; nehmen wir uns zuerst den W u n d e r t ä t e r Paulus vor.

Nach 2 Kor 12,12 wurden die Zeichen des Apostels unter den Korinthern in aller Ausdauer durch Zeichen und Wunder und machtvolle Taten bewirkt; und nach Rö 15,8 würde er nicht wagen, von etwas zu reden, das nicht Christus durch ihn gewirkt habe, um die Heiden zum Gehorsam zu bringen: durch Wort und Tat, in kraft von Zeichen und Wundern, in kraft des heiligen Geistes - so daß er von Jerusalem und ringsumher bis nach Illyrien das Evangelium Christi vollständig verkündet habe.

Hatte er Wunder getan? Hatte er Kranke geheilt, Tote auferweckt, in Zungen geredet (s.u.), böse Geister vertrieben, göttliche Strafmaßnahmen durchgeführt (s.u.), für sein Auftreten in den Gemeinden eindrucksvolle Begleitumstände geschaffen? Wie so oft, drückt er sich nur formelhaft aus. Ohne ein Moment der Erinnerung aufleuchten zu lassen, ohne sich auf eine anschauliche Einzelheit vergangener Krafttaten oder auf eine individuelle Besonderheit dramatischer Situationen besinnen zu können (oder zu wollen), begnügt er sich mit abgenutzten, überall bekannten Formeln wie »Zeichen und Wunder«, »machtvolle Taten«, »Zeichen des Apostels«. Der erste Terminus stammte aus der jüdischen Bibel, der Septuaginta, der zweite aus der damaligen Umgangssprache; der dritte war vermutlich ein korinthisches Schlagwort.

Wodurch wurden denn die wundersamen Apostelzeichen »gewirkt?«. Durch Zeichen. Nicht durch ihn oder Christus? Warum das unpersönliche Passivum, warum die überflüssige Wortwiederholung? Wagte er sich nicht hervor, mußte er in der Korinthernotiz vorsichtiger sein als in der Römernotiz, weil die Korinther ihn kannten, die Römer nicht?

Und mit der griechischen Drei-Wörter-Formel »in aller Ausdauer« (sei »gewirkt« worden) wollte er sagen: unter besonders schwierigen Verhältnissen, ausdauernd und intensiv bis zur physischen Erschöpfung, angespannt - in dem Sinne, er sei dabei nicht müde geworden und habe es an nichts fehlen lassen.

Das klingt entschuldigend und abschwächend; er habe ja alles getan, um ihnen ein Wunder zu präsentieren, aber in ihrer Situation sei das eben zu schwierig gewesen; vielleicht waren sie sogar selber schuld daran: seine Geduld mit dem Wunder führte wegen ihrer Ungeduld n i c h t zum Wunder; sie waren ungehorsam, machten ihm zu schaffen, konnten womöglich seine Wundertat wegen ihrer Erkenntnismängel nicht voll erkennen...?

In 2 Kor 10,11 betont Paulus so auffällig, nicht nur in seinen Briefen stark zu sein, sondern auch mit Taten, wenn er unter ihnen weilte, daß wir argwöhnen dürfen, es sei ihm der Erweis von Geist und Kraft (noch) nicht recht gelungen (s.u.). Auch ein theologischer Ausleger meint hierzu, dieser Erweis sei wohl von seinen Kritikern »nicht gefühlt« worden - so seltsam das auch sei. Und in Korinth überwogen die Kritiker! Ja, war denn ein öffentliches Schaumirakel ein reine Gefühlssache? Mußten Wunder, die nicht geschahen, aber geschehen sein s o l l t e n, »erfühlt« werden? Wie hilfreich für einen, der, mit einem größeren Gefühlsleben ausgestattet, gegen die Zweifel der andern Wundertaten von sich behauptete!

Ein anderer Interpret erklärt lakonisch, die Wunderheilungen und Austreibungen in Korinth hätten wohl das Maß des Ungewöhnlichen und Außergewöhnlichen nicht erreicht. Ihrer griechischen Benennung nach hätten solche Krafttaten aber genau d i e s e s Maß erreichen müssen!

Unter dem Etikett erstklassiger Ware - Ausschußartikel? Welcher »Käufer« fühlte sich mit d i e s e m Angebot nicht übers Ohr gehauen! Auch in der beschriebenen Römerbriefstelle (Rö 15,18 f) kann Paulus unsere Zweifel nicht mildern. Er versucht seine Leser/Hörer mit den Worthülsen »durch Wort und Tat«, »durch Zeichen und Wunder« abzuspeisen - und scheint auch noch die eine Leerheit mit der anderen erläutern zu wollen.

Tautologie, noch dazu gepaart mit Überbetonung, schädigt die Bedeutung, die er hier der göttlichen Kraft verleiht. Er führt die Kraft, durch die das Wunder sich ereignet haben soll, gleich dreimal auf und stellt sie als Kraft des Geistes vor. Da aber nach der vorangegangenen Notiz in Rö 15,18 die Kraft, die durch ihn gewirkt habe, die Kraft Christi sei und Christus nach 2 Kor 3,17 für ihn der Geist (Gottes), so trat er nur wieder rhetorisch auf der Stelle.

Doch vielleicht bietet die angegebene Weite seines Missionsfeldes - von Jerusalem bis nach Illyrien (im Westen Mazedoniens, am adriatischen Meer) - überprüfbare Tatsächlichkeiten. Auch nach Theologenurteil stellt Paulus' Aussage eine »ungeheure Übertreibung« dar. Weder Ausgangspunkt noch Zielpunkt stimmen: Paulus hat in der jüdischen Hauptstadt, wo seine Gegner herrschten, nicht missionieren können; und er hat auch nicht die (fast 2.000 km von Jerusalem entfernten) Landstraßen Illyriens erreicht (wo uns christliche Gemeinden unbekannt sind).

Zudem hatte er zwischen den beiden Begrenzungen nur in einigen Städten Syriens, Kleinasiens und Griechenlands gepredigt, konnte sich also nicht darauf berufen, das Evangelium v o l l s t ä n d i g verkündigt zu haben; obendrein, wie er sagt, in einem weiten Umfeld (= ringsumher). Nicht einmal in den von ihm angegebenen Städten machten die kleinen Gruppen seiner Gläubigen viel von sich her.

Mit diesem Gestus leerer Auftrumpfung widerspricht der Apostel sich selbst; die Logik seiner Behauptung steht gegen ihn. Er verbindet die beiden Grundbestandteile seiner Aussage - »in Kraft von Zeichen und Wundern« und »von Jerusalem .... bis nach Illyrien« mit einem konsekutiven »so daß« (Christus habe in kraft von Zeichen und Wundern gewirkt, so daß er, Paulus, bis nach ...verkündigt habe) - und handelt sich damit den kräftigsten Einwand ein: Begründete er seinen Siegeszug durch die Länder mit seinen apostolischen Krafttaten, und dieser Siegeszug enthüllte sich als bramarbasierende Ein-Rede, dann - konnten auch die beteuerten Krafttaten nur Pose, apostolische Pose sein!

Im übrigen hätten Heilungswunder Zeugen gehabt; Paulus hätte solche Zeugen aktenkundig gemacht und sie für sich sprechen lassen. Er tat es nicht. Es war aber ein typisches Merkmal aller »göttlichen Männer«, mit einer Gefolgschaft von Geheilten zu prahlen, die ihnen auf ihren Missionswanderungen verehrungsvoll anhing. Für Paulus weiß keine Tradition von einer solchen Gefolgschaft; nicht einmal die Legende hat für sie gesorgt.

Wenden wir uns dem Z u n g e n r e d n e r Paulus zu. Unter Zungenreden (Glossolalie) versteht die Religionswissenschaft ein unbewußtes Reden in Ekstase und Verzückung; die menschliche Zunge verselbständigt sich und spricht unkontrolliert, ohne Verstandesbewußtsein; der Zungenredner stammelt, lallt in schwer erfaßbaren Ausdrücken und Lauten, redet in abgerissenen Worten oder gar in spachlichen Neubildungen; zuweilen seufzt er auch, jauchzt und »ruft«.

Gläubige jener Zeit hielten solche erregten Stimmenbekundungen für eine verkappte Himmelssprache, für die Sprache der Engel oder guter Geister; womöglich durchflog der Zungenredner die hellen Räume der himmlischen Welt und verweilte für wenige, hohe Augenblicke in der Gesellschaft von Engeln und verewigten Heiligen; und schließlich sprach wohl der heilige Geist Gottes selbst in diesem begnadeten Himmelsbesucher, setzte dessen Zunge in geheimnisvolle, pneumatische Tätigkeit.

Unser Apostel wurde vor allem in Korinth mit dem Phänomen konfrontiert; er billigte es nur ungern und sah eine Gefahr für die Gemeinschaft darin: niemand verstehe den Zungenredner, er erbaue sich selbst, nicht die Gemeinde. In Erkenntnis zu reden, aus Eingebung oder in verständlicher Lehre zog Paulus vor. Wer in Zungen rede, rede nicht für Menschen, sondern für Gott; er solle beten, es auslegen zu können (1Kor 14,1-6. 13-15).

Trotz dieser diplomatisch milden Abwertung einer Gnadengabe versicherte Paulus, Gott dafür dankend, mehr als alle anderen in Zungen zu reden; in der versammelten Gemeinde wolle er allerdings lieber fünf Worte mit seinem Verstande hervorbringen, um andere zu unterweisen, als zehntausende Worte in Zungen (1 Kor 14,18).

Der Zungenredner Paulus, der angeblich darin andere übertraf, ist schnell bloßgestellt. Er hatte vom Wesen der Glossolalie so falsche Vorstellungen, daß er das rätselhafte »Geistwunder« weder jemals an sich selbst erlebt noch es bei anderen gründlich beobachtet haben könnte.

So glaubte Paulus, der Zungenredner wäre fähig, seine eigene Rede zutreffend auszulegen (1 Kor 14,5-13). Dem steht jedoch das Urteil früherer und späterer Seelenkenner entgegen. Jede Zungenrede (wie jedes ekstatische Erlebnis) verläuft unbewußt, und kein Glossolar vermag n a c h dem Erleben der Glossolalie anderen Nichtbeteiligten etwas von ihrem Inhalt wiederzugeben. Wäre die

Interpretation selbst ein bewußtseintranszendentes Ereignis, wie zu deuten vorgeschlagen wurde, dann würde diese Interpretation selbst zu einer zweiten Ekstase, die mit der ersteren in keinem Zusammenhang zu stehen brauchte.

Der Verstand des Glossolalen konnte nicht reflektierend in die soeben überwundenen Schichten seines Unterbewußtseins eindringen, und es blieb den Miterlebenden überlassen, einen gefühlsmäßigen Gesamteindruck dessen zu verkünden, was sie als Zungenrede gehört hatten, oder an Anhaltspunkten des gehörten Redeinhalts anzuknüpfen.

Paulus wußte offenbar nichts davon, daß eine Zungenrede auch ohne Auslegung erbaulich wirken konnte. Die tiefe Gemeinschaft, die alle Gläubigen in ein Meer von hochwogenden Gefühlen tauchte, förderte das unmittelbare, intuitive Verstehen; auch die fremdartige Zungenrede wurde davon miterfaßt. Der Apostel wollte die unausgelegte Glossolalie eingeschränkt sehen; er ordnete daher an, in Fällen, wo kein Interpret anwesend war, habe der Zungenredner zu schweigen (1Kor 14,28). Als ob der das auf eine bloße Anweisung hin könnte!

Die Glossolalie war nicht dem Willen unterworfen; nach Auffassung des Religionswissenschaftlers brach ein Geschehen dieser Art »mit der Notwendigkeit eines Naturereignisses« aus der menschlichen Psyche hervor. Wie hätte der Mensch da steuern, den Zeitpunkt des Ausbruchs verschieben oder das ganze Ereignis negieren können?! Nach Pauli Vorstellung sollten in einer Versammlung der Gemeinde höchstens drei der umstrittenen Redner auftreten, der Reihe nach, nicht zur gleichen Zeit, und mindestens einer von ihnen als der notwendige Interpret. Er verlangte Unmögliches!

Ein treffender Beweis für Pauli Unkenntnis ist auch der Gedanke, der Glossolale könnte, da er ohne Interpret im »Gottesdienst« unerwünscht war, zu Hause für sich selber, vor Gott, in Zungen reden (1Kor 14,27f.)

Auch hier ist die Auffassung religionswissenschaftlicher Experten eindeutig: Eine Zungenrede kann nur innerhalb einer ekstatisch erregten Gemeinschaft aufkommen: sie wird durch gegenseitige »Ansteckung« unter Gleichgesinnten hervorgerufen; die Gemeinde, nicht ein Einzelner, produziert den »heiligen« Zustand, der zu dem seltsamen, gottpreisenden Gestammel führt.

Wie durch Suggestion, in einer sich ausbreitenden Aufgeregtheit aller Beteiligten, in brüderlicher Gesamtatmosphäre, w i e d e r h o l e n sich in den ergriffenen Gemütern die verkündeten »Ideen« des Predigers, der mit nachdrücklichen Formeln, mit starker Rhetorik und innerer Schwungkraft die Seelen in eine leidenschaftliche Verzückung treibt. Die Erregung setzt sich bei einigen Einzelnen in explosives Zungenreden um und neutralisiert so den Zustand der anderen - als hätte sie sich in dem befremdlichen Sonderphänomen ein nötiges Ventil verschafft.

Und nun wollte der einsame Apostel die Gemeinschaft aller, die allgemeine Ansteckung, das Emotionsgleichgewicht, die Ideenrepetition, die starke Autorität des Verkündigers außerhalb seiner selbst - für sich allein erlebt haben! Mehr noch: er wollte auch den andern die gleiche Multiplikationskraft abverlangen! Paulus konnte eine Gemeinde stiften, doch eine ganze Gemeinde in sich selber erschaffen, das konnte er nicht. Fand er alles in seinem Inneren vor, hätte er sich seine weiten Reisen sparen können. So redete er nicht in Zungen, nur in Fiktionen.

Eine Nachbemerkung noch: Paulus dachte sich seine einsame Zungenrede als u n h ö r b a r e s Gespräch mit Gott (1 Kor 14,2: niemand h ö r t ihn); das aber konnte die ekstatisch l a u t e, für viele h ö r b a r e Glossolalie in keinem Falle sein!

Die Geistgaben des einen lassen oftmals die Geistgaben eines anderen entstehen; der eine Geistträger erzeugt einen anderen. Könnten so die korinthischen Geist-Erscheinungen für einen pneumatisch produktiven Apostel sprechen? Die meisten Forscher sind der Auffassung, die Zungenreden in Korinth erklärten sich als »Kundgebungen des alten noch nicht bewältigten heidnischen Geistes«.

Heidnische Frömmigkeitsäußerungen seien in die christliche Gemeinde eingeströmt und hätten sich mit christlichen Geistäußerungen vermischt; oder sie hätten christliche Benennungen erhalten. Paulus - der sich in anpasserischer Manier durchsetzen wollte (s. u.) - hätte dann den fremden Geist für den ureigenen Geist seines verkündigten Herrn ausgegeben.

Auch für die Spendung der christlichen T a u f e brauchte man den Gottesgeist. Wer taufte, der besaß diesen Geist und gab ihn an seine Täuflinge weiter; das heilige Wasserbad war mehr eine magische als eine symbolische Handlung. Der Täufer, eine Art Exorzist, trieb Dämonen aus, reinigte den Täufling von allen Sünden und stellte ihn unter den Schutz seines Gottes.

Auch Paulus taufte, angeblich - doch tat er das nach eigener Angabe nur in Ausnahmefällen. In 1 Kor 1,14 ff versichert er, Gott dankbar zu sein, niemanden von den Angeredeten getauft zu haben - außer einem gewissen Crispus und Gaius; keiner solle sagen können, er sei auf den Namen des Paulus getauft. Auch das Haus des Stephanus habe er getauft, sonst aber wüßte er niemanden mehr; Christus habe ihn nicht gesandt zu taufen, sondern das Evangelium zu verkünden.

Jeder Leser / Hörer mußte nach den Worten des Apostels den Eindruck haben, Paulus werte die ganze Taufpraxis ab. Ging nicht sogar seine Geringschätzung so weit, Gott dankbar zu sein, n i c h t getauft zu haben? Die volle Negation steht hier voran und erst danach, wie beiläufig, fallen ihm ein paar Namen ein. So bedeutungslos mußte ihm das Taufen gewesen sein, daß er sich nicht einmal auf Anhieb aller seiner Täuflinge erinnern konnte. Ja, er hält es für möglich, einige Namen vergessen zu haben. Was hatte Paulus gegen die Taufe? Wirken die Gründe, die er für seine Taufverweigerung angibt, echt?

Die Streitigkeiten in der korinthischen Gemeinde hatten zu Parteiungen geführt; die einen hielten sich mehr zu Apollos (s.u.), die anderen zu Kephas (Petrus) oder Paulus. Sollten sich dabei einzelne Gläubige stärker an ihre apostolischen Leitfiguren gebunden haben? Hatte gerade der Akt der Taufe eine Art geistiges Vater-Kind-Verhältnis, eine mystische Verbindung, hervorgerufen (wie Paulus es andeutet)?

Die theologischen Forscher verneinen diese Gefahr für die Korinther; der Apostel denke wohl selber nur an eine Möglichkeit. Um das wirre Treiben in seiner Gemeinde zu dramatisieren und vor allem, um es anprangern zu können, habe er »übertrieben«. Nirgendwo in der urchristlichen Literatur werde davon berichtet, daß ein getaufter Christ durch den Taufakt aus dem Gleichgewicht seiner Gemeinschaft mit allen anderen Gemeindegliedern geraten sei.

So fiktiv wie diese Gefahr, die Paulus hier vor Augen zu führen sucht, so fiktiv wirkt auch das Motiv, ihr auszuweichen. Er will nach Korinth gekommen sein - v o r Kephas und Apollos - und ahnte schon, welche Konflikte die Liebe zum Herrn u n d die Liebe zu den Täufern den überforderten Täuflingen eintragen würde? Paulus konnte zwar das Auftreten der Jerusalemer Störenfriede voraussehen - aber niemals hätte er die theologisch-soziologischen Folgen im vorhinein richtig einschätzen können!

Sein persönlicher Auftrag sei die Verkündigung, nicht die Taufe! Ja, konnte man das trennen? Hieße das nicht, von einem Schützen verlangen, er dürfe schießen, aber nicht treffen? Jede wirksame Verkündigung lief auf (viele) Taufen hinaus; einem Prediger hätte zündendes Predigen nicht viel genutzt, wenn er die Begeisterten danach nicht beim Wort nehmen und sie mit ihrer Taufe auf das Bekenntnis zu Christus festlegen durfte. Es müßte Paulus eher bekümmert haben, hierbei stets auf die Hilfe seiner Mitarbeiter angewiesen zu sein: sein Tauf u n wille hätte seinen missionarischen Erfolg, der die Bedingung seines Apostolats war (2 Kor 3,1 ff), bis an die Grenze des Mißerfolges geschmälert.

Paulus kann kein überzeugendes Argument für seine Tauf-Abstinenz vorbringen. So bleibt kaum ein anderer Schluß als der: der Apostel konnte nicht taufen und suchte nach Vorwänden, das pneumatische Defizit mit seinem apostolischen Anspruch auszugleichen.

Wurde »Geist« durch den Taufakt weitergegeben, müßte Paulus ihn selbst einmal durch Taufe erhalten haben. War er getauft, trat er in die (antiochenische) Gemeinde nach einer ordnungsgemäßen Taufe ein?

Der exegetische Befund aus Pauli Briefnotizen verneint diese Fragen. In Gal 1,5 ff hatte er erklärt, er sei nach seiner Berufungsoffenbarung nicht nach Jerusalem weitergereist, sondern nach Arabien, und er sei danach wieder nach Damaskus zurückgekehrt. Nach einem Taufakt im Anschluß an seine Bekehrung und Berufung hätte er eine Notiz darüber v o r dem Damaskuserlebnis einfügen müssen - umso mehr, wenn er einem Gemeindevertreter i n Damaskus (in Wirklichkeit: Antiochia) das göttliche Bad zu danken hatte.

Warum hätte er, wie Theologen vermuten, absichtlich darüber schweigen sollen? Sein Täufer wäre ja zugleich sein bester Zeuge gewesen, der ihn vor dem Mißtrauen der Christen schützen konnte! Nun war allerdings, wie wir wissen, das Damaskusereignis eine biographische Fiktion, die ihn zwang, seine Vergangenheit geheimnisvoll abzudunkeln; auch die fehlende Taufe mußte in dieses Dunkel geraten. Eine Behauptung darüber hätte unliebsame Erkundungen nach dem Ort, Zeitpunkt, Täufer, der Taufgemeinde nach sich gezogen.

Ausleger haben gemeint, Paulus deute in 1 Kor 12,13 seine eigene Taufe an. Er schreibe hier: »sie (wir) alle« - und er scheint sich in die 1. Person Plural miteinzubeziehen - seien in einem Geist zu einem Leib getauft, alle mit einem Geist getränkt worden. Doch Paulus dachte mit dieser Bemerkung lediglich an die sakramentale Gemeinschaft der korinthischen Christen, die sich in dem Glauben, die Taufe und das Abendmahl erschafften für sie den Leib Christi, regelmäßig versammelten. Er hätte nicht seine eigene Taufe, die doch mindestens um zwanzig Jahre zurückliegen mußte, mit der aktuellen Bekehrungs- und Glaubenspraxis in Korinth in einer einzigen Formulierung zusammennehmen können.

Wir bleiben bei den Zuständen in der Gemeinde Korinths. Ein junger Mann hatte - vermutlich nach dem Tode seines Vaters - mit dessen Witwe ein b l u t s c h ä n d e r i s c h e s Verhältnis begonnen; während die Stiefmutter als Heidin unbekehrt blieb, besuchte der Stiefsohn weiterhin als Christ die Gemeindeversammlungen.

Paulus hatte davon gehört und verurteilte den skandalösen Tatbestand als Unzucht, wie sie nicht einmal unter Heiden vorkäme. In 1 Kor 5,1 ff erteilt er seinen Anhängern die Order, den Übeltäter aus ihrer Mitte hinwegzuschaffen. Dem Leibe nach abwesend, dem Geiste nach aber unter ihnen gegenwärtig, habe er entschieden, den Schuldiggewordenen im Namen des Herrn Jesus dem Satan zu übergeben - zum Verderben des Fleisches, damit sein Geist am jüngsten Tag gerettet werde; zu dem Zweck sollten sie und ihr Apostel, genauer: sein Geist mit der Macht des Herrn, sich feierlich zusammenfinden und das Gottesurteil gemeinsam vollstrecken.

Die Vervielfachung der Kräfte würde so ein abschreckendes Zeichen setzen; der Fluch- und Beschwörungsritus würde den Satan zwingen, das Fleisch des Unzüchtigen durch sofortige Tötung oder durch langsames Siechtum zu vernichten.

Für Theologen bedient sich der Apostel hier der Bannjustiz jüdischer Rechtstheologie, wie sie dem alttestamentlichen Propheten durch göttliche Bevollmächtigung verliehen war. Den Apostel deckte jetzt die ganze Vollmacht Christi; nicht ein persönlicher Moralaffekt bestimmte ihn, sondern der heilige Geist Gottes; mit furchteinflößender Energie entlade der sich in der Strafhandlung des Apostels und wiese den Vollstrecker als machtvollen Propheten aus, der das Heiligtum schütze und jeden niederstreckte, der sich daran verging. So bewahrte Paulus die Reinheit der Gemeinde, die für ihn der Tempel Gottes war (1 Kor 6,19).

Indes: Paulus dachte nicht daran, das angekündigte Gottesurteil sonderlich ernst zu nehmen! Das war nur ein apostolischer Gestus; er sollte verbergen, daß der Apostel k e i n christusmächtiger Geistträger war.

Unsere Kritik beginnt mit dem unentschiedenen Zeitpunkt. Wann denn sollte sich das Fluchwunder ereignen? In dem Augenblick, wo der Apostelbrief in der Gemeinde eintraf, bzw. wenn er in der Versammlung verlesen wurde? Oder dachte sich Paulus den Augenblick seiner unsichtbaren Vergegenwärtigung als den Augenblick, in dem er jetzt schrieb? War die Kraft seiner Gedanken, die er durch ihre schriftliche Fixierung verstärkte, auch die Kraft der Urteilsvollstreckung? Oder würde er sich telepathisch zu jedem Zeitpunkt in den Gemeindekonvent einschalten können? Was Paulus sich auch vorgestellt haben mag: Wissen, was er nun eigentlich meinte, konnten das seine Korinther nicht. Weder von der Bedeutung des Schreibaugenblicks noch von der des Briefeingangs hätten sie rechtzeitig erfahren; Paulus gibt keinen Hinweis, etwa noch eine nähere Anweisung folgen zu lassen. Er kümmert sich nicht darum, was sie dachten und erwarteten. Mußte aber nicht die ganze Aktion, sollte sie gelingen, sorgfältig geplant werden?

Überhaupt war ja Paulus ohne nähere Information über den ganzen Fall. Auf ein allgemeines, unverbindliches Gerede von Unzucht (1 Kor 5,1) konnte er keine so weitgehende Entscheidung treffen; der Angeschuldigte mußte verhört, Zeugen mußten befragt werden. Warum wartete Paulus nicht bis zu seiner persönlichen Anwesenheit in Korinth? Er wollte ja bald losreisen (1 Kor 4,19ff). Er verzichtete auf eine förmliche Anzeige, auf Anklage und Beweisaufnahme - und auch auf eine persönliche, direkt-briefliche Anrede des »Blutschänders«.

Dabei hätte er ihm doch eine Bußmöglichkeit lassen müssen. Vielleicht bereute der junge Mann sein Verhalten und erwartete Hilfe; der Herr selber hatte durch sein wiederholtes Beispiel gezeigt, wie grenzenlos im christlichen Geist vergeben werden sollte.

Spricht so schon nicht der äußere Rahmen für die Echtheit des gottgemäßen Vollstreckers Paulus, so auch nicht sein angeblich ungebärdiger Grimm. Selbst unter Rabbinen, zu denen er ja gehört haben will, galt die Ehe eines Heiden mit seiner Stiefmutter bzw. einer Heidin mit ihrem Stiefsohn nicht als fluchwürdiges Vergehen; die römische Rechtsordnung konnte den Apostel ja nicht motiviert haben.

Andererseits dachte er als wurzelloser Jude viel laxer vom Gesetz als fromme Juden und Judenchristen. Auch zu seiner Theologie paßte Pauli Verhalten nicht. Der Übeltäter hatte leiblich zu sterben, um gerettet zu werden; sein Tod stellte eine Art Sühne dar. Doch sollte nicht Christi Tod die Sühne für alle menschlichen Sünden sein? Galt s e i n Sühnetod wirklich, dann d u r f t e der Korinther gar nicht bestraft werden!

Überhaupt ist der Gegensatz zwischen Leib und Geist, den Paulus für seine Zeremonie voraussetzt, völlig unpaulinisch. Womöglich nahm er die Trennung bloß für den vorliegenden Fall vor, um als liebender Gemeindevater nicht nur Verwerfung, sondern auch ewige Erhaltung verkünden zu können.

Die Vorstellung eines geretteten Geistes gibt auch den Theologen Rätsel auf. Besaß denn der getaufte Gläubige einen unzerstörbaren Geist? Nahm Christus dem Menschen im Tode nicht alles weg, um ihn schließlich ganz zu erlösen und aus dem Nichts für alle Ewigkeit neu zu erschaffen? Oder: Wenn doch das Fleischesleben sowieso den Tod (als Frucht der Sünde) zur Folge hatte und als Quellort der Sünde zum widergöttlichen Bereich der Welt gehörte, in der der Satan seine Macht behauptete: Wozu sollte der Satan etwas erhalten, was er ohnehin besaß? Und wieso durfte Paulus hier den Satan für sich einsetzen, den Christus stets bekämpft hatte? Besorgte der Apostel jetzt die Geschäfte des Bösen?

Während Theologen in der Gewißheit fragen, in die tiefste Weisheit des Apostels vorzudringen und die Antworten womöglich jenseits aller Verstandesgrenzen vermuten, hätte Paulus bereits die scheinbar verständnisvollen Fragen mißbilligt. Sie interessierten ihn nicht, und er hätte keine Antworten auf sie gewußt. Sie überforderten nicht seine Theologie; nein: seine Geduld - mit denen, die sie so lästig, seine Fiktion bedrohend, auf die Probe stellten.

Noch ein Wort zur praktischen Seite des Problems. Worin könnte der Strafvollzug bestehen? In einer Krankheit mit Siechtum? Ohne krankmachende Ursache hätte man lange darauf warten können. In einer Steinigung? Eine griechisch-römische Gemeinde konnte nicht nach jüdischem Recht bestrafen; das gleiche müßte für eine Geißelstrafe gelten, die bis zum Tode vollstreckt würde.

Und: Konnte sich eine kleine Gläubigenschar eine Femegerichtsbarkeit mit obskuren Todesfall unter den Augen römischer Justizpersonen überhaupt leisten? Paulus sah seine Anhänger am liebsten ein still-unauffälliges, geordnetes Leben führen, in aller staatlich geförderten Schicklichkeit und Gebührlichkeit (Phil 4,4; Rö 13,3). Hätte man in der Stadt von einer schlimmen Tötung erfahren, wäre die römische Präfektur gegen die kleine Christengemeinde eingeschritten und Paulus, der angesehene Bürger, der gerne seine guten Beziehungen zur Obrigkeit unterstrich, wäre selbst der Geschädigte gewesen.

Nein, dem Apostel konnte der große, alttestamentarische Liquidationsfluch, den er so leidenschaftlich zu planen schien, n i c h t recht zu sein. Eine Gemeinde, die von sich aus, bei einem ähnlichen Vergehen, darauf verfallen wäre, hätte er sofort zurechtgewiesen. So bemühte er sich auch in seiner Sache nicht, ihn zu vollstrekken.

Dieser spektakuläre Fluch war Pathos, bloße Darstellung g e g e n die überlieferte Liebesordnung des christlichen Glaubens, g e g e n Theologie und Organisation. Er mußte es sein, weil der Apostel zu der Geistbekundung, die er erfordert hätte, gänzlich unfähig war. Und in diesem Fall war er wohl auch froh darüber.

Nun hat uns Paulus für Korinth eine weitere Situation überliefert, die sein g e i s t-loses Verhalten erneut sichtbar macht. Die erste christliche Begeisterung war dort »in einem Wirbel von Empfindlichkeiten, Rivalitäten und Streitigkeiten« umgeschlagen. Der Apostel stand Konkurrenten um das »Seelenheil« der Gemeinde gegenüber, die seinen Einfluß zu beschränken suchten; selbst unter seinen ersten Anhängern hatte er Zweifel und Kritik geweckt, die er nicht beruhigen konnte.

Immer wieder stand sein Führungsanspruch zur Diskussion, und seine Stellung als Vater der Gemeinde wurde bestritten. Auf welche Lösung trieben die Konflikte zu? Jagte man ihn mit Schimpf und Schande davon - oder unterwarf man sich ihm am Ende wieder? Blieb er intellektuell und organisatorisch, als Redner und Briefschreiber, als Verkünder von attraktiven »Merkwürdigkeiten« der Sieger auf dem umkämpften Missionsfeld?

Woher die Forderung stammte oder bei welcher Glaubensgruppe sie zuerst aufgekommen war, wissen wir nicht. Auf einmal hieß es, der Apostel solle - um sich ein für allemal in seiner übernatürlichen Geistesmacht auszuweisen - eine geistliche Prüfung auf sich nehmen; er möge sich einer Gerichtsverhandlung stellen und in ihr auch das Gottesurteil über den Blutschänder bekräftigen, das er selber angeregt hatte. (Aus den Brieftexten läßt sich nicht genau ersehen, wo hier die Grenzen verlaufen und das eine, die magische Urteilsvollstreckung, in das andere, die zu bestehende Geistesprüfung, übergeht).

Wie sollte Paulus reagieren? Hatte er, wie wir vermuten dürfen, bisher o h n e die verlangte Geistesmächtigkeit agiert, mußte er sich einer umfassenden Kontrolle seiner Apostolizität rigoros entziehen; das hätte er mit einer knappen, autoritären Bemerkung, mündlich oder / und schriftlich erledigen können. Allerdings hätte er auch in Zukunft mit versteckten Verdächtigungen rechnen müssen. Was aber tat er? Er mühte sich mit theologischen Vorwänden ab, suchte seine Kritiker mit künstlich verdrehten Gedankengängen abzuspeisen, und probierte mit verblüffenden, oft nur »unverschämten« Formulierungen den sich bewährenden pneumatischen Apostel»helden« aus der Ferne, scheinbar souverän, bloß korrespondierend, d a r z u s t e l l e n.

Pauli schauspielerisches Talent (Nietzsche), sein bramarbasierendes Verhalten ist hier so unübersehbar, daß es uns Heutigen (sofern wir in profaner Distanz bleiben) ein verständnisvolles Lächeln abnötigen könnte. Der bedrängte, in Beweis-Not geratene Apostel schiebt vor, bemäntelt, posiert, überspielt - und keiner der professionellen Exegeten, fixiert auf kanonische Verhaltensmuster, kommt ihm auf die Schliche. Kein Ruhmesblatt historisch-kritischer Forschung!

Natürlich können wir bei dieser knappen Zusammenfassung nicht in eine detaillierte exegetische Beweisführung eintreten, wie wir das an anderer Stelle getan haben. Einige Beispiele für Pauli teils ganz plumpe, teils raffinierte Kunststücke, dem gefürchteten Prüfstand in Korinth zu entgehen, müssen genügen.

Er droht seinen »Anhängern« ein energisches Auftreten an: Er wolle ihre geistigen Bollwerke zerstören, ihre überheblichen Gedanken gefangensetzen, wie ein siegreicher Feldherr ihre Widerstandsburgen schleifen, die Besatzungen abführen lassen; er sei ja »mächtig« und »streng«, und er würde, käme er denn, sie nicht schonen (2 Kor 10,2 ff; 13,2 ff). Wie furchteinflößend! Doch das alles werde er eben erst tun, wenn er die ganze Gemeinde wieder hinter sich habe (er hat ja seinen Stolz) und sie alle ihm wieder gehorsam wären!; dann wolle er j e d e n Gegner schlagen (2 Kor 10,6)! - Hätte er sie indes alle zurückgewonnen (durch Briefe, Gedankenkraft, Gebete?), gäbe es keine Gegner mehr; er könnte kämpfen wie einer, der tapfer in die Luft schlägt - was er in 1 Kor 9,26 von sich weist.

Besuchte er sie jetzt, müßte er seine Mächtigkeit zur Zerstörung anwenden; er sei aber ein Prophet der Auferbauung und wolle nicht zerstören. So verhalte er sich (vorbildlich) wie Jeremia, der von Gott über die Völker und Königreiche gesetzt sei, um zu pflanzen und aufzubauen (2 Kor 10,8). Doch mit Jeremia hat er hier kein Glück: der war leider auch zum Ausreißen und Niederreißen bestimmt (Jer 1,10)! Was Paulus nicht kann, d a r f er auch nicht können, ein anderer schon gar nicht. (Das alte Lied übrigens: Er verfüge über ein Können und Wissen, zeige es aber nicht). Er hätte sich vor ihnen zu bewähren und s i e wollten von i h m bewiesen haben, daß der Christusgeist in ihm wirke? Aber nein, s i e hätten sich vor i h m zu bewähren, und s i e hätten zu zeigen, daß Christus in ihnen sei!

Sollte sich ihr Glaube als echt herausstellen, dann würden sie sogleich erkennen, daß dieselbe Echtheit in s e i n e m Glauben stecke und ihre törichte Forderung, e r habe sich i h n e n auszuweisen, falsch sei, da unechten Glaubens entsprungen.- Die Schüler wollten ihren Lehrer prüfen, doch wenn er versagte, sollte ihre Prüfungsmethode, sollten ihre eigenen Wissenslücken daran schuld sein!

Ohne weiteres könnte er sich vor ihnen als der strenge, machtvolle Apostel aufführen; doch diese Demonstration müßte auf ihre Kosten gehen. Das wolle er nicht, er denke ja selbstlos. Um ihretwillen, um sie zu schonen, möchte er lieber unbewährt erscheinen: geschlagen, schwach und scheiternd - als mit geistmächtiger Präsenz i h r e Geistigkeit zu hindern.

Aber nach diesem umgekehrten Wertsystem k o n n t e er ja zu ihnen kommen! Galt die Umwertung wirklich, dann war es unmöglich, sich mit seiner Unbewährtheit vor ihnen zu blamieren; sein Manko war ja nur scheinbar Schwäche, in Wahrheit demütige, rücksichtsvolle Stärke.- Doch die Theologie des Kreuzes ist leichter doziert als praktiziert; die Bloßstellung seiner r e a l e n Schwächen ginge ihm wohl doch gegen den Strich.

Der echte Geistträger empfehle sich niemals selbst; er streite und werbe nicht für sich, das tue sein Gott für ihn; im Gefühl seiner wahren Kraft brauche er sich um sein Ansehen nicht zu kümmern.

Danach müßte Paulus noch schwächer gewesen sein, als er zugab: In 2 Kor 4,2 empfahl er sich jedem menschlichen Gewissen, in 2 Kor 6,4 empfahl er sich in allem als Diener Gottes, in 2 Kor 12,5 empfahl er sich mit seinen Offenbarungen! Und in 2 Kor 5,12 war er so ungeduldig mit seiner Rühmung, die Korinther auf die günstige Gelegenheit aufmerksam zu machen, ihn nun ihrerseits durch Lob zu empfehlen. - Zwischen erlaubter Fremdempfehlung und unerlaubter Selbstempfehlung schien die selbst veranlaßte Fremdempfehlung die geschicktere Lösung! Im übrigen gestand er mit seinem Nichtkommen ein, daß G o t t ihn in Korinth eben n i c h t empfehlen würde. Wie aufschlußreich!

Zwar kündigte er seinen Besuch zornbebend und furchteinflößend an - fuhr aber doch lieber in eine andere Richtung: von Ephesus nicht zu Schiff nach Westen, sondern im Reisewagen nach Nordwesten, nach Mazedonien. Warum auch nicht: er hatte ja einen martialischen Brief geschrieben; sollten sie den doch in Korinth als ein Dokument seiner Bewährung ansehen. Besaßen etwa seine brieflichen Worte nicht die erwünschte Mächtigkeit? Jawohl, seine Person war in Korinth jetzt überflüssig, denn die hatte sich ihnen längst in der Gestalt seines großartigen Schreibens vergegenwärtigt! Fürchtet er nicht, sich damit selber zum Papiertiger erklärt zu haben!

Aber da ließ sich noch ein zusätzliches Rädchen in der Maschinerie anbringen, die jetzt, während er längst mit anderen Dingen beschäftigt war, ohne ihn abschnurren sollte: Er beauftragte einen Ersatzmann damit, nach Korinth zu reisen, seinen Mitarbeiter Titus - der zu dem pneumatischen Machterweis noch viel weniger imstande war als er! Doch was sollte das bringen? Niemand war schon anerkannt, der sich bei seinen Blamagen von einem anderen vertreten ließ!

Auch in seiner Zuversicht schauspielerte Paulus (er war ja ohnehin der Welt ein Schauspiel, 1 Kor 4,9). Jetzt verlangte ihn danach, sich mit Titus zu treffen, um die gute Nachricht von der Unterwerfung der Korinther entgegenzunehmen; unglücklich über das Zerwürfnis mit seiner Gemeinde, war er voller Unruhe und voller Trostwünsche.- Doch hätte er seinem Genossen wirklich begegnen wollen, durfte er nicht unbedacht nach Mazedonien losreisen; war die vereinbarte Zeit des Treffens gekommen - in Troas wollte er ihn bereits gesucht haben -, hätte er unbedingt damit rechnen müssen, daß sein Schiff sich mit dem seines Mitarbeiters auf dem Meer kreuzte und sie sich verfehlten. Oder war gerade das seine Absicht? Er wußte ja, was er von Titus n i c h t zu hören bekommen konnte!

Zuguterletzt: Die Korinther sollen den armen Stellvertreter mit Furcht und Zittern empfangen haben, so als besäßen diese Gläubigen die Phantasie des Apostels, sich in dem kleinen Menschensendling den großen Gottesgesandten selber vorzustellen. Doch wenn sich Paulus von seinem Schreiben, das er Titus mitgab, den niederwerfenden, disziplinierenden Effekt versprach: wie hätte der sich schon bei der Überreichung der Post, v o r der Lektüre, einstellen sollen?! Hätten sie nicht zuallererst den Boten mit viel Hohn und Erbitterung darüber behandelt, daß der große Meister feige kniff und tapfer den bevollmächtigten Gesellen vorschob?

Ein Exeget malt die Szene aus: Wie Schuldiggewordene, die ihr Urteil abwarteten, wie unterwürfige Sklaven, die ihres strafenden Herrn harrten, hätten sie vor Titus gekuscht.- Doch woraufhin? War es nicht eher umgekehrt: die Korinther fühlten sich stark und als Sieger, nachdem sie nun endgültig die Furchtsamkeit und Geistlosigkeit des flüchtigen Apostels erkannt hatten? Wäre Paulus gekommen und hätte er sich seines ganzen apostolischen Versagens überführen lassen: e r hätte sich wie ein schuldiger, wie ein elender Sklave gefühlt, der sich ihren unerfüllten Anspruch unterwerfen mußte!

Um Pauli persönlichen Geistbesitz sicher zu belegen, haben Theologen für ihn verschiedene Erkennungsmerkmale ausmachen wollen. Zuallererst gehöre sein tiefgehender Lebensbruch dazu, der seine Vergangenheit mit der Bekehrung beendet; in dieser Zeit habe er um (innere) Gerechtigkeit gekämpft, voller Angst und Ungewißheit. - Doch der angeblich so bedeutsame Wendebruch ließ sich ohne Schwierigkeit in einem bürgerlichen Lebenslauf o h n e seelisch-geistige Höhen und Tiefen zum Verschwinden bringen (s. o).

Wie Paulus selbst (in Rö 8) berichte, sei nach seiner Bekehrung ein Zustand von Frieden, Ruhe, Freude, Gotteskindschaft, von sieghafter persönlicher Heilsgewißheit eingetreten.

Nun, Paulus b l i e b lebenslang ein freudloser, gequälter Mensch (Nietzsche), der in Phil 3,12 ff seine innere U n erlöstheit und unheilbare Angespanntheit als C h r i s t eindrucksvoll bezeugt; zu keiner Zeit seines apostolischen Lebens lebte er »geborgen in Gott«, stets war er auch existentiell der »Gottlose« - nicht gerechtfertigt, wie er in Rö 4,5; 5,6 erklärt, sondern ganz ungerechtfertigt, traditionell »gottlos«.

Seine innere Lebenserneuerung habe auch nach außen gewirkt,

und sein tiefeingewurzelter Glaube habe sich in selbstloser Liebe (Agape, nicht Eros) geäußert. - Doch der schöne Liebesgedanke, den man gern mit der »Liebeshymne« aus 1 Kor 13 belegt (wenn ich in den Zungen der Menschen und der Engel redete, hätte aber die Liebe nicht...), zerbricht an Pauli rigorosen, theologisch verbrämten Geldinteressen und an der Hintersinnigkeit seiner Paränese (s. später).- Und als letztes Erkennungszeichen seines angeblichen Pneumastandes: Der Apostel habe die neue unsterbliche »Leiblichkeit« erlebt! Aber gerade d i e s e Verheißung muß nach der ausgebliebenen Parusie als leeres Versprechen erscheinen.

Sollte der »Geist« den Anschwung der bald folgenden Heilsbewegtheit darstellen und die erwartete Weltenwende blieb aus, so dürfte die ganze Geist - V o r a u s tour eine Illusion gewesen sein. Die angeblich neuen Leiber, aus den alten vergänglichen durch »Verwandlung« (keimhaft) zu neuen unvergänglichen gemacht, konnten keine unzerstörbaren Geistleiber sein, wenn sie nicht in den beginnenden und sich dann unmittelbar fortsetzenden Aeon Gottes hineindauern durften. Sie starben wie die Fleischleiber und vergingen v o r der zugesagten Parusie; auch die neuen Lebenskeime verkümmerten wie die alten Todeskeime.

Es scheint, als habe Lukas von Pauli Geist-losigkeit gewußt. Obwohl er in Apg 9,12 ankündigt, der auf der Straße nach Damaskus erblindete Paulus sollte in der Stadt sein Augenlicht zurückerhalten und danach mit dem heiligen Geist getauft werden (Apg 9,17), läßt er, nachdem der erste Teil der Voraussage erfüllt ist, über den zweiten Teil jede weitere Notiz weg.

Paulus wird sehend gemacht, wird getauft, kann wieder essen und trinken (Apg 9,18 f,) - doch ob er m i t der Taufe auch den Gottesgeist empfing, bleibt offen. Hielt Lukas innerhalb der Praxis urchristlicher Taufe den Geistempfang für selbstverständlich? Gegenüber heidnischen Lesern ohne religionskundliche Vorkenntnisse konnte er diese Voraussetzung nicht machen. Und mit seinem Scharfblick für die Mängel des Apostels (die er oft hinter dem behaupteten Gegenteil zu verbergen suchte) hätte er wissen müssen, daß bei dem Außenseiter Paulus, dem umstrittenen Eindringling, meistens das, was selbstverständlich schien, das Allerzweifelhafteste war.

Wer hätte Paulus n i c h t für einen eingewiesenen Träger des Gottesgeistes gehalten? Wer hätte n i c h t geglaubt, daß er davon auf redliche Weise überzeugt gewesen war?

Doch andererseits: Ob Paulus den Gottesgeist mit seinem lodernden Feuer wirklich hatte besitzen wollen? Als Geschäftsmann in Sachen Religion hätte ihn dieser un-nüchterne Geist schon beim Kalkulieren der Preise gestört (s.u.).

# Kredit durch bestandene Leiden

Leiden hängen dem Menschen auf so natürliche Weise an, daß ihn nur ihre Ungewöhnlichkeit veranlassen sollte, davon zu sprechen. Paulus wußte das und hat doch sein Apostolat als bitteren Kelch vorgezeigt. Wie ein zum Tode Verurteilter lebe er als Apostel Christi, der Geringste von allen; töricht sei er um Christi willen, schwach und verachtet; bis zur jetzigen Stunde, da er das schreibe, quäle ihn Durst und Hunger, werde er geschlagen und habe keine bleibende Stätte; geschmäht, verfolgt, gelästert, mühe er sich in seiner Arbeit mit eigenen Händen ab (1 Kor 4,9 ff).

Allezeit trage er das Sterben Jesu an seinem Leibe herum, werde immerfort dem Tode überliefert (2 Kor 4,7 ff), erweise sich dennoch als standhaft in allen Trübsalen, Nöten und Ängsten; bewähre sich in Schlägen, Gefangenschaften, Tumulten, durchwachten Nächten und Fasten (2 Kor 6,4 ff).

Oftmals habe er in Todesgefahren geschwebt. So habe er fünfmal von Juden vierzig Geißelhiebe weniger einen erduldet, sei dreimal mit Ruten geschlagen und einmal gesteinigt worden, habe dreimal Schiffbruch erlitten; dabei habe er einen Tag und eine Nacht auf dem tiefen Meer zugebracht. Oftmals sei er auf seinen Reisen in Gefahren durch Flüsse geraten, durch Räuber, in Gefahren durch Juden und Heiden, in Gefahren in der Stadt und in der Einöde, auf dem Meer, unter falschen Brüdern. In Kälte und Blöße (= mangelhafter Kleidung), habe er gehungert und gedürstet, habe Nächte durchwacht; und an dem täglichen Zudrang der Brüder habe er gelitten, an seiner Sorge um alle Gemeinden (2 Kor 11,23 ff).

Erwecken diese Leidenskataloge unsere Anteilnahme? Das Gefühl, der Schreiber übertreibe, stellt sich sogleich ein; dafür sorgen schon so hyperbolische Wendungen wie: allezeit, immerfort, bis zur jetzigen Stunde, oftmals (mehrmals), täglich ... Soll hier nicht ein unaufhörliches Leiden suggeriert werden?

Und außerdem: Paulus will ja die Korinther zurechtweisen, polemisch und ironisch, damit sie sich nicht satt und behaglich in ihrer angeblich geistlichen Existenz selbstüberhöben (1 Kor 4,8). Und er möchte natürlich demonstrieren, wie treu er seinem gekreuzigten Herrn verbunden war; er sei sei ja kein blendender Siegertyp, kein Glaubens h e l d (er kehrt seine Schwächen heraus) - und schon gar nicht ein auf seinen Vorteil bedachter Wanderprediger, der die religiösen Bedürfnisse der Leute ausnutze. Wie hätte er dann so entsetzlich leiden können!

Wäre es ihm nicht ganz ernst mit seiner Berufung durch Gott, hätte er sich längst all diesen Entbehrungen entzogen. Der Herr selber habe ihn aber in ein ständiges Zugrundegerichtetwerden hineingestoßen; und das halte er nur in dem Bewußtsein aus, sich für seine Gemeinden aufopfern zu können (2 Kor 4,12; 12,15).

Es springt ins Auge, wie sehr sich Paulus, tendenziös und rhetorisch, mit allen seinen Leidensdaten zu legitimieren sucht; wir sind also für die nähere Erörterung seiner Angaben hinreichend vorgewarnt.

Fragen wir zuerst nach den Geißelungen durch Juden. Diese Bestrafung betraf ausschließlich Anhänger der jüdischen Religion, ihres Kultes und ihrer Gesetze. Bestraft wurde mit 39 Schlägen: wer die Thora vorsätzlich übertrat, in ritueller oder sexueller Hinsicht - also etwa die Speisegebote mißachtete, wer gegenüber den bestallten Gesetzesvertretern aufmuckte.

Zu keiner Zeit seines Lebens verfocht Paulus, wie wir wissen (s. o.), die Grundsätze des jüdischen Glaubens; er verschmähte das Judentum bedingungslos (s. 1 Thess 2,14 ff; 2 Kor 3,12 ff; Gal 4, 28 ff; Phil 3,7 ff). Wie hätte er sich dem jüdischen Recht, wo es ihn körperlich gefährdete, unterwerfen, sich aber von ihm freimachen sollen, wo es ihn hätte schützen können? Und wie könnte er die Thora vorsätzlich verletzen, wenn es ihm nicht einmal bewußt war, o b er es tat?

Niemand vermag sich vorzustellen, daß dieser geltungswillige Mann die Demütigung einer öffentlichen Auspeitschung im Synagogenhof ohne Notwendigkeit hingenommen hätte; das würde seinem Ansehen nachhaltig geschadet haben. Hinzu kommt: Paulus war römischer Staatsbürger (Apg 21,39; 22,25 ff). Eine Bedrohung durch die jüdischen Machthaber hätte ihn prompt veranlaßt, sich auf die ihnen überlegene römische Reichsgewalt zu berufen!

Die ganze Strafprozedur spricht ebenfalls gegen sein angebliches Erdulden. Der Verurteilte wurde, so schrieb es die synagogale Vorschrift vor, nach strengem Verhör auf seinen körperlichen Zustand abgeschätzt: wieviele Hiebe könnte er durchstehen, ohne bleibenden Schaden zu nehmen? Die Zahl der Schläge, die Paulus nennt, sagte aus, daß man wiederholt den schwachen, frühzeitig von Krankheit gezeichneten Mann zur Höchststrafe verurteilt hätte! Die dafür verantwortlichen jüdischen Rechtsvertreter müßten ausgemachte Sadisten gewesen sein, würden sie so entschieden haben. Und das in fünf Fällen - wie unwahrscheinlich!

Wäre Paulus nur ein einzigesmal einer solchen Tortur ausgesetzt gewesen - 13 Hiebe mit einem Kalbslederriemen auf die nackte Brust, 26 auf den Rücken: er hätte sich mit Sicherheit einem zweitenmal rechtzeitig entzogen.

Die römischen Geißelungen waren noch schlimmer. Die Schergen rissen mit Ruten, der sog. neunschwänzigen Katze, in die Knochen- und Metallstücke eingeflochten waren, den Rücken ihrer Delinquenten auf; Augenzeugen berichten, Fleisch und Blut der Opfer sahen am Ende wie verfaulte Leber aus. Und das will sich Paulus d r e i mal angetan haben - dazu noch freiwillig!

Er schätzte das Julische Gesetz, wonach es verboten war, einem römischen Bürger Fesselung und Geißelung zuzumuten. Warum sollte der Apostel, bei d i e s e r Überbeanspruchung seiner Konstitution (deren leidliche Stabilität Voraussetzung seiner Missionsarbeit war!), es unterlassen haben, sein verbrieftes Recht einzufordern?!

Lukas stellt ihn in Apg 16,35 ff als ehrbewußten Mann vor, der, ohne Gerichtsurteil, öffentlich geschlagen und ins Gefängnis geworfen worden war. Die römischen Stadtrichter, womöglich nun über seine Staatsbürgerschaft unterrichtet, wollten ihn schnell und unauffällig abschieben; der Apostel jedoch bestand auf öffentlichem Geleit aus der Stadt.

Mit dieser honorigen Empfindlichkeit seines »Helden« verrät sich Lukas. Vermutlich stand ihm der juristische Einwand gegen eine Auspeitschung vor Augen. Er wollte Pauli Angabe, gegeißelt worden zu sein, verifizieren und genügte dem Einwand nachträglich, indem er dessen Berufung erst post festum berichtete. Dann aber hätte Paulus gegen einen heimlichen Abgang aus der Stadt, der ihn zum Durchschnittsbürger machte, protestiert - gegen eine auffällige Mißhandlung, die ihn zum Kriminellen machte, hingegen nicht; wie absurd!

Paulus hätte sich noch viel umfassender zur Wehr gesetzt. Er hätte Zeugen notiert und sich über das erfahrene Unrecht an höherer Stelle beschwert; er war ja nachtragend und extrem selbstbezogen: So hätte er wohl unermüdlich nach einer Gelegenheit gefahndet, die illegal handelnden römischen Liktoren zur Rechenschaft zu ziehen.

Zwischen Urteil und Vollstreckung verging gewöhnlich einige Zeit. Paulus hätte gewiß versucht, seine guten Beziehungen zur römischen Obrigkeit auzunutzen; er hätte Fürsprecher finden oder sich durch die Bestechlichkeit ihrer Beamten retten können; über mangelnde Geldmittel hatte er nie zu klagen (s. u.). Und ob er den römischen Rechtsstaat so hätte loben können, wie er es später in Rö 13 tat, wenn er ihn mehrmals bis aufs Blut als Unrechtsstaat erleben mußte?!

Pauli Schiffbrüche sind nicht weniger imaginär als seine Geißelungen. Aus der lukanischen Beschreibung der Missionsreisen wissen wir, daß er nur kürzere Seefahrten unternahm und dabei meist die Küstennähe bevorzugte; er überquerte auch ein paarmal das

Ägäische bzw. Mittelländische Meer, doch weder er selbst noch Lukas berichten dazu von einem Schiffbruch. Ein solches Totalerlebnis müßte aber das Denken und Gemüt eines sensiblen, reflektierenden Mannes wie Paulus erschüttert und in seinem Briefwerk Spuren hinterlassen haben. Er hätte sein Überleben als eine Wunderhandlung Gottes gepriesen, die seine Auserwähltheit bestätigte!

Auch Theologen können Pauli Schiffbrüche nicht in dem knappen Jahrzehnt der bekannten Missionsaktivitäten unterbringen. Man hat deshalb vermutet, sie müßten sich noch v o r der ersten Reise abgespielt haben. Aber wo? Vermutlich habe sich der bekehrte Neuling Saul im Auftrag der antiochenischen Gemeinde als Bote nach Cyrene in Nordafrika schicken lassen: er habe ja in Syrien mindestens ein Jahr geweilt und die dortige Gemeinde habe einen guten Kontakt nach Cypern und Cyrene unterhalten.

Bedenkt man diese Möglichkeit, so hätte man sogleich von dem angesetzten Zeitraum ein knappes halbes Jahr abzuziehen, in dem wegen der Winterstürme auf dem Mittelmeer die Seefahrt ruhte. Dann aber hätte Paulus innerhalb von ca. 7 Monaten dreimal havariert! Welch gefährlicher Nahverkehr, welch stümperhaften Kapitäne!

Über das Los der Schiffbrüchigen in jenem unzivilisierten Zeitalter hören wir nur Übles. Allzu oft wurden sie von den Küstenbewohnern, von denen sie Rettung und Hilfe erhofften, ausgeraubt, zu Sklaven gemacht oder gar getötet (Strandrecht); zuweilen wurden sogar Schiffbrüche durch falsche Signale herbeigeführt, um Beute zu machen.

Die Opfer solcher Ereignisse stellten neben den Bettlern ein großes, bleibendes Kontingent von Notleidenden dar. Die christliche Gemeinde hat sich später dieser Menschen besonders angenommen: manche von ihnen erhielten staatliche oder auch private Unterstützung, die meisten aber überwanden niemals ihre unglückliche Situation.

Soll man sich nun ausmalen, Paulus wäre, als einzigartiger Sonderfall, vor diesem schweren Schicksal bewahrt worden - gleich mehrmals, ohne jede auffallende Nachwirkung? Sein Bekanntheitsgrad war damals noch gering; ein Motiv, ihm zu helfen, weniger zugkräftig.

Paulus hat schließlich seine Angabe selbst diskreditiert: nach 2 Kor 11,25 will er 24 Stunden auf dem Meeresgrund zugebracht haben! Ausleger versuchen zwar durch eine andere Übersetzung des Passus die mythisch-phantastische Aussage abzuschwächen (etwa: er habe mit dem Seegang gegen die Wellen angekämpft, er sei Spielball der Wellen gewesen). Doch unsere Übersetzung ist die wortgenauere; sie paßt zum Hyperbelstil des Apostels: Er sei nicht etwa bis zur Erschöpfung geschwommen, habe sich nicht anstrengen, nicht gegen den stürmischen Seegang behaupten müssen; vielmehr habe er sich, ohne eigene Mühe von Gott beschirmt, auf dem Meeresgrunde a u f g e h a lt e n! Ein Flanieren unter Wasser?

Es dürfte keine Frage sein, daß Paulus damit, in orientalisch-dichterischer Übertreibung, den Wahrheitsgehalt auch aller anderen Schiffbrucherlebnisse verspielt.

Tatsächlich schildert Lukas in der Apostelgeschichte einen Schiffbruch, an dem Paulus beteiligt war. Das Ereignis liegt allerdings am Ende seiner Missionszeit, und Paulus kann es in seinem Leidenskatalog, den er ein paar Jahre früher niederschrieb, nicht mitgemeint haben.

Hat den Autor Lukas bei seiner Erzählung ein historisches Geschehen bewegt? Die wunderbare Errettung des Apostels paßt auffallend gut in das Unschuldsschema, das der Berichterstatter entwickelt, um den Apostel von einem Schuldverdacht in der Kollektenangelegenheit freizuhalten (s. u.). Der Lukasbericht wirft dennoch ein Licht auf den Apostel, das dessen Schiffbruchnotiz erhellen kann. Hören wir uns an, was Lukas dazu vorbringt.

Paulus ist von den Römern in Jerusalem inhaftiert und den beiden Statthaltern Felix und Festus in Cäsarea vorgeführt worden. Die finden angeblich keine Schuld an ihn, lassen ihn trotzdem nicht frei, und Paulus beruft sich auf den Kaiser in Rom (s.u.). Daraufhin wird er zusammen mit etwa 250 Gefangenen in einem Segelschiff aus Cäsarea in Richtung Rom abtransportiert. Es ist Spätsommer, und im östlichen Mittelmeer verhindert der Westwind eine direkte Fahrt nach Italien. Im Windschutz von Zypern segeln sie nach Norden und nutzen die starke Westströmung unterhalb der Südküste Kleinasiens - unterstützt von Winden, die vom Lande zur See wehen -, um in westlicher Richtung zum Südzipfel Kleinasiens (Lycien), zum Hafen Myra, voranzukommen. Nach etwa 300 Kilometern nordwestwärts muß der Kapitän den Kurs wegen ungünstiger Windverhältnisse erneut ändern; das Schiff umfährt die Ostküste Kretas und geht bei Kaloi Limenes vor Anker. Das ist eine geschützte Bucht, die indes zum längeren Verweilen ungeeignet ist.

Die Mehrheit stimmt dafür, den an der Westküste Kretas gelegenen Hafen Phönix anzusteuern; Paulus warnt, die Fahrt fortzusetzen: es sei Herbst, die winterlichen Stürme drohten. In dieser Jahreszeit sticht der antike Fischer nur ungern in See. Im Süden Kretas gerät das Schiff in einen Nordoststurm, der es in das offene Meer hinaustreibt. Der Besatzung gelingt es nicht, es mit dem Bug gegen den Wind zu drehen, und es hat nur noch so viel Fahrt, daß es sich mit dem kleinen Vormastsegel mühsam steuern läßt. Die Matrosen hieven das Beiboot aufs Verdeck, da die Gefahr besteht, es könnte von den Wogen gegen das Heck des Schiffes geschleudert werden. Besorgt um das Schicksal des Schiffes im Sturm, ordnet der Kapitän an, unterhalb des Schiffes Taue von der einen Breitseite zur anderen hindurchzuziehen; ein Treibanker wird herabgelassen und an einem Seil nachgezogen, damit das Schiff den Wellenbergen größeren Widerstand bieten kann. Doch immer mehr Wasser dringt ein, und man wirft, um das Schiffsgewicht zu verringern, einen Teil der schweren Weizenladung über Bord; später auch die Großrahe und Reserverahe, die Stangen und das Takelwerk.

Mehrere Tage lang zeigen sich weder Sonne noch Sterne, die Fahrrichtung bleibt ungewiß, und die Hoffnung auf Rettung schwindet. Erst in der 14. Nacht spüren die Seeleute die Nähe von Land. Sie loten eine Wassertiefe von 20 Klaftern aus, danach eine von 15 Klaftern- und fürchten auf Klippen aufzulaufen. So werfen sie am Hinterdeck vier Anker aus. Als die Matrosen das Beiboot ins Wasser lassen wollen, um auch am Bug Anker auszubringen, hindert sie Paulus daran. Alle müßten auf dem Schiff bleiben, beteuert er, nur so würden sie gerettet! Daraufhin hauen die römischen Soldaten die Taue durch und lassen das Boot wegtreiben. Bei Tageslicht, als man das nahe Land erkennt, löst man die Haltetaue, mit denen man beim Ankern die Steuerruder hochgebunden hat, und zieht auf dem Vormast das kleine Vorsegel hoch, damit das Schiff wieder Fahrt gewinnt. Dabei stößt es auf eine Sandbank; sein Vorderteil rammt sich ein, und das Hinterdeck zerbricht. Auf Brettern und Schiffstrümmern retten sich alle, schwimmend, paddelnd, watend an Land.

Wie verhielt sich Paulus in den Augen des Berichterstatters Lukas während dieser Vorgänge? Für einen Mann, der nach drei Schiffbrüchen auf der See nicht ganz unerfahren war: ausgesprochen laienhaft, ja fehlerhaft!

Da soll der Apostel mitten im pfeifenden Sturm, auf dem stampfenden Schiff eine aufmunternde Rede gehalten haben, als wäre er auf dem Areopag in Athen.

Theologen meinen dazu, der Autor Lukas habe keine wirkliche Vorstellung von der Lage gehabt (während sich Paulus so töricht nicht verhalten hätte). Doch eher war es umgekehrt: Der naturkundige Praktiker Lukas schätzte die Lage richtig ein, aber wollte Paulus als unkundigen Laien hinstellen. Andere Momente in diesem Bericht bekräftigen diese Sicht.

Der Autor läßt das feierliche Wort des prophetischen Apostels als unverläßlich erscheinen: Bevor das Schiff aus dem Kretaer Hafen losfährt, sieht Paulus warnend den Verlust der Ladung des Schiffes und der Passagiere voraus. Indessen, vor Malta weiß er auf einmal (angeblich nach einer Gottesweisung) die Rettung  a l l e r  vorauszusagen und verspricht, niemand würde nur ein Haar von seinem Haupte verlieren. (Wenn wir die Rede eines angeblich vorauswissenden Gottesboten wörtlich nehmen dürfen: sein Verhalten hat zur Folge, daß alle Schiffbrüchigen im Wasser ans Land müssen, nicht im Schiff oder Beiboot. Und schwimmend dürften doch wohl bei dem einen oder anderen Haare verlorengehen.)

Der Apostel will den Winter über in Kaloi Limenes bleiben; doch sofort stellt der Autor Lukas, nicht der Kapitän, kategorisch fest: der Hafen sei zum Überwintern zu ungünstig gelegen. Paulus weiß also seemännisch nicht Bescheid (auch wenn das Schiff in den Sturm gerät).

Als Paulus den Matrosen verbietet, im Beiboot auch am Bug zwei Anker niederzulassen, liefert er mit seiner Ahnungslosigkeit das Schiff hoffnungslos der Strandung aus; er begreift den nautischen Zweck nicht. »Ein Schiff, das mit dem Winde auf eine Küste zutreibt, ist nicht dadurch zum Festliegen zu bringen, daß man vom Heck aus Anker fallen läßt. Man muß es zunächst gegen den Wind drehen und kann dann Buganker auswerfen«.

Ohne die vordere Ankerung wird das Schiff hin und hergeworfen, schlägt gegen die Klippen und zerschellt. Obendrein verdächtigt Paulus die Matrosen der Flucht: Nach seiner Einschätzung wollen sie sich im Beiboot davonmachen - notabene: vor einer unbekannten Küste, nachts, aus einem sicher verankerten Schiff, bei bewegter See! Wie absurd! - Von Paulus motiviert, greifen die Legionäre ein: sie kappen die Stricke des Beiboots. Dabei hätte das Boot am nächsten Tag alle Schiffsinsassen bequem an Land befördern können!

So hat Paulus die ganze Katastrophe selbst heraufbeschworen! Gutgläubige Theologen, die von der verschlagenen Ironie eines neutestamentlichen Autors wie Lukas nichts merken, entschuldigen die offensichtlichen Tücken der bewegenden Schiffbruchserzählung mit der Unerfahrenheit der Landratten Paulus und Lukas!

Soviel zu Pauli Schiffbruchnotiz.

Wie ist es um die überstandenen Reisegefahren bestellt? Wer damals die Berghöhen des Taurusgebirges in Kleinasien überkletterte, der mußte wüste Ebenen und Schluchten durchqueren, wo wilde Schafhirten oder Banditenvölker lebten. Doch wer wählte schon den beschwerlichen Weg? Ohne zwingenden Grund niemand, versichert uns der Experte. Diese Route war ja nicht nur zeitraubend, sie führte auch durch malariaverseuchtes Gebiet; gerade unser risikoscheuer Apostel wird es gemieden haben.

Er selber gibt uns k e i n e n Hinweis darauf, auf seinen Reisen nach und durch Kleinasien jemals von der Wegstrecke Syrien - Cilicien - Pisidien abgewichen zu sein. Auf diese Weise umging er das räubergefährdete Gebirge mit den schmalen Bergpfaden und den reißenden Flüssen und gelangte bequem in die Städte Lykaoniens. Dort konnte er die festen Straßen benutzen, die die Römer durch das unwirtliche Steppengebiet angelegt hatten: ausgebaute Verkehrslinien mit blühendem Reisebetrieb, allerorts von Garnisonen, Militärposten und /oder Straßenpolizisten geschützt. Was hätte Paulus passieren sollen?

Selbst größere See- und Landreisen innerhalb des römischen Imperiums waren damals nichts Außergewöhnliches; sie brachten keine besonderen Schwierigkeiten mit sich.

Waren Pauli touristische Aktivitäten eine herausragende physische Leistung? Daß er mühsam per pedes apostolorum unterwegs gewesen sei, ist eine Legende; er bediente sich eines Reisewagens, der nicht unbequemer war als eine Postkutsche in der Goethe- Zeit. Die Römer hatten zudem ihr gelobtes Straßennetz mit genügend Herbergen, Gasthäusern und Pferdestationen vervollkommnet, hatten die Straßen geschottert und zahlreiche Brücken über Bäche und Flüsse gebaut.

Auch durch seine Anhänger war Paulus versorgt. Reiste er irgendwo los, wo er eine Gemeinde besucht hatte, ließ er sich von ihr mit Nahrungsmitteln, Kleidern, Zelten, Reittieren, mit Sonnen- und Regenschutz, Büchern, Waffen, Geldern und genügend Sklaven als Begleitern ausrüsten (s.u.). In welche Mängel und Nöte hätte er da unterwegs noch stürzen können?

Paulus schrieb von den Gefahren in der Wüste, in der Stadt und auf dem Meer - symbolisch die ganze Welt umfassend! E r überstand a l l e Gefährdungen und triumphierte über die drei Bereiche menschlichen Lebens!

Ist Paulus einmal gesteinigt worden, fragen wir weiter. Wie so oft verschweigt er auch hierzu alle näheren Umstände: den Ort, den Zeitpunkt, die beteiligten Akteure, die Zeugen.

Hätte nicht gerade d i e s e s Erlebnis, zu dem er keinerlei konkrete Daten mehr wußte, alle anderen Erfahrungen, über die er genauer berichtete, an Bedeutung und Schwere übertroffen?

Außerdem: Wurde nicht der Verurteilte bis zum Eintritt des Todes gesteinigt? Brach er unter den Steinwürfen zusammen und es wurde noch Leben in ihm festgestellt, ging die Tortur weiter; das schrieb das Gesetz vor. Dann starb Paulus nicht, obwohl die Steiniger nicht aufhörten, ihn zu steinigen? Ja, sollten sie schließlich angesichts seiner Zähigkeit kleinbeigegeben haben? Weder juristisch noch biologisch hätte der Apostel diesen Strafvollzug überleben können!

Oder handelte es sich um eine sog. wilde Steinigung, ohne Gesetzgeber und gesetzliche Regelung? So will Lukas offenbar Paulus mit einem verifizierten Vorfall zu Hilfe kommen.

In Apg 14,19 ff berichtet er, feindselige Juden, aus der ferneren Umgebung herbeigeeilt, hätten das Volk überredet, den Apostel, der gerade von den abergläubischen Lykaoniern in Lystra für den Gott Hermes gehalten worden war, ohne Urteil vor die Stadt zu schleifen, um ihn dort zu steinigen. Danach sei er aber nicht tot gewesen; vielmehr sei er, als ihn die Jünger umringten, wieder aufgestanden und am nächsten Morgen weitergereist.

Schon der mirakulöse Schluß verdächtigt die ganze Geschichte. Wäre Paulus von einer g r o ß e n Volksmenge (Apg 14,19) gesteinigt worden: seine Verletzungen wären nicht so geringfügig ausgefallen, daß er sich nach der Prozedur unverzüglich in seine Reisekutsche setzen konnte. Die heidnische Ehrung, die ihm widerfahren sein soll, ließe auf eine für ihn günstige Stimmung im Volk schließen. Wie also hätten ortsfremde Juden - vor dem Hintergrund des damaligen »Antisemitismus« - die beteiligten Heiden so schnell für sich gewinnen können?!

Und weiter: Die wirkliche Situation des angeblich hungernden und dürstenden Apostels war ganz anders!

Wo und wann beschrieb er sich so? In Ephesus, etwa im Jahre 55/56 n. Chr. - also auf dem Höhepunkt seiner Missionsarbeit.

Dabei hatte er nicht etwa an langwierige, anstrengende Wanderungen gedacht, die hinter ihm lagen (wie Ausleger deuten): wen interessierte dies jetzt auch? Nein, er wollte die Gläubigen in Korinth auf seine augenblicklichen Mühsale aufmerksam machen: er, der Kehrricht der Welt, der Abschaum aller, verachtet, verfolgt, gelästert - vom Herrn in die Nachfolge gezogen; dennoch verzweifelte er nicht und bleibe allezeit fröhlich (2 Kor 4,8; 6,10)!

Nur: in Ephesus hatte er gar keinen Grund zum Verzweifeln: seine Fröhlichkeit müßte banalere Ursachen haben. Mit Protektion, Geld und mehr Geschick als sonst hatte er hier eine umfassende Verkündigungsarbeit begonnen: Er bekehrte, ließ taufen und unterrichten; unterrichtete selbst Anfänger und Fortgeschrittene, veranstaltete Großgottesdienste, hielt öffentlich Vorträge ab. Dazu hatte er sich in einem der ephesinischen Lehrhäuser einen großen Saal gemietet und genoß hier die Zuhörerschaft von Professoren, Philosophen, Dichtern, hohen Beamten, aber auch von Männern und Frauen aus den unteren Ständen: Ladeninhabern, Handwerkern, Sklaven und Freigelassenen.

Nach einer alten Urkunde, die als Nebenlesart ins griechische NT geraten ist, soll er hier von 1/2 12 Uhr vormittags bis 1/2 5 Uhr nachmittags doziert haben. Vorher oder danach habe er, wie ein Fürst, Abordnungen auswärtiger Gemeinden empfangen; die wünschten Rat und Belehrung von ihm, überbrachten Geschenke, Geldspenden und für die weitere Missionsarbeit nützliche Sachgüter.

Zu den Oberen der Stadt, besonders zu den Obersten der römischen Provinzen, den Asiarchen, habe er nach dem Zeugnis der Apg gute, fast freundschaftliche Beziehungen gepflegt; selbst der Stadtkanzler, der die Beschlüsse der Volksversammlung ausschrieb, dürfte einer seiner Gönner gewesen sein (Apg 19,31.35).

Hatten nun alle Vornehmen eine Vorliebe für Kehrricht und Abschaum entwickelt? Ja, müßte man sich nicht den Apostel, wäre 1 Kor 4,11 wahr (wonach er nicht in der Lage war, seine Blöße zu bedecken), bei einer asiarchischen Audienz halbnackt, in löchernen Lumpen vorstellen? Zudem war er mit dem wohlhabenden Ehepaar Priska und Aquila befreundet; die beiden waren mit ihm von Korinth nach Ephesus übergesiedelt; und der Apostel wohnte in ihrem Hause. Ob die christliche Ehefrau nicht geradezu ihre Ehre darin sah, den hohen Gast mit allem zu versorgen, dessen er bedurfte?

Daß Paulus in dieser Zeit des äußeren Erfolgs und des gesteigerten Ansehens geschlagen oder nur geschmäht worden wäre, ist ausgeschlossen.

Über welche Geldquellen verfügte er eigentlich? Obwohl wir damit unserer Darstellung vorgreifen (s.u.), können wir es uns an der Stelle nicht versagen, einen groben Überblick über seine Einkünfte zu geben; sie werden die Beteuerungen seines Mangelleidens als das erscheinen lassen, was sie wirklich waren: Rhetorik- und Polemik gegenüber denen unter seinen Gläubigen, die sich allzu unbeschwert ihres geistigen u n d materiellen Besitzes erfreuten.

Unser Apostel lebte noch immer vom Vermögen seines verstorbenen Vaters, der ein gutgestellter Fabrikbesitzer in Tarsus gewesen war; zweitens vom Unterhalt der Gemeinde, in der er sich gerade aufhielt, also hier der ephesinischen, zu der auch hochangesehene, betuchte Bürger der Stadt gehörten. Man dürfe, versichert ein Theologe, die Gebefreundlichkeit einer jungen Gemeinde nicht zu gering einschätzen; drittens von dem, was ihm die zuletzt besuchte Gemeinde (die korinthische vermutlich) an materiellen Gütern mit auf die Reise gegeben hatte; viertens von den persönlichen Einnahmen und Verdienstquellen seiner »Mitarbeiter«, die durch jede Stadtgemeinde, die er zurückließ, zahlenmäßig verstärkt wurden. Auf seine Anweisung hin schufteten diese Männer (zumeist Sklaven) in ihren groben Berufen oder verdingten sich als Gelegenheitsarbeiter; fünftens (in bestimmten Situationen) von den Einnahmen für die große Kollekte nach Jerusalem (2 Kor 8/9); er sammelte überall fleißig für sie.

Daß er in der Tat aus dieser Kasse Gelder für aktuelle Zweck entnahm, gestehen sogar Theologen zu. So habe er vermutlich seine letzte Reise nach Jerusalem davon m i t finanziert; auch die Ausgaben der vier Männer des Nasiräatsgelübdes in Jerusalem (Apg 21, 23 ff), habe er damit bezahlt. Wir glauben nicht an dieses Beispiel, meinen aber, Paulus habe die Kollekte anders interpretiert, als er es in den zwei Kollektenkapiteln erkennen läßt.

Standesgemäß verfügte er auch über persönliche »Diener« (Apg 13,5; Eph 6,21; 2 Tim 4,9ff). Sie nahmen sich seiner leiblichen Bedürfnisse an: hielten seine Kleidung instand, schnitten ihm Bart und Haare, suchten Quartier für ihn, trugen sein Gepäck, versorgten Lasttiere und Reisegefährt, kauften ein, kochten, schirmten ihn vor zudringlichen Besuchern ab, führten Botengänge aus usw. In seiner verschleiernden rhetorischen Manier nannte er sie »Mitarbeiter«, »Diener am Evangelium«. Aber: Er und das Evangelium waren ja eins (s.u.)! Es hatte sich in seinem Leben niedergelassen und alle seine Bedürftigkeiten angenommen - so als wäre nicht das Evangelium das Vorbild für ihn -, sondern er das Vorbild für das Evangelium. An ihm, Paulus, war ja zu sehen, was die Offenbarung vom Tod und Leben Jesu Christi und ihr Weiterwirken bedeutete; er schämte sich des Evangeliums nicht (Rö,1,16) und genierte sich nicht seiner eigenen Ansprüche daraus.

Verweilen wir noch für einen Augenblick bei den Zudringlichkeiten eifriger Besucher: Er habe sich auch mit der Seelsorge und der persönlichen Betreuung seiner Gläubigen Tag für Tag abgeplagt (2 Kor 11,27 f)! - Doch hätte er sich dann in der täglichen Praxis an einen theologischen Grundsatz gehalten, der gerade d a s verhinderte - und ihm ein Argument in die Hand gab, sich solche Übel vom Hals zu schaffen?

Paulus verkündete die Lehre vom »Sein in Christo«: Im Herrn seien alle menschlichen Verschiedenheiten beseitigt; wer in I h m lebe, der sei ein verwandelter Heiliger und sei mit allen anderen Heiligen des Herrn ein Leib geworden; er sei (wie) neu geschaffen, habe das alte Menschtum überwunden, sein kreatürliches Erdendasein und seine natürliche »Persönlichkeit« unwiderruflich eingebüßt; sei in eine freiere, bessere Daseinsform hinausgehoben.

Der Sachverhalt entbehrt in der praktischen Seelsorge nicht der Ironie. Mußte nicht so ein armer Gläubiger Christi, der mit Sorgen beladen zu seinem Apostel kam, um sein Herz zu erleichtern, zugleich wie blamiert dastehen? Er bekannte ja seine unverwandelbare Alltäglichkeit und U n heiligkeit! Die Konsequenz seines Glaubens, mit seiner heidnischen Umgebung in Konflikt geraten zu sein - und deswegen apostolischen Beistand zu erbitten -, entpuppte sich als Unglauben!

Paulus hatte keinen Zweifel gelassen: Familie, Freundschaft, Bekanntschaft, Volkstum, alles was Unterschiede machen und besondere Beziehungen geben könnte, war mit der alten Welt versunken. Und nun wurde da einer lästig mit dem, was ihn an Versunkenes band: Wie konnten ihn Dinge bedrücken, die es gar nicht mehr gab?

Der Apostel war fein heraus. Christus starb ja für a l l e; keiner durfte weiter für sich selber leben und Schwierigkeiten machen. Paulus hatte es deutlich genug gesagt (mit einer energischen, ungeduldig-abweisenden Handbewegung): Als neuer Mensch im Herrn kenne er niemanden mehr nach dem Fleische (2 Kor 5,15ff)! So brauchte er jemanden nicht zu kennen, den er kennen sollte, mußte nicht jemanden, den er zum Glück nur flüchtig kannte, noch gründlicher kennen, und durfte jemanden, den er schon zu lange kannte, nun gar nicht mehr kennen. Theologie zur Rechtfertigung von Sich-belästigt-fühlen, Gleichgültigkeit, Herzenskälte! Wie hatte unser Menschenfeind indigniert geschrieben: »Hinfort mache mir niemand mehr Mühe...« (Gal 6,17).

In einer flüchtigen Nebenbemerkung gestand Paulus ein, daß sich ihm in Ephesus eine »große Tür« aufgetan habe (1 Kor 16,9), er also Eingang in die gute Gesellschaft finden und Erfolge verbuchen konnte; ein Ausleger spricht von einer angenehmen Zeit, die der Apostel dort verbrachte. Doch er verschweigt, daß Paulus das gern geleugnet hätte: ein echter Herrnapostel hatte nur unangenehme, schwere Zeiten zu kennen!

Leider, räumen andere ein, könnten die bitteren Erleidnisse, die Paulus mehrmals schmerzbewegt in seinen Briefen auflistete, aus dem uns bekannten Abschnitt seiner Missionsarbeit nicht nachgewiesen werden; alle seine Angaben blieben unbelegbar, alle näheren Daten fehlten. Somit müßten diese notvollen Begebnisse in dem uns unbekannt gebliebenen Zeitraum der ersten 17 Jahre seiner Nachbekehrungszeit gelegen haben!- Doch falls diese Jahre wirklich so abgelaufen wären: warum hätte er sie in seinem Gedächtnis tilgen sollen? Wer redet über leere Zeiten, schweigt über »erfüllte«?

Oder hatte der Apostel seine Prüfungen, Verfolgungen und Gefahren nur in einer bloß übertragenen Bedeutung wahrhaben wollen? Auch diese Auffassung ist ernsthaft erwogen worden. Aber Paulus könnte nicht Bewunderung für die Kraft erwarten, alle ihm von Gott auferlegten Leiden siegreich überstanden haben, wenn er diese Leiden nur imaginär und symbolisch durchlitt!

# Ein brüderlicher Zeuge ?

Kann ein Egoist brüderlich denken? Kann ein Ehrgeiziger einen Mitbewerber um die Gunst der anderen neidlos anerkennen?

Da gab es einen gewissen Apollos; er war alexandrinisch gebildet, intellektuell geschult, rhetorisch effektvoll, in mystischer Weisheitskunde zu Hause und in der Anwendung des Schriftbeweises rabbinisch beschlagen. Alle, die glauben konnten, was er lehrte, hielten ihn für geisterfüllt und in einer elitären Weise christgläubig.

Wie dachte Paulus über ihn? Er versichert, sich mit ihm eins gefühlt zu haben. Brüderlich habe er sich mit ihm die Arbeit geteilt; beide seien sie ja Mitarbeiter Gottes. Er, Paulus, habe auf dem Ackerfeld Gottes gepflanzt und Apollos habe die keimende Saat begossen: Gott sorge nun für das Gedeihen. Der Apostel stand mit der korinthischen Gemeinde auf dem Kriegsfuß und dennoch redete er Apollos zu, nach Korinth zu gehen. Wie großzügig!

War er es wirklich? In einem längeren Text (1 Kor 3,5-17) hat uns Paulus verraten (wohl eher zwischen den Zeilen), was er von der Konkurrenz dieses ganz andersartigen Christen hielt. In Korinth hatte er es mit drei Parteiungen zu tun (von seiner eigenen abgesehen), die ihm das Leben schwermachten: der des Petrus, des Christus (wer immer auch dahintersteckte) und der des Apollos. Doch nur auf diesen einen zielt er, nur den bekämpft er, nur ihn meint er! - den anderen, der auf dem Fundament, das er, Paulus, gelegt habe, weiterbaue. Ob hingegen dieser Überbau solid ausgeführt sei oder brechen könne, das werde sich noch herausstellen. Er selber sei über jede Kritik hinaus, er habe bereits getan, was Gott gelten lasse; doch der andere, der baue womöglich mit Holz, Gras oder Heu, und das könne nicht halten, vergleiche man es mit dem Bau aus Edelmetall.

Klang das schon bedrohlich: der Apostel spielte obendrein mit dem Gedanken des ewigen Strafgerichts! Büßte der andere vielleicht im göttlichen Feuer sein schönes Scheinwerk ein? Paulus will jedoch auch gnädig denken und billigt ihm die Möglichkeit zu, gerade noch mit seiner Person unversehrt davonzukommen. Aber wer weiß, den Gemeindeverderber verderbe Gott!

Der Apostel nennt den Nebenbuhler in der ganzen Haus- und Feuermetapher nicht beim Namen. Kritische Ausleger sind indes überzeugt, er habe dabei Apollos im Visier; dennoch nehmen sie seine Beteuerungen ernst, sich mit ihm eins zu fühlen und deuten dieses Einssein als eine Einheit im Wesen und Wirken, im Wert und in der Absicht.

Gerade das aber konnte Paulus beim besten Willen nicht zugestanden haben. Wie wir sehen werden, verband er mit dem Evangelium eine ganz andere »Absicht« als die, die er mit dem redlichrührigen Apollos gemeinsam haben könnte (s.u.), und in der Wertung der Apostolizität stellte er sich sogar ü b e r die, die vor ihm Apostel wurden und von Jesus selbst ausgewählt waren ( 1 Kor 15,10). Wie hätte sich ihm so ein Spätling und Nichtapostel (der hatte ja den auferstandenen Herrn nicht gesehen) g l e i c h setzen dürfen!

Im übrigen hatte Paulus den begabteren Mitstreiter in s e i n e r Sicht bereits degradiert, als er zwischen Pflanzer und Begießer unterschied. Apollos war in Korinth gemeindestiftend aufgetreten; er wird für sich beansprucht haben, nicht nur fremde Saat begossen, sondern auch eigene Saat ausgesät und neues Leben angepflanzt zu haben. Pauli Rangordnung konnte ihm nicht gefallen, und der Apostel wußte das. Überzog der deshalb die lästige Eigenmächtigkeit des Apollos mit seiner eschatologischen Drohung?

Der Gegenspieler war zudem ein Liebhaber der Gottesweisheit; er verkündete Glaubensbekenntnisse für reifere Christen, die sich ihren unmündigen Mitgläubigen überlegen dünkten: Schon darum müßte ihn der Bannstrahl des Apostels getroffen haben; der grollte in seinem Inneren, zügelte aber seinen Haß (in den auch ein wenig Neid hineingemischt war). Einmal auf die Probe gestellt, könnte es mit Pauli »Brüderlichkeit« nicht weit her gewesen sein.

Dann dürfte es auch schwerfallen, an die innige L i e b e zu glauben, deren er seine Gemeinde versicherte. In ungeheuchelter Liebe rede er zu ihnen, und sein Herz habe sich ihnen weit erschlossen (2 Kor 6,6); nicht sie hätten engen Raum in ihm und seinem Herzen; e r hätte engen Raum in ihnen und ihren Herzen: warum erwiderten sie seine Liebe nicht und erschlössen auch sie sich ihm so weit wie er sich ihnen (2 Kor 6,11 ff)? Er liebe sie alle, habe niemanden von ihnen Unrecht getan, habe niemanden übervorteilt oder zugrunde gerichtet; im Gegenteil: Wie gerne würde er Opfer für sie bringen! Zuversicht habe er zu ihnen, und er rühme sie ihretwegen. Ja, in höherem Maße liebe er sie: wie könnten sie ihn da in geringerem Maße wiederlieben (2 Kor 7,2ff; 12, 15)?!

Den nüchternen Leser von heute stört gewiß die Penetranz der Beteuerungen. Welcher Liebende trüge seine Gefühle so auf den Lippen? Machte nicht die Liebestat das Liebesbekenntnis überflüssig? Was h a t t e Paulus denn für sie getan und geopfert, ehe er erklären durfte, daß er Liebes tue und opfere?

Niemand würde ungedrängt von seiner eigenen Liebe sagen, sie sei ungeheuchelt; kein Bäcker hielte es für nötig zu erklären, daß er seine Brötchen aus Mehl herstelle. Warum orientierte sich Paulus am negativen Erscheinungsbild einer womöglich geheuchelten Liebe und nicht am positiven einer bestimmt ehrlichen? Hätte man ihn allerdings schon verdächtigt, zu heucheln, genügte seine Versicherung ohnehin nicht; und liebte er wirklich, würde er sich um die Wirkung und Wertung seiner Liebe nicht kümmern. Auch die Überbetonungen (die uns erlauben, auf das Gegenteil zu schließen) tun seiner Glaubhaftigkeit nicht gut. Innerhalb eines knappen Zusammenhanges bekräftigt er den Angeredeten sechsmal(!), daß er sie liebe - dreimal, daß er sich ihnen ganz e r s c h l o s s e n habe. Das aber hatte er gerade n i c h t getan. Seine angeblich schon dargebotene Herzenserschlossenheit bezog er auf die vorangegangene Rede von seinen Leiden (2 Kor 6,4 ff): damit hatte er aber, wir wissen es, lediglich auf Fiktionen verwiesen. Die Absicht indes, sich hinter attraktiven Vorgegebenheiten zu verstecken, zieht das Herz des Berechnenden in einem Akt innerer Konzentration und Anspannung zusammen!

Ja, Anspannung, um auf der Hut zu sein, verlangte dem Apostel das ganze (»gespannte«) Verhältnis zu den Korinthern ab. Ihr Ungehorsam erzürnte ihn, und ihre hartnäckige Bewährungsforderung ängstigte ihn; niemals hätte er ausgerechnet diejenigen so gelöst lieben können, die ihm so viele Scherereien machten. Sollte er sich öffnen, um noch genauer durchschaut und empfindlicher getroffen zu werden? Mißtrauisch geworden, zwangen sie ihn dazu, sich noch besser zu w a p p n e n als vorher.

Paulus verfehlt überdies mit seiner fordernden Liebe das Wesen der Liebe. Eigenwüchsige, unverfälschte Liebe erwartet und verlangt keine Gegenliebe. Die Forderung ist hier die Kehrseite eines selbstbezogenen Willensaktes - und zu d e m gibt es von den Neigungsgefühlen der Liebe keinen Übergang! Echte Liebe spekuliert nicht auf Dank, Anerkennung, Verständnis, Wohlwollen, und sie bedarf nicht der Verdienste und Vorzüge des Geliebten.

Paulus aber pocht dreimal auf Gegenliebe (»erwidert meine Liebe, erschließt euch, gebt uns Raum«). Ja, es scheint so, als habe er gar nichts anderes im Sinn, als sich die Angeredeten durch seine Liebe neu zu verpflichten: Er liebe sie über alle Maßen - also müßten sie sich doch ebenso maßlos dafür erkenntlich zeigen! Im Netz seiner nur verlautbarten, nur verkündeten Liebe, das er über sie warf, sollten sie sich verfangen - und er konnte sie zappeln lassen, fesseln, mit sich zerren: wie er wollte! Der Liebende möchte dem Geliebten nur das Beste antun; also würde es nichts geben, wogegen der sich wehren müßte: »Liebe«, als Instrument beherrschter Willkür, als Vorwand für Ausnutzung und »Überlistung« (2 Kor 12,16)!

Den Geltungsanspruch eines gläubigen Mitbewerbers konnte man mit zupackender, ehrgeiziger »Brüderlichkeit« kleinkriegen. Was aber, wenn dieser Anspruch sich auf ein außergewöhnliches, exklusives Privileg gründete - auf besonderer Zugehörigkeit zum Herrn, zum Auferstandenen? Bevorzugte der Herr diejenigen, die ihn »geschaut« hatten?

War Paulus ein O s t e r z e u g e ? Hatte er recht, sich neben den anderen Zeugen zu nennen, die in den Tagen nach der Kreuzigung eine Erscheinung des Auferstandenen erlebt hatten? In 1 Kor 15,5 ff berichtet er, Christus sei zuerst dem Kephas (Petrus) erschienen, dann den zwölf Jüngern; danach wiederum sei Er mehr als fünfhundert Brüdern auf einmal erschienen, von denen die Mehrzahl noch immer am Leben sei, nur einige seien inzwischen entschlafen; hernach sei er Jakobus erschienen, dann allen Aposteln; zuletzt aber, gleichsam als der Fehlgeburt, ihm selber.

Paulus trat hier scheinbar als objektiver Berichterstatter auf. Oder verfolgte er auch jetzt eigene Interessen, etwa: um den Aussagewert seines eigenen Zeugnisses zu erhöhen, berief er sich auf die Zeugnisse der anderen! - Aber was sind seine Angaben wert?

Die allererste Erscheinung sei Petrus widerfahren? Die Evangelisten wissen nichts davon (nur Lukas in Lk 24,34; aber diese Notiz ist der Notiz Pauli nachgestaltet). Sie berichteten von einer ersten Erscheinung vor zwei Frauen, die Jesus nahegestanden hatten. Juristisch galt das Zeugnis von Frauen seinerzeit nichts, darum dürfte es hier nicht erfunden sein: eine Legende, die den Osterglauben stützen sollte, hätte sich eine fundiertere Rechtsgrundlage verschafft.

Unabhängig von den Erscheinungslegenden haben sich vorwiegend drei Anekdoten an die Person des Petrus geheftet: Einmal die des im Wasser einsinkenden Jüngers - sein Kleinglaube habe ihn daran gehindert, auf der Oberfläche des Sees Genezareth zu Jesus hinzuwandeln; zum anderen die ebenso bekannte Quo-vadis-Erzählung vom flüchtigen Jünger: Petrus habe in der Zeit der Christenverfolgung unter Nero aus Rom fliehen wollen, doch der Herr sei ihm entgegengetreten; und: die Peinlichkeit einer Verleugnung des festgenommenen Jesus!

Glaubensmängel bis zuletzt, von unverändertem Wesen der Glaubensschwäche: Und nun sollte, Pauli Angabe gemäß, Petri Auferstehungszeugnis das Votum Gottes sein, das seinen Glauben auszeichnete und die Ostergemeinde konstituierte? Ja, wie könnte denn die Notierung darüber so spurlos aus der Überlieferungsgeschichte verschwinden? Gerade als Vergebung der Verleugnung des Herrn, die auf Petrus und seinem Ansehen lastete, hätte sie der Nachwelt viel bedeuten müssen!

Und diesen für die Gemeindetradition so wesentlichen Umstand, daß Petrus rehabilitiert war, sollte der Außenseiter und Eindringling Paulus, der Traditionsb r e c h e r, in die Tradition eingebracht haben? Ließ denn Gott den aufsehenerregenden Glauben eines Jesus-Vertrauten von einem Manne bezeugen, der selbst kein Jesus-Vertrauter war und obendrein im Geruch eigenen U n glaubens stand? Eine s o ergänzte und korrigierte Tradition könnte doch nur wiederum auf Unglauben stoßen und müßte Gottes Heilsökonomie Hohn sprechen. In dem Hinweis Pauli auf einen Gott, der auferweckt und einen ersten Zeugen auswählt, v e r m i s s e n wir Gott!

Indes, entspricht nicht der Primat als Zeuge der Führungsrolle des Apostels Petrus in der Urgemeinde? Bei Lichte betrachtet spricht diese Rolle dagegen: es wäre ein unerklärlicher Zufall gewesen (natürlich Gott als Initiator ausgeschlossen), hätte der Erste der Jünger nun auch die erste Erscheinung erlebt!

Petri vorrangiges Ostererleben soll ein Stück Trauerarbeit gewesen sein, meint der Theologe Lüdemann. In der Dramatik der Karfreitags- und Verleugnungssituation sei für ihn die Welt zusammengebrochen. Ja, er hatte Jesus verleugnet: im Hofe des Hohepriesters, Jesus verhaftet im Obergemach, bestritt er vor einer Magd, seinen Herrn zu kennen. Nun trauerte er und bereute. Er schaute den Herrn nach dessen Hinrichtung, und der vergab ihm.

Viele Menschen, die den Tod eines lieben Angehörigen beklagen, sehen den Toten mitunter noch tagelang an den vertrauten Orten ihres Lebens; sie fühlen, der Verstorbene ist gegenwärtig, erst allmählich entfernt er sich.

Bei Petrus hätten mehrere Faktoren die normale Trauerarbeit beeinflußt: der plötzliche Kreuztod Jesu: die zwiespältige Beziehung zu ihm, auf der Schuldgefühle lasteten; und eine besondere Abhängigkeit. Die Jünger hatten ja seinetwegen Beruf und Heimat verlassen; sie stellten mit ihm eine kleine religiöse Gruppe dar, die sich von der Außenwelt abgetrennt hatte.

Förderte die Trauer des Petrus die Schauung Jesu? Lüdemann meint: »Erinnerungen daran, wie Jesus gewesen war, führten zur Erkenntnis, wer Jesus eigentlich sei, und im Schauen des Herrn drückten sich theologische Schlußfolgerungen aus: die Gewißheit der Messianität Jesu: die Festigung und Neukonstitution der Gemeinde - und die dadurch bei den anderen Getreuen ausgelösten Schauungen.«

Soll die tiefere, belastetere, erkenntnisbegünstigte Trauer des Petrus die Erstvision verursacht haben? Die Erscheinungserfahrung Petri ist offenbar auf das Moment seiner Jesusverleugnung angewiesen. Schuldbewußtsein, Reue, Furcht, Verlangen nach Vergebung wären notwendige Bedingungen einer bevorzugten Schauung. Doch diese Verleugnung ist historisch ungewiß! Sie paßt zu gut zum theologisch-dogmatischen Schema: Sünde - Sündenerlaß. Sie paßt auch gut in das Negativschema des Markusevangelisten, der alle Jünger als verständnislos gegenüber der Sendung Jesu hinstellt und dabei Petrus besonders markiert.

Uns ist eine judenchristliche Schrift erhalten geblieben, die sogenannten Pseudo-Klementinen, deren Quellen aus dem 2. Jhdt. n. Chr. stammen. Sie sagt zum Visionsthema: Für die Urapostel, die Augenzeugen des geschichtlichen Jesus, zählte nur der persönliche Umgang mit ihm. Dem Frommen werde die Offenbarung Gottes im Verstand gewiß, Einsicht steige in seinem Herzen auf - nicht im Traum, nicht in der Vision erkenne man Wahrheit. Niemals also hätten die Urjünger die Autorität des Petrus auf einen erst vom Auferstandenen v i s i o n ä r ergangenen Auftrag gegründet!

Noch weniger als Visionen überhaupt bedeuteten den Jüngern Erstvisionen - zunächst verstanden als solche, die Menschen in einer Reihe von Visionen zu einem bestimmten Sachverhalt als erste erleben. D i e s e Visionen sind, wie wir wissen, die ungewissesten von allen: denn jeder Visionär wird am Anfang in große Selbstzweifel gestürzt. Auch die Jerusalemer kannten das Problem; die Pseudoklementinen berichten davon. So hätte Petrus nach einem Erscheinungserlebnis abgewartet, ehe er zu anderen davon sprach. Die anderen Jünger, in einer ähnlichen psychischen Situation gegenüber Jesus wie Petrus, hätten inzwischen i h r e Erscheinungserlebnisse gehabt. Wer wollte da später bestimmen, welches schließlich identifizierte Erlebnis das erste war?!

Überhaupt ist die ganze Rangfolgeordnung der Visionen typisch paulinisch. Paulus war, als nicht dazugehörig, auf eine Vision (oder auf eine andere geheimnisvolle Zuwendung des Herrn) angewiesen. Um sich den Jüngern gleichstellen zu können, unterschiebt er ihnen - für i h r e n Auferstehungsglauben - die gleiche Visionsabhängigkeit. Er wollte den Herrn genau so als Auferstandenen gesehen haben wie sie, und dabei spielte die Reihenfolge eine Rolle. So finden wir nur bei ihm, in seiner Berichterstattung darüber, Staffelungen wie: zuerst (erschien der Herr) dem... dann denen ... und hernach, zuletzt dann ... Paulus dachte in Kategorien des Dominationstriebes, des Überlegenheitswillens, des Ranggefühls (daß er der letzte Erscheinungszeuge war, war eben gerade das Besondere; der Abschluß, der extra noch dazu Geholte, der eigentlich Unwürdige: die Pointe des geringsten Apostels!).

Es ist daher falsch, wie Theologen das tun, Pauli spätere Ostersicht den frühen Ostererlebnissen der Urapostel zugrunde zu legen. So kann denn das Schlußurteil des kritischen Theologen, dem wir zustimmen, nur negativ ausfallen: Nirgendwo gibt es eine

Erzählung, wonach der Herr zuerst und allein (!) dem Petrus erschienen ist.

Auch zu einer Erscheinung vor den Z w ö l f e n dürfte es nicht gekommen sein. Der Auferstandene konnte vor den zwölf Jüngern nicht erscheinen, weil die »Zwölf« (als auserwählte, geschlossene Gruppe) zu dem frühen Zeitpunkt historisch noch gar nicht existierten. Der Begriff der Zwölf war nicht schon bekannt, bevor der Begriff der Ostervisionen aufkam: vielmehr wurden die Jünger erst durch die Auferstehungserscheinung zu einem festen Zwölferkreis eingesetzt. Die Zwölf waren die Folge, nicht die Voraussetzung der Erscheinungen.

Als Paulus zum erstenmal nach Jerusalem gereist sein will, um die Apostel aufzusuchen (Gal 1,17 ff), spricht er n i c h t von den »Zwölf«; er trifft angeblich nur auf Kephas (Petrus) und auf den nicht zum Jüngerkreis gehörenden Herrenbruder Jakobus. Während der Theologe Schneemelcher meint, das Institut der Zwölf gehöre zu diesem frühen Zeitpunkt bereits der Vergangenheit an, schließen wir besser auf das Gegenteil: dieses Institut gehörte erst der Zukunft an; auch ein vergangener Zwölferkreis hätte seine Bedeutung behalten.

In der Zwölferzahl spiegelt sich symbolisch die Zahl der Stämme Israels. Zu diesem Verständnis konnte die Urgemeinde erst gelangen, nachdem sie voll ausgewachsen war; nun sah sie die zwölf Jünger, die das neue Gottesvolk in seiner Stämmegliederung repräsentierten, auf den zwölf Himmelsthronen sitzen, das alte Gottesvolk richtend - dermaleinst; und diese Zukunftsschau legte sie als Prophetie, deren Wortlaut sie selbst formulierte, r ü c k blickend dem Herrn in den Mund.

Übrigens hätte Paulus, wäre er wirklich im Besitz einer zuverlässigen Information gewesen, von e l f Jüngern schreiben müssen. Wollte man nicht die Verrätergestalt des Judas zur bloßen Symbolfigur verflüchtigen oder den vermeintlichen Verrat am Herrn als Abfall von der nachösterlichen Gemeinde deuten, so hätte sich die Zahl der Jünger, denen der Herr erschien, nach dem frühen Selbstmord des Judas auf elf vermindern müssen. Ausleger korrigieren hier Pauli Zahlangabe stillschweigend und verdecken so in einem tolerierten »Irrtum« den Hinweis auf seine unbekümmerte Selbstbezogenheit. Er schrieb, ohne nach der Tatsächlichkeit zu fragen, ohne historisches Interesse, auf den größten Effekt hin - und den versprach ihm die Zahl 12. Sie klang nach Vollkommenheit, war in sich gerundet, besaß Magie und garantierte juristische Gültigkeit. Eine so legitimierte und damit auch allgemein anerkannte Menschengruppe bekräftigte die Wahrheit seines eigenen Erfolges!

Das hatte zuvor auch der Name des Petrus getan, der in der Heidenwelt bekannt und geschätzt war.

Was ist von der Behauptung einer M a s s e n v i s i o n der mehr als fünfhundert Brüder zu halten? Alle Herrenerscheinungen sollten den Glauben neu begründen und dem Wachstum der Gemeinde dienen; sie mußten sich also bereits kurz nach »Ostern« ereignet haben. Zu dem Zeitpunkt aber bestand die Jerusalemer Gemeinde aus nicht mehr als 120 Personen! Wo sollte eine vierfache Anzahl von Neuorientierten verblieben sein? Dächte man indes an eine wesentlich spätere Erscheinung, verlöre sie als glaubenweckende Gotteshandlung ihren Sinn; die Gemeinde konnte nun ohne göttliche Eingriffe wachsen.

Nicht einmal einen geeigneten Ort könnte man für eine Massenvision ausmachen. Wo hätten sich so viele Menschen versammeln sollen? Ein Privathaus wäre zu klein, eine Synagoge wohl passend gewesen, aber den Christen nicht einmal für ein paar Stunden überlassen worden! Ein andächtiger Kreis im Freien oder in einer Tempelhalle hätte Neugierige und Ungläubige angelockt. Der im Herrlichkeitsleib erschienene Herr wollte aber gewiß nur den Seinen begegnen - sie grüßen, überzeugen (durch Wundmale) berufen, aussenden.

Die Massenvision fügt sich auch schlecht zur vorausgegangenen Zwölfervision. Sollten die Zwölf in den Fünfhundert eingeschlossen sein? Antwortete man mit nein, müßte man sich eine große Gemeindeversammlung vorstellen, die ohne die Hauptzeugen stattfand; dabei hätten doch d i e s e Jünger (und niemand anders) sie anordnen und durchführen müssen. Antwortete man mit Ja, sähe man sich genötigt, einen Grund zu finden, warum Jesus sich den ihm besonders Nahestehenden z w e i mal offenbarte. Bedurften denn die ohnehin Vertrauten des wiederholten Vertrauensbeweises, der wiederholten Zuwendung, der wiederholten »Aufforderung«? Was beabsichtigte Paulus mit der disparaten Notiz? Er wollte für das »Auferstehungszeugnis«, an dem ihm lag, die b r e i t e s t e Grundlage schaffen.

Doch ihm selbst war, wie wir g e g e n 1 Kor 15,8 wissen, ein Erscheinungsbild versagt geblieben. Ob ihn nicht womöglich sein Ressentiment, der Affekt des Ausgeschlossenen, dazu verführte, das ganze Ostergeschehen mit einer anonymen Massenvision, die das Geheimnis antastete, a b z u w e r t e n? Wollte er das tiefste, persönlichste, nachhaltigste Erleben - durch »Vermassung« treffen? Allerdings: was ihn beglaubigen sollte, das Zeugnis möglichst vieler, das diskreditierte er zugleich; nicht nur intellektuell ein Dialektiker, auch existentiell!

Kommen wir zur J a k o b u s vi s io n? Nach Apg 1,14 taucht der Herrenbruder erst kurz vor dem Pfingstereignis in der Gemeinde auf. Er gehörte zu Lebzeiten Jesu noch nicht zu dessen Anhängern. Die spätere Bedeutung, die er in der Gemeindegeschichte erlangt hat, spricht nun aber g e g e n eine Christuserscheinung zu Beginn dieser Geschichte. Sähe man den seelisch-geistigen Hintergrund einer Herrenvision darin, die mutlos gewordenen, enttäuschten Gläubigen der ersten Stunde innerlich aufzurichten und ihnen die Kraft zur Mission einzugeben, dann wäre Jakobus ein denkbar ungeeigneter Visionskandidat gewesen. Noch ungläubig, noch unbesonnen, hätte er nicht die notwendige innere Disposition gewinnen können: es ging ja um eine W i e d e r kehr des Glaubens, um eine N e u besinnung auf Jesu eigentliches Wesen!

Auch hierbei macht die Entdeckung des Ereignis o r t e s Schwierigkeiten. Gewiß spielte Paulus mit seinem Bericht auf die jüdische Hauptstadt an; wo sonst sollten so viele Zeugen dem Auferstandenen begegnet sein. Nur nicht Jakobus! Der dürfte fern von Jerusalem in seiner Heimat Galiläa geblieben sein. Wäre ihm dort eine Erscheinungsvision zuteil geworden und sie hätte ihn nach Jerusalem getrieben: Wie hätte Paulus sie den Begegnungen der anderen so ohne weiteres beiordnen können? In Jerusalem aber hätte die österliche Wiedergeburt der Urjünger einer Vision des Jakobus v o r a u s gehen müssen, damit er beobachten, abwarten und sich zögernd annähern konnte; dann aber hätte die andere Zeit seines Wendeerlebnisses eine Zäsur in Pauli Bericht nötig gemacht. Der aber kümmerte sich nicht um solche Differenzierungen; ihn bewegte der reale Ablauf der behaupteten Ereignisse nicht. Obwohl Jakobus somit nicht in eine Aufzählung österlicher Urzeugen gehörte, wollte Paulus auch den späteren Gemeindeleiter in seiner Legitimationsliste unterbringen.

Der vertrat die ge g e n w ä r t i g e Gemeinde Jerusalems, deren Sendlinge ihm so arg zu schaffen machten; der hatte den Herrn geschaut wie er selber, sie hatten sich die Hand gegeben (Apostelkonzil): der Führer stand, gegen seine Untergebenen, auf seiner Seite. Oder war sich Jakobus inzwischen selber untreu geworden?

Die Behauptung, Christus sei noch einmal a l l e n Aposteln erschienen, fordert ebenfalls Widerspruch heraus. Wären a l l e Apostel: die elf oder zwölf? Und wie verhielte sich die Vision aller zu der der vorhergenannten Zwölf? Sollten diese in die andere Vision eingeschlossen sein oder nicht? Als A p o s t e l müßten sie das. Aber wie könnte der Herr den Elfen zweimal oder sogar dreimal (in den 500 Brüdern) erschienen sein!? Gehörte unbedingt auch Petrus dazu, hätte der erhöhte Herr v i e r mal vor ihm gestanden!

Könnte man den Jesusvertrauten noch begriffsstutziger hinstellen? Auch Jesus möchte man es nicht zumuten, sich so oft auf die gleiche wunderbare Weise, ohne erkennbaren Grund, zum gleichen Zweck bemüht zu haben. Die meisten Ausleger wollen mit dem Terminus »alle Apostel« einen weiteren Kreis von berufsmäßigen Missionaren bezeichnet sehen. Doch geht nicht Paulus eindeutig von einem geschlossenen Kreis aus? Die Zahl der Missionare vergrößerte sich ständig. Niemand könnte sich eine stetig wachsende Zahl von Menschen an e i n e m Ort versammelt denken; es wäre nicht einzusehen, daß alle Neuzugänge zentral orientiert gewesen wären. Und noch unmöglicher wäre es sich vorzustellen, jede einzelne Aussonderung zur Mission hätte eine Christuserscheinung motiviert; das wäre eine Inflation von Visionen, die immer wertloser würden - und doch wertvoller hätten sein müssen, da sie später und seltener zustandekamen. Natürlich widersprächen sie Pauli Auffassung, der an ein einziges, fest bestimmtes Ereignis dachte.

Außerdem würde Paulus niemals auf den Gedanken verfallen sein, sich gegenüber solchen Alltagsaposteln als apostolische Fehlgeburt einzustufen. War er aber nach seiner eigenen Einschätzung a u c h ein Apostel, wenn auch der geringste, so müßte er sich eigentlich, sprach er von a l l e n Aposteln, mitdazugezählt haben; das aber würde seine Notiz noch absurder machen. Erst im folgenden Vers kommt er ja auf seine Berufung zu sprechen (1Kor 15,9f)!

Nein, auch diese Paulusnotiz hinkt der Wirklichkeit hinterher. Sie lebt allein von der Nachdrücklichkeit, mit der er betont: alle Apostel. Das klingt massiv, macht Eindruck wegen seiner Punkt-um-Entschiedenheit und faßt die Erscheinungen vor den Aposteln noch einmal wirkungsvoll zusammen. Eine rhetorische Formel, ein Schlagwort - keine historische Angabe!

Paßt nicht Pauli fiktives Erscheinungserlebnis maßgerecht zu den fiktiven Zeugnissen über die Urjünger? Gewiß war denen der Auferstandene visionär erschienen; doch Paulus wußte nicht (und er wollte es gar nicht wissen), unter welchen Umständen und bei welchen Gelegenheiten - ob einzelnen oder Gruppen und in welcher Aufeinanderfolge. Bloß rational verwurzelt und geistig »nüchterntrocken« traute er auch den anderen »metaphysisch« nichts zu, und das rechtfertigte sein historisches Desinteresse. Es hatte ihn zu einem unbekümmert »falschen Zeugen« gemacht.

Im Unterschied zu anderen Wahrheitsverschmähern - die Hohenpriester, die falsches Zeugnis gegen Jesus suchten, um ihn zu Tode zu bringen (Mt 26,59f) - hatte er mit seinem falschen Zeugnis nur Gutes im Sinne: »Jesus« unter den Heiden zum Leben zu bringen!

# Der Schmeichelprediger

Haben Schmeicheleien nicht womöglich mehr Unheil angerichtet als Verwünschungen? Der Geschmeichelte konnte ahnungslos ins Unglück stürzen, der Verwünschte war immerhin gewarnt. In Gal 1,10 fragt Paulus in aller Unschuld, ob er denn Menschen oder Gott durch Überredung zu gewinnen suche. Wollte er noch Menschen gefällig sein, wäre er nicht Christi Knecht!

Wie kam er zu dieser Erklärung? Er mußte dem Vorwurf entgegentreten, mit der Verkündigung des Evangeliums Menschen verführen oder beschwatzen zu wollen. Er rede aber nicht Menschen, sondern Gott zuliebe!

Hatte er nicht, bitte schön, demonstrativ auf alle Menschengefälligkeit verzichtet? Einen dreifachen Fluch hatte er angekündigt: gegen sich selber, gegen einen Engel vom Himmel, gegen irgendeinen anderen Prediger - für den Fall, daß einer von ihnen sich herausnähme, ein anderes Evangelium zu predigen als das, was seine Leser / Hörer bereits empfangen hätten! Konnte er sich, wo er doch so schroff auftrumpfte, nun noch beliebt machen wollen?

Welch theatralische Zumutung, sich gedanklich in zwei Personen zu spalten und die eine Person gegen die andere auszuspielen! Wenn er seiner selbst als Evangeliumsverkünder so sicher war: wie könnte da wohl eines Tages in ihm ein falscher Prediger den Kopf erheben - und den Falschen noch immer der Fluch des in der Versenkung verschwundenen Echten bedrohen? Das war bloß dämonischer Effekt, um sich interessant zu machen. Hatte er also doch auf ein wohlwollendes Publikum spekuliert?

Auch die Überbetonungen, die er sich bei diesem Thema erlaubt, liefern Verdachtsmomente. Hier im Eingang des Gal beteuerte er dreimal, Menschen nicht gefällig zu sein; auch in 1 Thess, den er einige Jahre früher abfaßte, hatte er versichert, nicht Menschen gefallen zu wollen, nicht Schmeichelreden (Kolakien) zu führen und bei Menschen keine Ehre zu suchen. Er hatte sogar noch zugelegt und seinen Lesern / Hörern unterstellt, sie wüßten das alles ja selber. Um sie als Zeugen seiner Gottgemäßheit festzuschreiben, hatte er in seine Verteidigungsrede sechsmal (!) die Formel ihres Wissens, Erinnerns und Bezeugens hineingenommen. Ja, wie konnte er so wenig ihrer Zustimmung entraten, wo es doch an seiner absoluten Genugtuung in (durch) Gott keinen Zweifel gab? Er stützte sich ja geradezu auf die Meinung anderer über ihn!

Selbst der Fluch im Gal wirkt überstark und absichtsvoll. Er flucht, um ihnen zu beweisen, daß er nicht schmeichelt, hat aber fluchend das Gleiche im Sinn wie schmeichelnd: sie an sich zu fesseln.

Auch wo er fluchend scheinbar sich der Ungunst anderer aussetzt, tut er es zu seinen Gunsten - sich selber verfluchend, sofern er von seinem Evangelium abwiche: so weit also würde er um der Wahrheit willen gehen!, mußte man sich nun staunend und bewundern sagen- und glaubte ihm vielleicht ein wenig mehr als vorher.

Er verlor ja mit der Verfluchung niemanden, auf den es ihm wirklich ankam. Nur Mitbewerber um die Gunst der Leute verdammte er. Vielleicht wurde er sie mit seinem vielversprechenden Fluchen schneller los, und seine Chancen stiegen.

Und wissen wir nicht auch, daß ihn sich seine Gemeinden zuweilen härter und strenger wünschten? Er trat ja schüchtern auf, ängstlich und sprachgehemmt (1 Kor 2,3 f), und steigerte so in seinen Gläubigen das Verlangen, ihn kraftvoll und stark zu erleben. Diese Kraft konnte dann auch Fluchkraft sein (natürlich nicht gegen sie selber); ihnen sich dann auch von d i e s e r Seite zu zeigen war also durchaus nicht Menschen u n gefällig.

Ausleger wollen dem Apostel hier zu Hilfe kommen. Die gottunmittelbare Herkunft seiner Botschaft aus der Damaskusstunde, die innere Autarkie seines Auftretens beim Jerusalemer Apostelkonzil: sie sprächen ihn frei von der Unart der Schmeichelei! Doch gerade mit solchen Fiktionen schmeichelte er seiner wenig aufregenden, mediokren Existenz!

In 2 Kor 5,11 gesteht Paulus schließlich ein, was er in Gal 1,10 bestreitet: Er kenne die Furcht des Herrn, erklärt er da, und suche deshalb Menschen zu gewinnen; Gott aber sei er offenbar. - Menschen gewinnen, Menschen überreden - auch im Griechischen das gleiche Vokabular, einmal bejaht, einmal verneint: eine fatale Aporie!

Theologen haben sich bemüht, die Ausschließlichkeit der beiden Urteile zu mildern. Nur gegenüber mißtrauischen Menschen habe Paulus gefälliger oder ungefälliger geredet, und zuweilen habe er mit allen Mitteln seinem Evangelium dienen wollen. Nüchterne Überzeugungsarbeit habe er gebilligt, eine feierliche Überredung nicht. Aber vielleicht habe er nur ironisch gekontert, indem er den Vorwurf geschickt aufgriff und scheinbar »Überredung« zugestand? Nur habe ihm dabei, wie er selbst erklärt, die Furcht vor dem Herrn, der für ihn der Richter sei, die sittliche Schranke gezogen.

Andere Forscher stutzen bei dieser Behauptung. Sie zweifeln daran, daß den Apostel bei seiner Tätigkeit gerade die Furcht des Herrn bestimmt haben könnte. Waren seine missionarischen Beweggründe nicht ganz andere? Nicht daß der Herr ihm andauernd auf die Finger sehe, motivierte sein Tun, sondern - der ehrgeizige Wille, sein Missionsfeld stetig zu vergrößern (2 Kor 10,13 ff), sich dabei einen Namen zu machen (2 Kor 10,15), die Juden zur Eifersucht aufzustacheln (Rö 11,11), seinen Dienst für die Heiden »herrlich« zu gestalten (Rö 11,13)! Womöglich hat ihn auch die Angst und Sorge um sein apostolisches Ansehen vorwärtsgetrieben. Doch wohl kaum konnte der Apostel die angebliche Reinheit seines menschen-unabhängigen Handelns aus der Gottesfurcht beziehen! Waren seine theologischen Lehrsätze nicht jeder Gefälligkeitstheologie abhold? Hielt er seine Aussagen nicht durch, ohne Veränderungen vorzunehmen, wie sie etwa das Nützlichkeitsdenken verlangte? War auf seine Bekundungen nicht Verlaß? Er beteuert es. Gott sei treu, und er selber sei es auch; als Gotteswort sei sein Wort nicht Ja und Nein gleichzeitig, nicht leichtfertig und nach dem Fleische konzipiert. Gottes Sohn selber sei nur Ja, nicht Ja **und** Nein (2 Kor 1,17 ff); und das sei er, Paulus, auch (er spricht die Konsequenz nicht aus, sie versteht sich für ihn von selbst).

Indes, wie konnte er das behaupten? Hatte er nicht Zusagen wieder zurückgenommen, Hoffnungen, die er weckte, heruntergeschraubt (s.u.)? Viel zu oft hatte er dem angeblich endgültigen, erlösenden Ja Gottes ein neu bindendes, neu angstmachendes Nein folgen lassen! Wir geben hierzu einige Beispiele; dabei f r a g e n wir mit Pauli positiver Aussage und a n t w o r t e n mit seiner negativen.

Alles sei auf göttliche Gnade und Erwählung gestellt (Rö 6,23)? Nein, ein jeder werde nach seinem Lohn empfangen (womöglich sogar nach Leistung abgestuftem Lohn (1 Kor 3,8: Rö 2,7-10 u.v.a.). Der Glaube gelte allein, ohne Werke des Gesetzes (Rö 3,29)? Nein, der Glaube alleine genüge nicht, auch Werke zählen (Rö 2,5 f). Die Gläubigen würden nicht gerichtet, denn sie richteten selbst über andere (1 Kor 6,3; 1 Thess 1,10)? Nein, in Furcht und Zittern sollen sie sich um ihr Heil kümmern, der Herr werde sie richten (Phil 2,12; 1 Kor 4,5). Die Erwählung und Rettung der Gläubigen sei schon gesichert (Rö 8,33ff; 9,23)? Nein, sie sei noch immer ungewiß (Rö 11,21 f). Das Gesetz sei eine unheilige, versklavende Macht, von der die Gläubigen befreit seien (Gal 3,19. 23; 4, 3; 5,1)? Nein, das Gesetz sei heilig, und die Gläubigen unterstünden ihm (als dem Gesetz Christi) noch immer (Rö 7,12; 13,8). Die Heiden seien die neuen Söhne Gottes (Gal 4,28 ff; 3,26)? Nein, die Juden seien und blieben diese Söhne (Rö 9,4 f). Er, der Apostel bringe ihnen die Herrlichkeit Christi (2 Kor 4,4.; 3,18) ? Nein, er bringe ihnen die Leiden des Gekreuzigten (1 Kor 2,2).

Pauli theologisches Denken entwickelte sich nicht; seine Jas und Neins folgten einander nicht nach allmählichen Übergängen - sie hoben sich gegenseitig auf. Hätte er sie selber ernst genommen, bedingungslos: er wäre in die Irre gegangen und damit des Gottesreiches, das er predigte, verlustig!

Paulus wollte sich den seelischen, religiösen und sozialen Gegebenheiten seiner Leute a n p a s s e n, um ihre Gunst zu erringen: das hat er dankenswerterweise in 1 Kor 9,19ff offen niedergeschrieben. Dort heißt es, er habe sich, obwohl allen gegenüber frei, allen zum Knecht gemacht, damit er die Mehrzahl gewinne. Den Juden sei er wie ein Jude gewesen, um Juden zu gewinnen; denen unter dem Gesetz wie einer, der selber unter dem Gesetz stehe, damit er die Gesetzlichen gewinne; denen, die ohne Gesetz lebten, wie einer, der selber ohne Gesetz lebe - obgleich er dem Gesetz Christi unterworfen wäre -, damit er auch die ohne Gesetz gewinne; und er sei den Schwachen ein Schwacher geworden, damit er die Schwachen gewinne. Allen sei er alles geworden!

Entsteht nicht sogleich für den unbefangenen Leser der Eindruck, hier rede ein Anspruchsvoller selbstgefällig, ja selbstherrlich? Sonnt sich hier nicht einer darin, alles getan zu haben, was menschenmöglich war - und habe es doch gar nicht nötig gehabt? Wie rigoros habe er sich doch für alle eingesetzt - bis zur Selbstaufgabe, bis zur menschenabhängigen Dienstleistung, er, der eigentlich Freie und Unabhängige! Wer außer ihm würde so handeln?

Wie muß er doch die Superlative häufen: Allen alles, auf alle Weise, alles! Alles für das Evangelium? Doch würde ein wahrer Christusevangelist Leistungsstolz empfinden und ihn obendrein in Demut hüllen?

Analysiert man den Text genauer und bezieht die bisher gewonnene Erkenntnis über den Apostel ein, stößt man auf lauter Fragwürdigkeiten. Es konnte ihm nicht schwerfallen, den Gesetzlosen ein Gesetzloser zu werden; dazu mußte er weder das jüdische Gesetz preisgeben, das er ohnehin nicht befolgte, noch das christliche, das ihn in seiner u n gerechtfertigten Gottlosigkeit (gegen Rö 4,5, s.u.) ebenfalls nicht band. Und ehe er sich wieder den Nichtjuden zuwandte, konnte er den Juden kein Jude sein; ein vorübergehendes Judentum wäre ein Widerspruch in sich. Der fromme Jude wollte seinen gesetzlichen Glauben bewahren: niemals hätte er sich von einem Prediger beeindrucken lassen, der diesen Glauben nur zu einem befristeten Zweck annahm!

Überdies kannten ihn die Juden aus seinem Auftreten und seinen Briefen (Gal, Kor) als scharfen Gesetzesgegner; sie hätten sein gesetzliches Verhalten als Heuchelei diffamiert und ihn wütend davongejagt. Im übrigen: Was ging ihn eigentlich die Judenbekehrung an? Die wollte er doch (nach Gal 2,8f; Apostelkonzil) den Judenchristen überlassen!

Nein, sein taktisches Programm von 1 Kor 9 war purer Schein. So konnte er nicht gehandelt haben! Wozu trug er es dann vor? Er wollte als Weltapostel brillieren und a l l e n Völkern das Heil erkämpfen, einsatzfreudig und opferwillig. Dabei suchte er den Heiden, an die er schrieb, mit seiner vorgegebenen Judenmission zu imponieren - nicht umgekehrt den Juden mit der Heidenmission, wie er es später in Rö 11,11 behauptet.

Er wollte eine Mehrheit gewinnen? Dann konnte er sich für eine eingehendere Unterrichtung über den neuen Glauben nicht allzuviel Zeit lassen. Er brauchte griffige Redeformeln, die schnell verstanden wurden, ins Herz und ins Unterbewußtsein der Hörer gingen (Ängste, Wünsche, Hoffnungen ansprachen). Machte so das Ziel der Mehrheit nicht die allgemeine Gefälligkeit der Botschaft notwendig? Seine E r f o l g s g r u n d s ä t z e sprechen hierzu eine beredte Sprache.

Zuallererst lobte er - zumeist grundlos. So rühmt Paulus die Thessalonicher wegen ihres Glaubens; allen Gläubigen Mazedoniens und Achajas seien sie zum Vorbild geworden (1 Thess. 1,7 f). Wirklich? Er verrät uns schnell, daß er mit ihrem Glauben keineswegs zufrieden war. Da hatte er offenbar von ihrem dürftigen Glaubensstand erfahren und bedrängte sie nun - mehrmals!, sie möchten doch noch geistig wachsen, um Gott zu gefallen (1 Thess 3,5.7; 4,1).

Gegenüber den römischen Gläubigen, deren Christenstand in der ganzen Welt bekannt sei, gibt er vor, voller Trost an ihren gemeinschaftlichen Glauben zu denken (an den seinen und ihren; Rö 1,8.12). Doch diese angebliche Inhaltsgleichheit ihres und seines Glaubens entblößt den falschen Belobigungsritus. Die gleiche Gnade und der gleiche Zuspruch Gottes hätten ihn in einer Gemeinde, die er nicht kannte, gar nicht so betören können; dazu hätte sie s e i n Evangelium und nicht das eines anderen Predigers annehmen müssen. Er wußte nicht viel vom Glaubensverständnis der christlichen Römer und hätte darüber besorgt sein müssen, w e r ihnen denn das Evangelium verkündet hatte: Einer (oder mehrere) der verhaßten judäischen Judenchristen? Ein christlicher Weisheitsprediger, wie Apollos? Allem was nicht von ihm selber stammte, begegnete er mit Mißtrauen!

Die galatischen Christen waren sogar im Begriff, von ihm abzufallen - mehr als die Korinther, die noch mit ihm rangen; dabei hatte er den Galatern bescheinigt, den Gottesgeist zu besitzen und mit ihm Großes erlebt zu haben (Gal 3,3; 4,14). Und jetzt auf einmal hörten sie auf seine judenchristlichen Gegner ( 5, 1 ff)? Dann konnte es mit ihrer vom Gottesgeist bewirkten Glaubensstärke nicht allzuweit her sein!

Neben dem leichtfertigen Lob liebte Paulus es, von Forderungen zu sprechen, die er bereits als erfüllt ansah. Von den Galatern hatte er nur den Glauben verlangt (Gal 3,2.6 f 9.14; 3,24 ff). Wie überrascht werden sie gewesen sein, als sie dessen inne wurden, daß er offenbar auch die Kreuzigung ihrer fleischlichen Begierden von ihnen erwartete! D i e s e Verpflichtung hatte er ihnen bisher nicht abgefordert. Anstatt sie behutsam auf eine so blutig klingende Angelegenheit vorzubereiten, verkündigte er ihnen nun, ein jeder, der Christus angehöre, hätte sein Fleisch samt seinen Leidenschaften und Lüsten gekreuzigt (Gal 5,24)!

Doch bei allem Entsetzen im ersten Augenblick: gab es ein gefälligeres Fordern als das, das der Glaube des verschonten Gläubigen u n b e m e r k t erfüllte? Welche Wohltat für ihn, von einer Anstrengung zu erfahren, die bereits überwunden war: wie rücksichtsvoll, ihn nicht schon v o r dieser Überwindung davon unterrichtet zu haben!

Für Paulus galt sogleich jeder als berufen und erwählt, der sich durch Gottes Ruf aus dem allgemeinen Weltzusammenhang herausreißen ließ. Nahm er den Glauben an, hatte ihn Gott von Ewigkeit her ausersehen, zum Heil zu gelangen. Konnte das der Erwählte wissen? Ja, er durfte es an der Gnade erkennen, die ihn zum Bekehrten gemacht hatte; er stand unter der Wirkung des heiligen Geistes und freute sich an seiner Erwählung. In dieser Freude an Berufung und Erwählung besaß er das Unterpfand der künftigen Herrlichkeit (Rö 8,29 f; 1 Thess 1,4).

Pauli Erwählungslehre steht im Gegensatz zur Auffassung der Urchristen in Jerusalem. Nach Mt 22,14 waren viele berufen, aber nur wenige auserwählt; es sollte sich nach der Einladung zum Glauben bis zur möglichen Erwählung des Glaubenden ein Prozeß der Entwicklung und Bewährung vollziehen; Gott handelte am Berufenen und vollendete sein eschatologisches Werk am Erwählten; er segnete, verwarf, richtete.

Paulus hat das alles beiseite gewischt. Für sich selber hatte er Bekehrung und Berufung zusammengezogen, für seine Gläubigen verschmolz er jetzt Berufung und Erwählung in einem und demselben Akt: damit nahm er Gottes endgültiges Urteil über ein Menschenschicksal vorweg.

Gliche er so nicht einem Lotterieverkäufer, der seine Lose mit der Zusicherung verkaufte, eine Auslosung fände gar nicht mehr statt, weil jeder Losbesitzer ohnehin den gleichen Gewinn erhielte?

Wie wollte Paulus auf diese Weise eine echte Bekehrung von der eines Mitläufers unterscheiden? Ließen nicht überhaupt die allzu schnellen Bekehrungen, die man ihm nachsagte, auch ganz äußerliche, läppisch-selbstsüchtige Gründe zu, »gläubig« zu werden? Und dann sollte so ein oberflächlicher Entschluß Ewigkeitswert haben?

Paulus wollte Effekt machen: Er stellte die Außergewöhnlichkeit des Initialerlebnisses heraus, das er bei den Angeredeten auslöste, und schuf eine besondere Verlockung dadurch, daß er die initiierenden Akte kolakisch verkürzte. Der arme Heide, durch Gerichts- und Untergangsdrohung verschreckt, erfuhr nun zu seiner Beruhigung und Genugtuung, von einem ihm bislang unbekannten fernen Gotte (aus dem geheimnisumwitterten Osten des römischen Reiches) geliebt und für alle Zeiten auserwählt zu sein. Zu seinem Glück hatte er einen Mann kennengelernt, der in Gottes Ratschlüsse eingeweiht war. Glaubte er dem seltsamen Wanderpropheten, war er gerettet; der fremde Gott hatte ja seine Entscheidung über die Menschen voll und ganz mit der Wirkung der apostolischen Verkündigung identifiziert. Paulus war in seinem Anspruch nicht nur beglaubigt; er war auch erhöht. Konnte er eine stolzere Selbstbestätigung demonstrieren, als seine bescheidenen Missionserfolge zu Kundgebungen göttlicher Vorherbestimmung zu machen?

Und ein weiterer Vorzug: Paulus mußte mit seiner Lehre keinen Wahrheitsbeweis antreten. Die wahre Erwählung wurde durch die Bekehrung bezeugt und die wahre Bekehrung durch die Erwählung - in der Gnadenfreude des Bekehrten. War so das eine auf das andere angewiesen, blieb der Gläubige auf sein eigenes Engagement, auf seine eigene Illusionskraft beschränkt; Paulus hatte damit nichts zu tun. Er hatte es fertiggebracht, die Not seiner Legitimation achselzuckend anderen aufzubürden. Von der Sorge befreit, ob und wie der gerade gläubig Gewordene nun seinerseits die Erwählung durch Erwählungszeichen der Bewährung im Alltag bekräftigte, brauchte sich der Apostel um fremde Schicksale nicht mehr zu sorgen; alles war schon entschieden.

Um leichtes Spiel zu haben, mußte Paulus instinktsicher den richtigen sozialen Anknüpfungspunkt herausfinden. Er wollte Proletarier und Sklaven »erretten«; in den Städten, die er bevorzugte, machten sie die Hauptmenge der Bevölkerung aus. Darum erschien es vielversprechend, die Knechtsgestalt des verkündeten Herrn, der seine Himmelsgestalt preisgab, plastisch hervorzukehren (Phil 2,7; Gal 5,1; 2 Kor 3,17).

Der Kreuztod, die damals deklassierendste Todesstrafe, wurde ja vorwiegend über Sklaven verhängt; missionstaktisch gesehen war das ein günstiger Umstand. Ein höherer Sklave also, der sich für Sklaven auf Sklavenart opferte, und ein Gottesknecht, wie Paulus sich selber bezeichnete (Phil 1,1; Rö 1,1,), der diese Heilstat in der Sklavengestalt seiner körperlichen und geistigen Schwäche verkündete: das zusammen ergab die wirksamste Propaganda für die neue Religion!

Wurden die Angesprochenen nun zu Söhnen und Erben Gottes erklärt (s.u.), dann mußten sie, wollten sie diesem Himmelsgott wirklich begegnen, eine unsterbliche Seele besitzen oder (im Himmel) einen unsterblichen Leib erhalten. Paulus verhieß ihnen die neue Gestalt, - das neue Sein -, und unterlegte damit dem alten, notgeplagten Leben der kleinen Leute den höchsten Sinn und Wert. Nietzsche hat in dieser »Emporschraubung« der vom Schicksal Schlechtbehandelten und Benachteiligten die erbarmungswürdigste Schmeichelei erblickt.

Und alles Erhebende würde schon jetzt beginnen! Zur inneren »Temperaturerhöhung« (Nietzsche) durch Freudeerlebnisse aller Art kam, überbietend, das Bewußtsein der Herrschaftlichkeit. Nicht nur würden sie dermaleinst mit Gott im Himmel (mit)herrschen; sie durften das schon jetzt, indem sie sich an der weltumspannenden Missionsarbeit beteiligten!

Der Herr würde seine geistliche Herrschaft über die Völker der Welt durch die paulinische Mission vollziehen; jeder, der direkt-praktisch und indirekt-pekuniär daran teilnahm, der wirkte auch mit an Christi unsichtbarer, oberhoheitlichen Gewalt. War hier nicht der Bettelmann zum Kaiser geworden?

Selbst der innerste Kern der Christusmythe schmeichelt den Menschen. Gott hat nur einen einzigen »leibhaftigen« Sohn - und den schickt er ihnen zur Rettung. Allein ihretwegen gibt dieser Einzige die Fülle des himmlischen Lebens auf, um sich (eine Zeitlang) mit der Dürftgkeit des irdischen Lebens zu begnügen; die irdische Bedürftigkeit, Vergänglichkeit und Unvollkommenheit verschlimmert Gott noch mit dem menschlichen S ü n d e n fleisch, in das der Sohn sich einkörpern muß (Rö 8,3; 2 Kor 8,9).

Der göttliche Verzicht gipfelt in einem brutalen Opfertod am Kreuz (Phil 2,8; Rö 5,9). Konnte Gott seine Menschenliebe bewegender und tiefgreifender vorführen? Denen, für die er Sendung, Fleischwerdung und Kreuztod des geliebten Sohnes ins Werk setzte, gewährt er daraufhin das ewige Leben; den schmerzlichen Preis dafür zahlt nur **er** und der Sohn, die Menschen erhalten es geschenkt. Und dabei zeigt **er** noch einmal seine bevorzugende Liebe: sie will gerade diejenigen beglücken, denen sie gar nicht zukam!

Allen anderen voran hätten die Juden als Gottes Erstgeliebte diese Liebe erfahren müssen - nicht die gesetzlosen Heiden, die falschen Göttern nachliefen (1 Kor 1, 22ff; Gal 4,7.21 ff). Diese zurückgesetzten Juden werden nun Gottes Handeln nicht verstehen und tolerieren können, und Gott nimmt so, den von den Juden verachteten Heiden zuliebe, auch noch den Anschein der Ungerechtigkeit auf sich!

In Anbetracht eines so großen Liebesbeweises: wußten die erkorenen Heiden überhaupt, w a s ihnen da widerfuhr? Sie, die bisher Benachteiligten, Vergessenen, im Leben Geschundenen, in menschliche Laster Verirrten, sollten auf einmal jemandem, den sie gar nicht kannten, so viel wert gewesen sein? Unerwartet und unverdient, ohne ihrerseits ein Opfer dafür zu bringen (was sie wohl eher verstanden hätten), sollten gerade s i e das Ziel s e i n es Opferganges sein? Ob sie nicht die irritierende Angelegenheit zuerst für einen makabren Irrtum gehalten haben? Waren da nicht vielleicht ganz andere Leute gemeint als sie?

Welche Befriedigung muß es dem Apostel bereitet haben, seine Angeredeten in der Anfechtung ihrer natürlichen Bescheidenheit zu beruhigen! Nein, er verlangte so wenig wie sein Gott von ihnen; ihm genügte es, sie das göttliche Tun in Christus w ü r d i g e n zu sehen, nichts weiter. Ließen sie sich die ganze Vergünstigung nur unwidersprochen gefallen, würde jeder von ihnen das ewige Heil bedingungslos empfangen.

Aber wozu so lange warten? Ihr Status als die Geliebten Gottes würde ihnen ja jetzt schon Vorteile bringen. So versprach ihnen Paulus, sie vom G e s e t z zu erlösen - sofern sie zu den sogenannten gottesfürchtigen Heiden zählten, die die Nähe der Synagogen suchten: vom jüdischen Gesetz. Sie hatten den Eingottglauben angenommen, plagten sich aber halbherzig damit herum, die mosaischen Anweisungen zu befolgen.

Zu ihrer Erleichterung erklärte ihnen nun der Apostel, das Gesetz, das sie gehorsam halten w o l l t e n, s o l l t e n sie gar nicht halten wollen. Sie begingen kein Unrecht, wenn sie es unterließen; sie begingen es erst, wenn sie dies täten! Dieses Gesetz sei g e g e n den Willen Gottes, sei eine Verführung zu Sünde und Tod, und es bewirke bei Gott nur Zorn (Rö 7,4ff; 2 Kor 3,6; Rö 4.15).

Welches Aufatmen! Hatte er sie nicht rechtzeitig davor bewahrt, in eine böse Falle zu tappen, die die Frömmsten mit ihrer scheinbar so ehrbaren Glaubenspraxis den anderen stellten, die es nicht besser haben sollten als sie? Nun konnte man getrost wieder drei Tage vor einem jüdischen Feiertag Geschäfte abwickeln, konnte bei Gastmählern auf lästige Speisegebote verzichten; und Lebensmittel wie Milch, Öl, Brot mußten nicht länger verschmäht werden, nur weil Heiden damit gehandelt hatten.

Gesetzlichkeiten gab es auch in den heidnischen Religionen. Wer die Feiern zu Ehren einer Gottheit ausließ oder sie nur unvollkommen beging, verstieß gegen das Kultgesetz. Das schrieb alle notwendigen Opferhandlungen genauestens vor, den Ablauf, die Zeit und den Ort. Rinder, Stiere und Schafe wurden auch von Staatswegen geopfert, und in jeder Stadt verehrten die Gläubigen obendrein Lokalgottheiten, Halbgötter, Heroen und Ahnengeister. Die Tempelpriester erhoben massive Steuern. So war das Netz des religiösen Brauchtums dicht geknüpft, und kaum einer konnte hindurchschlüpfen.

Doch nun trat Paulus zwischen die heidnischen Kultanhänger und ihren ausgedehnten kostspieligen Gesetzesgehorsam und proklamierte: »Laßt ab von den Göttern (Gal 4,8 f; Rö 1,25; 1 Thess 1,9)! Opfert ihnen nicht länger, beugt euch nicht den unberechtigten Forderungen der Priesterschaften! Gott selber hat bereits das für euch notwendige Opfer gebracht. Strengt euch nicht länger an!«

Welche Freude für den geknechteten Heidenmenschen, der unter der Last der Kultgesetze stöhnte, nun endlich (sofern er Paulus glauben konnte) vom Fasten und von Reinigungsritualen, von Askesen, Bußen und ängstigenden nächtlichen Einweihungsriten freizukommen! Menschliche Bequemlichkeit frohlockte, Essen und Trinken machte wieder satt, Unbußfertigkeit stärkte das Selbstvertrauen: der neue Gott wußte, wie man ihm näherkam.

Doch Paulus ging mit seinen gefälligen Verheißungen noch weiter: Er lockte mit der Abschaffung a l l e r staatlichen Regierungsgewalt! War denn Jesus Christus nicht bereits als neuer milder Herrscher inthronisiert (Rö 1,3 f)? Er stammte ja selbst aus einem Königsgeschlecht, dem König Davids.

Und mit welch verführerischem Aufruf verkündete Paulus die Befreiung aus der alten Herrschaftsordnung: »Alles ist euch erlaubt!« (1 Kor 6,12). Das hieß doch: seine Gläubigen waren berechtigt, alles zu t u n; und auch alles zu s a g e n (Paulus nannte das Parrhesia, Freimütigkeit). Jeder sollte nun (im Herrn Christus) sein eigener Herr sein, jeder irdischen Macht überlegen; er würde, innerlich und äußerlich, genug besitzen und immer reicher werden, er würde satt sein - und zugleich genügsam (Paulus nannte das Autarkie)!

Paulus hob (theoretisch) alle religiösen, sozialen, kulturellen, biologischen Unterschiede auf (Gal 3,28). Die unterdrückten Sklaven und armen Handwerker, das Proletariat der Großstädte, die gedemütigten Frauen, alle Hoffnungslosen der Elendsquartiere - was alles sollte sie anreizen: »Kostenlose Vergebung ihrer Sünden, Rettung ohne Mühe, Sturz des herrschenden Systems der Unterdrückung, Abschaffung der Gesetze, der Steuern und Hoheitsrechte, das Ende von Grausamkeit und Armut, eine neue Zeit, in der die Getretenen die ersten sein und alles in Fülle haben würden.« (Schonfield)

Doch nachdem der Apostel seine Leute an sich gefesselt hatte und er gewiß war, daß sie so schnell nicht mehr von ihm (und seinen Mitarbeitern) loskommen konnten - ließ er die Katze aus dem Sack.

Alles war ihnen erlaubt? Aber alles sollte auch heilsam und förderlich sein, mußte Nutzen bringen, durfte nicht gefangennehmen (1 Kor 6,12) - Kostenlose Gnade? Er würde ihnen bald die Rechnung präsentieren (s.u.) - Mühelose Rettung? Nein, er würde ihnen kein seliges Ausruhen verschaffen, eher schon ein ständiges Nachjagen, Kämpfen, Sorgen um das Heil, Arbeiten für Gott (Phil 2,12; 3, 12 ff).- Sturz des herrschenden Systems? Aber diese Obrigkeit war ja von G o t t eingesetzt (Rö 13,1).- Abschaffung aller Gesetze und Hoheitsrechte? Eher pries er die geziemende Ehrbarkeit und staatsbürgerliche Anpassung (Phil 4,5.8).- Abschaffung aller Steuern? Nein, er bestand darauf, sie pünktlich zu zahlen; auch die lästigen Steuerbeamten waren Diener Gottes (Rö 13,6f).- Eine Zeit der Fülle und des Reichtums, zuerst für die, die jetzt die Letzten waren (Phil 4,19; 2 Kor 9,8)? Gerade die würden dann die A l l e r letzten sein, ärmer als vorher, aller Illusionen, aller Besitztümer beraubt (s.u.).

Wie hätten sie das alles voraussahen sollen? Was der Apostel an Enttäuschendem erst später sagte, hatten sie anfangs, in ihrer tauben Begeisterung, s o nicht gehört - auch wenn nun in den Briefen, gegen sie zeugend, Unvereinbarliches harmlos nebeneinanderstand.

Doch kehren wir zu den Täuschungen zurück. Wer den Glauben angenommen und das Geistgeschenk (in der Taufe) erhalten hatte, der sollte ohne Sünde sein, hieß es vielversprechend. Die Kehrseite der Gottesgerechtigkeit, die Paulus seinen Anhängern zusprach, sei ihre Sündlosigkeit. Wer in seinem Herzen auf die andere Seite Gottes getreten war und alle Brücken zu seinem bisherigen Leben abgebrochen hatte, der besaß keinen Sündenleib mehr; die Macht der Sünde war für ihn gebrochen, die Sünde tot, unabhängig von Verhalten, Verdienst und Zustimmung des Menschen.

Und Paulus versucht den Tatbestand zweifach zu begründen. Da sei erstens der Christ durch die Taufe in den Tod Christi hineingetaucht und mit ihm ins Grab gelegt; das Taufwasser habe seine irdische Leiblichkeit ertränkt. Der stellvertretende Tod Christi sei so auf ihn übergegangen, und der Gläubige könne, biologisch gesehen, nicht mehr sündigen (Rö 6,2 ff).

Es sei zweitens ein Dienstwechsel eingetreten. Der Mensch als Sklave müsse stets seinem Herrn gehorchen; er sei entweder Knecht der Sünde oder Knecht der Gerechtigkeit. Jetzt gehorche er Christus, sei also Knecht der Sünde g e w e s e n ; fortan diene er ausschließlich, einem inneren Müssen entsprechend, der Gerechtigkeit Gottes. Der Gläubige könne, ethisch gesehen, nicht mehr sündigen (Rö 6,16ff). - Auf einen Nenner gebracht: der Herr selber hatte das Monstrum »Sünde« totgeschlagen!

Doch warum mußte der Apostel doppelt »nähen«? Warum diese angestrengte, überbetonende theologische Konstruktion?
Theologen haben versucht, Pauli Urteil über die Sünde abzuschwächen. Es gelte nur eschatologisch; bedeute lediglich ein vorweggenommenes richterliches Urteil Gottes; der Mensch sei zwar mit Gott versöhnt, aber noch nicht wirklich von der Sünde erlöst.- Oder: Paulus rede nur sakramental; er denke an die Heiligkeit der Teilhabe am Leibe Christi, ein Heiliger sein heiße nicht ohne persönliche Sünde sein. - Und: Die Sündlosigkeit gelte nur vor Gott; bis zum Weltuntergang werde die Sünde noch herrschen, ihre Verurteilung meine Gott jetzt nur forensisch.

Der Apostel hätte sich indes um die ganze propagandistische Wirkung gebracht, wenn er seine Siegproklamation von vornherein mit Bedingungen und Einschränkungen l e i s e r gestimmt hätte. Nein, er wollte den Wundercharakter seines Befreiungsurteils hervorheben, wollte demonstrieren, wie machtvoll das Gotteswort war, das er verkündete, welche geheimnisvollen Kräfte es entband!

Entsprechend haben auch seine Gläubigen darauf reagiert: sie ließen Tote taufen, glaubten nicht mehr sterben zu müssen (der Tod war ja Sold der Sünde) und hielten sich für vollkommen. Sollten das nur Mißverständnisse gewesen sein? In ihrer Häufigkeit belasten sie den Apostel; er hatte, um des augenblicklichen Effektes willen, alles getan, um sie möglich zu machen.

Was aber war, glitten die Gläubigen wider Erwarten in die Sünde zurück? Nichts war; sie hatten ja zu keinem Zeitpunkt die Sünde wirklich hinter sich gelassen. Der Apostel hatte recht, sich darum nicht zu kümmern, zunächst jedenfalls. Doch was war, sündigten sie jetzt schlimmer als früher?

In der Tat: Pauli definitive, mehrfach wiederholte Versicherungen verhüllten nur das Gegenteil: Die totgesagte Sünde war lebendiger als vorher; sie bestimmte nun verstärkt die Realität des Gemeindelebens: Das angepriesene Entwesungsmittel des großen Desinfektors hatte das Ungeziefer nicht vertilgt, sondern dessen Fruchtbarkeit und Resistenz gefördert. Verschaffen wir uns ein Bild von dem ethischen und religiösen Niveau seiner »Sündlosen«.

Pauli Gläubige entweihten das Herrenmahl und machten, schmausend und zechend, gewöhnliche Mahlzeiten daraus. Unbekümmert um Berührungen mit »Götzen« nahmen sie Einladungen zu Kultmählern in den Tempeln an, wie auch zu Fleischfesten in heidnischen Privathäusern.

In den Mischehen zwischen Gläubign und Ungläubigen brachen Streitigkeiten aus, und einer suchte den anderen zu bevormunden. Ehebruch war an der Tagesordnung, Unzucht mit Tempeldirnen und käuflichen Knaben fast die Regel. Und das schlimme Parteienunwesen! Jede Gruppe kämpfte gegen die andere; man erhob sich über den Glaubensbruder, empörte sich gegen den Apostel, verdächtigte sich untereinander, begünstigte »Irrlehrer«, die in die Gemeinde eindrangen.

Andere, die fest an Paulus hingen, mißdeuteten seine Parusiepredigt: Angesichts des baldigen Weltendes ließen sie ihre berufliche Arbeit ruhen und verfielen dem Müßiggang. Selbst um die Nächstenliebe war es schlecht bestellt. Kaum einer unterstützte seine Mitmenschen und ordnete sich den wohlmeinenden Ermahnungen von Pauli »Mitarbeitern« unter.

Die allgemeine Habsucht führte zu übler Gewinnmacherei; man hintertrieb den normalen Geschäftsverkehr und übervorteilte den anderen. Wucherei, Räuberei, bedenkenlose Rechtshändel trübten den Gemeindesinn. Selbst die Frauen, ohnehin schon die Leidtragenden vieler Männerkonflikte, gerieten aneinander.

Natürlich wirkten auch die heidnischen Laster nach, wie Zauberei, Dämonenbeschwörung, Gestirneverehrung. Das Verhältnis zur heidnischen Umwelt war vielfach gestört. Sollten die Christen nicht in dieser bösen, verkehrten Welt brav und rein wie Lämmer leben, unschuldig und vertrauensvoll wie Kinder?

Stattdessen traten sie unverträglich und unduldsam auf, machten sich unbeliebt, opponierten lautstark gegen alles, was ihnen mißfiel; immer wieder mußten sich die Behörden mit ihren Provokationen befassen.

Ob es in a l l e n Gemeinden so zuging, auch in denen, die der Apostel bevorzugte, wissen wir nicht. Natürlich wollte Paulus von dem Übel nichts wahrnehmen und seine Briefe können d a r ü b e r keine Auskunft geben.

Seine Lehre vom Tod der Sünde  z w a n g  ihn dazu, sich gegen die lebendige Sünde blind zu stellen. M u ß t e  ihm nicht auffallen, daß gerade seine F r e i h e i t s parolen den Willen zu allerlei Gesetzlosigkeiten auflockerten? Der Glaube gebot, die Welt zu verachten; Respekt vor der Gesellschaft und ihren Gepflogenheiten vertrug sich damit nicht.

Wer weiß, ob der Apostel nicht besonders Menschen mit fragwürdiger Vergangenheit anzog. Man sagte ihm nach, seine Gemeinden seien Sammelstätten von Dieben, Räubern, Betrügern und zügellosen Weibern. Stand ihm nicht seine Theologie, um solche Zustände zu ändern, arg im Wege? Wer kultisch für rein galt, fühlte sich in seiner realen Unreinigkeit entschuldigt; und wer als Sünder bereits zum Sündlosen erklärt worden war, durfte weitersündigen, verstärkt und ungenierter; es zählte nicht mehr. Hatte Christus nicht von aller Schuld befreit? Welche p e r s ö n l i c h e Schuld kam wohl noch dagegen an - zumal da Gott offenbar mit einem bloßen Glaubensakt, o h n e ethische Bestätigung, zufrieden war. Mit anderen Worten dieser (hinter)listigen Theologie: Es war für den Menschen weniger gefährlich, wenn ihn angeblich die Sünde durch das unerfüllte Gesetz umbrachte (Rö 7,9f), als wenn Christus angeblich die Sünde durch das (von i h m ) erfüllte Gesetz erledigte (Rö 8,3 f). Im ersten Fall hatte der Mensch beim Sündigen ein schlechtes Gewissen; im zweiten Fall dank Paulus ein gutes.

Gewiß, der Apostel hatte diese Entwicklung nicht gewollt, aber sie verschuldet - und um seiner Verheißungen willen billigend in Kauf genommen. Wie hätte er als redlicher Heilsprediger, der er nicht war, reagieren müssen? Betroffen und seine Betroffenheit eingestehend, hätte er seine Freiheitspredigt entweder überhaupt aufgeben oder sie wenigstens in ihren Konsequenzen mildern müssen. Er zeigte sich jedoch von dem, was er angerichtet hatte, völlig unbeeindruckt.

Unbelehrbar, ohne Besinnungswillen verweigerte er den Enttäuschten, Ratlosen und Bekümmerten seinen Beistand. Kaltherzig wie er Seelsorge von sich wies (s.o.), ließ er sich jetzt auch nicht auf Buß- und Besserungsabsichten ein. Sündlosigkeit voller Sünden irritierte ihn so wenig wie ein Glaube voller Glaubenslosigkeiten. Wiese man ihm seinen Unglauben nach: er bliebe genauso stumpf und schweigsam wie beim Nachweis der Sünden!

Jeder Glaubende sollte in der Tat den Gottesgeist empfangen haben. Die vermittelten Lebenskeime sollten die Todeskeime in ihm verschlingen und ihn mit einer neuen, unzerstörbaren »Vitalität« erfüllen. Klang das nicht wie ein Lebenselixier? Pauli bevorzugtes Abrahambeispiel könnte dafür sprechen (Rö 4): Abraham, schon hundertjährig, mit einer Greisin verheiratet, die sein Liebesvermögen nicht mehr erregen konnte, erhielt von Gott die Zusage eines späten Nachkommens! Ja, seine Nachkommenschaft würde darüberhinaus zahlreich sein wie die Sterne am Himmel. Was bedurfte es dazu? Nur des Glaubens, und Gott rechnete Abraham diesen Glauben als Gerechtigkeit an. - Ob Pauli sinnliche Heiden nicht einen Körperbezug des Glaubens (und einen unterschwelligen Potenzbezug) herausgehört haben? Wir lassen den Gedanken unbeachtet, trauen aber dem Apostel zu, ihn nicht ausdrücklich verworfen zu haben.

Für theologische Ausleger würde der glaubende Mensch mit dem gewaltigen Schwung des Gottesgeistes der notvollen, irdischen Welt entrückt und in eine neue, übergeschöpfliche Seinssphäre hineingehoben; alle seine Lebensäußerungen waren nun vom Geist durchdrungen, und er war mit Kräften ausgerüstet, die als Zeichen und Wunder eines neuen Aeons bestachen.

Die ganze innere Umgestaltung sollte sich schließlich als eine Gestaltung zum Ebenbilde des Herrn entpuppen, in steigender Verklärung und geistiger Vollendung; so stünde der Gläubige schon jetzt im vollen Heile Gottes.

Andere Ausleger wenden demgegenüber ein, daß Paulus die ganze Vollkommenheitsauffassung bekämpfte. Wie könnte er sie dann vertreten haben?! Den Korinthern hielt er vor, sich mit ihrem Reichtum an göttlichen Gnadengütern schon am Endziel zu wissen; ihren Anteil an Gottes Herrschaft meldeten sie zu früh an, und er mißbilligte ihr spirituales Selbstbewußtsein. Ja, er begegnete ihrer vorzeitigen »Sättigung« mit Ironie (1 Kor 4,8). Sein Hauptargument sei stets gewesen: Gott w e r d e sie (erst noch) auferwecken (1 Kor 6,14)!

Auch gegen die Philipper, die alles Heil schon zu besitzen meinten, hatte er polemisiert und bewußt seine eigene Unvollkommenheit hervorgehoben. Er jage noch immer der Vollendung nach und strecke sich nach dem Ziele aus ( Phil 3,12ff).

Und in Thessalonich, wo viele Gläubige meinten, sie hätten den Tod schon hinter sich, habe Paulus ebenfalls den Blick in die Zukunft gerichtet und aufs neue eingeschärft, Gott würde sie noch erwecken und alle zusammenführen (1 Thess 4,15 ff).

Was Paulus ihnen vormachte, sollten »Wahrheiten« sein, welche zu »Irrtümern« wurden, die sie sich selber einbrockten? Dergestalt konnte der Gottesgeist sie nicht fehlgeleitet haben. W ä r e n sie aber fehlgegangen, hätte der Geist sie nicht geleitet; den ihnen übermittelt zu haben, ließ sich der Apostel nicht nehmen.

Den Korinthern hatte er versichert, daß sie Pneumatiker seien und in keiner Gnadengabe zurückstünden; der Gottesgeist sollte wie in einem Tempel in ihnen wohnen (1 Kor 1,7; 3, 16). Und gegenüber den Philippern rutschte ihm sein Verlockungsterminus selbst in der ersten Verständigungskrise noch einmal heraus: Er und die Seinen seien Vollkommene (Phil 3,5). In Thessalonich wagte er gar nicht, das Vertrauen seiner Anhänger in den gegenwärtigen Status ihres Glaubens zu kritisieren. Gerade hatte er ja unter ihnen die gedankliche Konsequenz suggeriert, wer bis zur Parusie am Leben bliebe, der sei schon jetzt designierter Bürger des Gottesreiches, und in ihm sei längst gestorben, was einem ewigen Wandel im Wege stehe. Pauli Taktik, die größte Initialwirkung durch »Mißverständnisse« zu erzielen, verkennt, wer die Situation seiner Gemeinden verkennt. Der kolakischen Predigt des Anfangs folgte die beschwichtigende Predigt der »Erntezeit« - so wie die Ent-Täuschung der Gläubigen ihrer Selbst-Täuschung und der Täuschung des Apostels folgte. Selbst der so vorprogrammierte Ärger schien ihm gegenüber den Ersterfolgen das kleinere Übel zu sein. Es ist interessant zu beobachten, wie den Apostel die natürliche Entwicklung in den Gemeinden mehr und mehr zu Zugeständnissen und Rückziehern zwang. Die ausbleibende Parusie, die schwächer werdenden »Freiheits«erlebnisse, die immer stärker ins Auge fallenden »Geist«defizite unter den Gläubigen: das alles mußte bald gegen seine Redlichkeit zeugen, ihn der Zweideutigkeit und Leichtfertigkeit anklagen.

Wie rechtfertigte er sich? Sie erlebten nicht genug Geist? Ja, natürlich nicht; sie hatten ja nur einen Vorgeschmack davon erhalten, eine erste Anzahlung des großen Himmelserbes; die seligmachende Auszahlung stehe noch bevor. Gott habe ihnen ein Unterpfand angeboten, das den Anzahler verpflichte, die spätere Restsumme voll zu begleichen (2 Kor 1,22; 5,5).- Also nicht mehr Alles oder fast Alles - dafür jetzt Einiges, mit der nun um so gewisseren Alles-Garantie!? Den Kummer über das, was fehlte, machte die größere Zuversicht wett, es bestimmt noch zu erhalten?!

Ein tiefer Stoßseufzer dürfte dem Apostel geantwortet haben. Doch halt! Wer am entbehrten Geiste litt, d u r f t e seufzen, ja, er mußte es sogar. Da er so herzhaft seufzte, sehnte er sich nach dem Geist, nach m e h r Geist; somit war sein Seufzen ein g e i s t l i c h e r Seufzer - und darum selbst schon ein Zeichen von Geist (Rö 8,26)! Mangelnder Geist l i e ß seufzen, er verminderte seufzend den Mangel und nahm getröstet die dadurch näher gerückte Erfüllung wahr. Ja, hieß das nicht: Der Hungernde durfte das Knurren seines Magens als erstes Anzeichen späterer Sättigung deuten?

War das eine redliche Theologie? K o n n t e sie das sein? Paulus gestand das Ausbleiben aller geistigen Siegeszeichen nicht ein, litt mit den Verlierern nicht mit, machte ihre Zweifel und Nöte nicht zu den seinen; er korrigierte seine allzu zuversichtliche Lehre nicht und blieb bis zuletzt seiner Oben-Auf-Taktik treu. Ja, er tat sogar so, als entspräche die ganze enttäuschende Entwicklung nicht nur allem, was er stets gepredigt, sondern auch dem höchsten Willen Gottes, der alles genauso vorher festgelegt habe. Seine apostolische »Amtsgewißheit« (in Wahrheit die Gewissenlosigkeit des »Goeten« s.u.) speiste sich aus der Kraft seiner Fiktionen, die sein Herz bewegten wie andere ihr Glaube. Dennoch hat der Fingierende die Mißachtung der Wirklichkeit nötiger als der Gläubige. Nähme er Rücksicht auf sie, würde er die Standfestigkeit gefährden, die er sich (inzwischen) mit Fiktionen r e a l verschafft hatte. Nur wenn er die täglichen Beobachtungen und Erfahrungen geringschätzte, konnte er seine gefälligen Täuschungsmuster beibehalten.

# Das verzinste Heil

»Ich bin nicht schlechter als andere, wenn mich 100 Silberstücke, die ich verdiene, eher in eine andächtige Stimmung versetzen als 100 Silberstücke, die ich verschenke!«, hätte Paulus sagen können, sofern er mit seiner Meinung nicht lieber hinterm Berge gehalten hätte. Er lebte in einem Zeitalter des profanen Geschäftsgeistes, der Habsucht und Korruption. Was Geldbesitz bedeutete, konnte er früh am Reichtum seines Vaters ermessen, dessen einträgliche Tuchwirkerfabrik zur wirtschaftlichen Konjunktur beitrug; überdies aber beobachtete er kalte, erfolgreiche Geschäftspraktiken auch in der damaligen Philosophie und Religion (Philo von Alexandrien, Seneca).

Die Finanzkraft des jüdischen Tempels mit seinen gold- und silbergefüllten Kammern mag ihn ebenso beeindruckt haben; doch vielleicht hatten es ihm die vielen Wanderprediger noch mehr angetan, die durch die Lande zogen und aus der Dummheit, Heilssehnsucht, Lebensangst und Sensationslust der Leute ihr Kapital schlugen. Das ganze römische Staatswesen führte ihm finanzielle Effektivität vor Augen, und er wird die prachtvolle Repräsentation und Organisation der Obrigkeit bewundert haben; Hunderte von römischen Beamten, die eine Stadt besuchten und mit gefüllten »Staatssäckeln« weiterzogen, traten wie tributfordernde Könige auf.

Paulus hat sich, das steht fest, seiner Zeit und den unmittelbaren Einflüssen seiner Umwelt nicht entziehen können; seine Briefe verraten uns, wie offen oder verdeckt er ihr zu Willen war. So hat die Paulusforschung ermittelt, daß der Apostel mit keiner einzigen Auslassung oder Anspielung die Welt der irdischen Güter antastete. Im Gegenteil: er wählte für den Reichtum Gottes das gleiche griechische Wort, das seinen Zeitgenossen das materielle Eigentum bezeichnete (ploutos): natürlich potenziert durch Gottes unermeßliche Fülle. Gott ein himmlischer Krösus, reicher als alle irdischen Zeitalter zusammen!?

Wie auffällig der Apostel in seiner näheren Umgebung vermögende Leute bevorzugte! Da stoßen wir auf die Namen betuchter Frauen wie Phöbe, Chloe, Lydia, Priscilla; auf die Namen begüterter Männer wie Stephanas, Gaius, Krispus, Rufus, Justus, Jason - und, nicht zuletzt, Erastos, den korinthischen Schatzmeister, oberster Finanzbeamter der großen Kolonialstadt! Paulus ist mit ihnen gereist oder hat in ihren Häusern gewohnt, hat ihr Geld angenommen oder sich in ihrem Ansehen als Angehöriger der sozialen Oberschicht gesonnt.

Doch hatte er sich nicht vorwiegend um die Ärmeren wie Sklaven und Stadtarbeiter gekümmert? Das eine schloß das andere nicht aus; er wollte es allen rechtmachen (1 Kor 9,19 ff) Gewiß hat er an Christus einmal die Armut des unter den Fluch des Gesetzes Verbannten betont, dann wieder die Herrlichkeit des Todbesiegers und das Reichsein des in den Himmel zurückgekehrten Gottessohnes.

Der Apostel hat in seinen Briefen eine regelrechte Geldtheologie (Chrematologie) entwickelt, die mit etlichen dogmatischen Momenten, direkt oder angedeutet, pekuniäre Verdienstmöglichkeiten eröffnet. Skizzieren wir sie, müssen wir hin und wieder Gedanken berühren, die anderswo schon anklangen; wir beleuchten sie neu unter verändertem Aspekt. Wie in der Eschatologie viele Fragen offenbleiben mußten, die Paulus nicht zu bedenken schien, so auch hier in seiner Chrematologie: Sollten ihre Begründungen weniger »stimmen« als wirken? Da lehrte der Apostel, der Mensch sei unter die Sünde v e r k a u f t (Rö 7,14). Doch wer war der törichte oder böse Verkäufer? Der Mensch selber, der Satan, Gott? Der Mensch mußte die Sünde mit dem Tode bezahlen; der Tod war der Sold der Sünde, ihr Gesamtlohn (Rö,6,23).

Indes, Gott tritt nun als Befreier auf und kauft den Menschen von der Sünde los. Paulus versichert, Gott habe den göttlichen Akt der Loskaufung rechtmäßig durchgeführt: zu einem festgeschriebenen hohen Preis (1 Kor 6,20; 7;23). Die Formel, seine Angeredeten seien »um einen Preis« freigekommen, gehörte in Pauli Predigten zu den beliebtesten Losungsworten. Sollten doch die Gläubigen ermessen lernen, w a s sie seinem Gott wert gewesen waren!

Erlöst dürften sie sein (werden). Aber Pauli Terminus für »Erlösung« ist der gleiche, der im Griechischen auch das »Löse g e l d« bezeichnet (ähnlich wie im Deutschen »Erlösung« und »Erlös« zusammenklingen).

Fragt man weiter, warum Gott denn so viel für die armen sündengeplagten Menschenkinder habe tun wollen, so erhält man die vertrauenerweckende Antwort: aus Liebe habe er das gewollt - um ihnen ihre tödliche Schuld zu vergeben. Gewiß - nur stammt die Idee und Benennung der Vergebung, die Paulus hier anpreist, wiederum aus dem damaligen Geschäftsleben; für »Vergebung« steht wörtlich: »Nachlaß«, »Erlaß«, »Erlaß aller Schulden und Verbindlichkeiten«, die »Tilgung von Schuld und Strafen« deswegen.

Paulus kann es auch anders sagen - allerdings nicht weniger geschäftlich. Da Christus das Gesetz überwunden habe, werde die Sünde den Menschen nicht mehr »zugerechnet« (Rö 5,13) - also ihnen nicht aufs Konto gesetzt und in Rechnung gestellt; oder auch positiv gewendet: den Gläubigen werde Christi »Abzahlung« »gutgeschrieben«.

Damit die Gläubigen nicht auf den Gedanken kämen, die Leistung des Gottessohnes geringer zu veranschlagen, als sie es war, also sie etwa auf die Entbehrungen seiner irdischen Lebensdauer einzugrenzen, betont der Apostel, daß Christus schon vorher, vor-zeitlich, ein (chrematologisch bedeutsames) Opfer für sie gebracht habe: er sei, obwohl reich, um ihretwillen arm geworden (2 Kor 8,9).

Mit diesem vorbildhaften Christus, der ihnen zuliebe seinen himmlischen Besitz aufgegeben hatte, sollten sie zuerst die Gesinnung teilen - später auch ihren eigenen irdischen Besitz. (Wurde man dazu allerdings immer wieder aufgefordert, war am Ende nicht mehr viel übrig, das sich teilen ließe (s.u.)).

Nach dem Verzicht des wohhabenden Gottessohnes: wo blieb das himmlisch glitzernde Vermögen inzwischen? Lagerte es in fernen, überirdischen Gewölben, verschlossen und unzugänglich, aufbewahrt - für ihn, wenn er zurückkehrte? Nein, zu allererst wurde es für die Gläubigen reserviert, die dermaleinst selbst sich als Gottes Erben freuen dürften; durch Bekehrung und Taufe waren sie ja zu Brüdern des Christus geworden- und somit auch zu Söhnen Gottes! Durch Adoption nunmehr mit dem einen Sohn verwandt, wurden sie zu Erben der Erbschaft Gottes eingesetzt, zu Miterben Christi (Gal 4,4ff; Rö 8,17).

Die Überlegung, wieviel wohl noch die göttliche Erstgeburt erhalten würde, falls die Söhne aller Völker aller Zeiten freudig partizipierten, würfe nur neuen Glanz auf die Unerschöpflichkeit göttlicher Besitzstände; eine zweite Überlegung jedoch könnte stören. Als Erblasser müßte Gott gestorben sein. Da er als der Ewige aber nicht sterben kann, müßte das Testament, soll es denn wahr sein, von einem anderen stammen; ein anderer hingegen besäße im Himmel weder alle himmlischen Schätze und Herrlichkeiten, noch würde er sie ausgerechnet armen Schluckern auf der Erde vermachen. Ginge so das liebevolle Testament doch auf Gott zurück - der nach dem Glauben aller Gläubigen bestimmt am Leben bliebe -, gäbe es nichts zu erben!

Um die Erben ihres künftigen Erbes sicherzumachen, hat Gott und Christus ihnen bereits eine A n z a h l u n g geleistet. Paulus verstand die Adoption und Erbschaftsberechtigung im hellenistischen Sinne als Rechtsverfügung und somit als angekündigte Vergabe eines Vermögens an die Söhne und Erben. Dann aber stellte die Anzahlung in der Tat einen vorausgezahlten Teil der Gesamtzahlung dar, zu der sich der Anzahlende verpflichtet hatte; zahlte er nicht vollständig, verlor er das bisher Gezahlte.

Sie hätten Geld erhalten, ohne es zu merken? Nein, Gott habe, versichert der Apostel, seine Geistgabe in der Taufe als Angeld verstanden, mit dem er die Bekehrten salbe und versiegele; und mit dem Ausdruck »Versiegeln oder Abstempeln« hatte Paulus sie wiederum mit einem Fachwort aus der Rechts- und Geschäftssprache gefüttert (2 Kor 1,22)! - Doch durften sie sich die himmlischen Hoffnungsgüter nicht viel herrlicher vorstellen als das bei manchen recht dürftige Geisterlebnis? In den apokalyptischen Bewegungen Kleinasiens ergötzte man sich an Erzählungen von überfüllten Vorratskammern des Himmels.

Wie würde die überirdische Fruchtbarkeit alle beglücken? Da wuchsen Weinstöcke mit 10.000 Zweigen heran, Weizenkörner mit 10.000 Ähren, die viele Tausend Pfund guten Mehls liefern könnten; und Paulus, der Stadtmensch, der seinen Konkurrenten nicht nachstehen wollte, mag solche Hoffnungen der Landbevölkerung durch die anderen Hoffnungen der Stadtbewohner ergänzt haben. Ob er von prächtigen, unzerstörbaren Wohnhäusern schwärmte (2 Kor 5,1), von der Wohnnähe zur Residenz des Herrschers in einer großen Stadt (Eph 2,19; Phil 3,20)?, oder von schönen Gewändern der Himmelsbürger, von Gold- und Perlenschmuck (1 Tim 2,9)? Scheinbar erhaben darüber, doch ihre unterschwelligen Wirkungen nicht verschmähend, hat er die anrüchigeren, deftigeren Versprechungen wohl eher seinen Schülern überlassen.

Lag es nach dem allen nicht nahe, daß unser Apostel die günstige Stimmungslage des Schenkenden im Kreise von Beschenkten nicht auch für sich selber nutzte? In der Rechnung des Gebens und Nehmens (Phil 4,15) war jetzt, nach großzügigem Geben, ein »geringfügiges« Nehmen (1 Kor 9,11) an der Reihe: Paulus durfte nun von geschäftlichen Erwartungen sprechen, die zu erfüllen ihre Dankabstattung war. Gab Gott selbst zwar alles umsonst, so erlaubte er doch seinen Beauftragten, ihre Unkosten wieder hereinzuholen, ihre Mühen materiell auszugleichen und ihnen so weit entgegenzukommen, daß sie, ohne menschliche Nebenverdienste nötig zu haben, ganz ihren göttlichen Dienst ausüben konnten, der die Grundlage des Heils und des Glücks der anderen war.

Kommen wir zur langen Liste der Heils-Kosten. (Alle Kostenpunkte zusammen bilden das Netz, in dessen Maschenwerk sich die Gejagten verfangen sollten (1 Kor 7,35, es ableugnend); nicht j e d e Masche mußten sie dabei zu spüren kriegen). - Die Parusiekosten: der Stadtbesuch eines Königs oder anderen Würdenträgers erforderte von der Bevölkerung Empfangsvorbereitungen, wie Ausschmückung von Straßen, Plätzen, Häusern usw. Um die notwendigen Arbeiten finanzieren zu können, wurden Sondersteuern erhoben. In 1 Thess 2,19 und Phil 4,1 weist Paulus auf die kostspielige Gepflogenheit hin, dem erwarteten hohen Gast einen Kranz aus Gold zu überreichen; das Ehrengeschenk wurde aus Bürgerspenden finanziert. Für den Apostel sollte sich jede Gemeinde am Ende als sein Ruhmeskranz v e r g o l d e t haben.

Die Weltsteuer: In 1 Kor 10,11 spielte Paulus auf sich und seine Zeitgenossen an, denen das Ende der Welt nahe bevorstehe. Nun ist aber die hier übliche Übersetzung des griechischen Textes keineswegs eindeutig: das entscheidende Originalwort für »Ende, Ziel« kann auch »Zoll, Steuereinnahme« bedeuten; nicht nur namhafte griechische Autoren verwenden es in diesem Sinne, sondern auch der Apostel selber (s.Rö 13,7). Dann hätte Paulus diejenigen bezeichnen wollen, auf die die Steuerschulden der Welt gekommen waren? Und e r erschiene als der große Steuerkassierer, der im Auftrage Gottes die Schulden der ganzen Erdenwelt eintriebe? Zur Bestätigung: Im gedanklichen Umfeld der s o verstandenen Aussage geht es ebenfalls um materielle Schuld.

Die Verwaltungskosten: In 1 Kor 4,1 stellte sich Paulus seinen Lesern / Hörern als Haushalter über die Geheimnisse Gottes vor; als solcher hatte er - für eine angemessene Besoldung, versteht sich - mit buchhalterischer Treue und amtlicher Ehrlichkit aufzuwarten. Obendrein nannte er sich (in 2 Kor 5,20) Gesandter für Christus; dabei dachte er weniger an den Apostel und Missionar als an den kaiserlichen Sekretär und amtlichen Legaten des Herrschers. Nach seinem Selbstverständnis fungierte er als theologischer Verwalter mit geschäftlichen Aufgaben, als Sekretär Gottes, der hier göttliche Handlangerdienste erledigte, sozusagen die praktische Seite der Heilsvermittlung zu bedenken hatte.

Die Besitznahme: Nach 1 Kor 1,13 ff; 3, 6ff trat Paulus als amtlicher Herold auf, der in jeder Provinz, die er bereiste, den Namen seines Herrn und Herrschers (Kyrios) ausrief. Nach antikem Recht bedeutete das nichts anderes als: Eigentumsübernahme. So wie nach einem Rechts- oder Kaufgeschäft der neue Besitzer mit seiner Namensproklamation seinen Anspruch auf das erworbene Eigentum verkündete, so nahm Paulus die Stadt, die er betreten hatte - und mit der Stadt sogleich die zu ihr gehörende Provinz - für seinen Herrn stellvertretend in Besitz und unterwarf sie der Tributzahlung.

Als wäre so ein Besitzerwechsel ein besonderer Glücksumstand für die Betroffenen, wurden diese nicht einmal nach ihrer Zustimmung gefragt; es genügte, wenn ein kleiner, repräsentativer Kreis von Anwohnern mit der rechtlich gültigen Akklamation auf die Kyriosproklamation antwortete.

Die Kontoführung: Auf den himmlischen Konten seiner Gläubigen wollte Paulus für sie Gewinne verbuchen, die aus reichhaltigen Spenden entstanden. Er nannte solche Gewinne »Frucht« und bediente sich damit wiederum einer der üblichen geschäftlichen Wendungen. Die »Frucht« hatte sich zu »mehren«, das Kapital bei

Gott sollte sich vergrößern; und das geschah vor allem dadurch, daß Gott als Bankherr einen soliden Zins draufzahlte (Phil 4,17 ff.). Zu dieser apostolischen Praxis hat ein späterer Kenner der Soziallehre von Karl Marx angemerkt, daß im Anhäufen von Gewinnen das Herz des Kapitalismus schlage, und es dabei gleichgültig sei, ob Geld oder Gnade angehäuft werde; das Ausbeutungsprinzip sei das gleiche. Allerdings: Das Geld wurde real angehäuft, die Gnade sei imaginär. Daß Paulus die Imagination dennoch real behandelte, zeigt der nüchterne Umgang mit seiner Lieblingsgemeinde in Philippi. Ohne zu fürchten, sie zu verletzen, nennt er ihr Verhältnis zueinander eine Rechnungsgemeinschaft auf Gegenseitigkeit, im streng rechtlichen und geschäftlichen Sinne (Phil 4,15).

Die Notariatskosten: Loskauf, Adoption, Erbschaft, Erbenermittlung, Erbvorauszahlung bezeichneten Rechtsvorgänge, die vermittelt und bestätigt werden mußten. Über den Sekretär und Verwalter hinaus war der Apostel als Rechts-Anwalt tätig, der Anwaltsgebühren erheben durfte.

Die Kultkosten: Paulus wollte auch Priester sein, der Tempelrituale zelebrierte. So suchte er in Phil 4,17 die Geldsendung der Gemeinde zu einem gottgefälligen Opfer zu stilisieren, das wie bei einem Brandopfer spürbar Rauch entwickle: die Spende wurde zum sakralen Akt, zum Lobpreis Gottes. Dabei kam dem intervenierenden Priester die höchste Bedeutung zu: er erhob die neue Zahlungsverpflichtung in den Rang einer notwendigen Kultsteuer.

Womöglich hatte Paulus hierbei noch einen Hintergedanken. Erkannte die römische Obrigkeit sein Priestertum an, kam er in den Genuß staatlichen Steuerprivilegien. Es fällt auf, daß er gerade in einer Zeit harter Steuerbedrängnis (2 Kor 1,8ff; Rö 16,3 f) seine Priesterlichkeit hervorhebt.

Das Eintreibungsrecht: Paulus hat den Anspruch, von seinen Gemeinden »Unterhalt« zu verlangen, auf mehreren Ebenen überlieferten Rechts verfochten (1 Kor 9,4ff). Wie im Kriege der Soldat nicht für seinen eigenen Lohn diene, der Weinbauer von seinen Früchten lebe und der Hirt von der Milch seiner Herde, so dürfe auch er, Paulus, auf Kosten der Gemeinde essen und trinken; er verhielte sich damit nicht anders als die anderen Apostel auch. Wie Kephas (Petrus) dürfte er dieses Recht sogar auf eine Glaubensschwester als Ehefrau ausdehnen (was er bescheidenerweise nicht tue).

Für seine Auffassung zeuge sogar Mose, der mit der Anweisung, einem Ochsen, der dresche, nicht das Maul zu verbieten, zuerst an die Menschen, nicht an die Tiere gedacht habe; denn der Mensch, der als Landarbeiter pflüge und dresche, müsse auch seinen Anteil am Ertrag erhalten. Weiterhin solle der, der den Tempeldienst besorge, vom Altar leben dürfen; und schließlich habe der Herr selber angeordnet ‚daß das Evangelium seine Verkünder ernähre (s. Mk 10,10; Lk 10,7).

So hat Paulus naturrechtlich, kriegsrechtlich, sakralrechtlich und gemeinderechtlich seinen apostolischen Anspruch, »Lohn« zu nehmen, umfassend begründet; das massive Recht erlaubte es ihm nicht nur, es zwang ihn dazu!

Das Vorrecht der Juden: Wegen der geistigen Güter, die das Volk Israel von Gott erhalten und den anderen Völkern voraushabe, erklärt der Apostel alle bekehrten Heiden zu Schuldnern der Juden. Könnte es ein Evangelium geben, das nicht auf dem Boden des Judentums erwuchs? Alle Verheißungen, die er verkündet, leben aus jüdischen Wurzeln; darum sollten die beglückten Heidenchristen, Geistliches mit Leiblichem aufrechnend, durch materielle Güter ihren Dank abstatten. Zu dieser »Zurückzahlung« wären sie sogar rechtlich verpflichtet (Rö 15,27).

Hat Paulus ihnen auch deshalb sein Judentum so beteuert (2 Kor 11,22)? Wollte er nicht vergessen lassen, daß er die Heilsgüter nicht nur zusagte, sondern diese auch mit seinem jüdischen Herzblut speiste? Als der vortreffliche Jude, der er zu sein vorgab, mußte er ihnen besonders teuer werden; und schämte er sich des jüdischen Evangeliums nicht (Rö 1,16), so ließ das für die Preiskalkulation wiederum nichts Gutes erwarten.

Die Wertdifferenz: Für Paulus klaffte zwischen allen fleischlichen (materiellen) und geistigen Dingen ein unüberwindlicher Wertgegensatz; in dem Sinne nämlich, daß der geringere Wert des Fleischlichen gegenüber dem Geistigen gerade in der ökononisch-praktischen Verwertung durch den Geist an Wert gewann. Eine Paradoxie, die der Apostel voll für sich ausnutzte!

War Fleischliches für Paulus schwach, vergänglich, sündhaft - er konnte nur mit Geringschätzung davon sprechen -, so lag es nahe, sich vom Fleischlichen (soweit das möglich war) nachhaltig zu trennen; diese Trennung mußte dem inwendigen Menschen, dem Geiste im Menschen und dem himmlischen Konto für ihn, voll zugutekommen. Hemmten sie nicht die geistige Freiheit ihrer Besitzer, die vielen Öle, Salben, Stoffe; die Armreifen, Silberspiegel, Halsketten, Siegelringe; die Kupferkrüge, Tonlämpchen, Bronzedolche? Je mehr die »Geretteten« an Werten empfingen, die zum ewigen Heil gehörten, um so mehr konnte Paulus erwarten, daß sie sich von dem wert-losen Zeug lösten, das sie mit ihren vergänglichen Un-Heil verband. So fragte Paulus ganz unbekümmert, ob es denn »etwas Großes« sei, ihre irdischen Güter zu ernten, nachdem er ihnen seine geistlichen Güter ausgesät habe (1 Kor 9,11). Die Güter dieser Welt, sonst von ihm verächtlich gemacht, jetzt durften sie wieder erstrebt werden - von ihm, fürs Evangelium! Und natürlich, ausnahmsweise, auch von ihnen - sofern sie sie dem Evangelium zuliebe teuer verkauften, ihm die Erlöse aushändigten und so von nachhinein ihren Wert noch steigerten.

Scheint hier nicht geradezu eine spätere Kolonialsituation vorabgebildet: wie aus Elefantenstoßzahn, den Eingeborenen als wertlos abgeschwatzt, in den Händen des christlichen Kaufmanns kostbares Elfenbein wird, für das er den Ahnungslosen Glasperlen schenkt!

Der Landmann Gottes: Zum Vergleich von Pauli Missionsarbeit mit der Tätigkeit des Pflügens und Dreschens, wie sie der Landmann leistete, bemerkt ein Ausleger, das sei doch eine seltsame Darstellung der Lehrarbeit an den Gläubigen. Wirklich?

Der dreschende Bauer will alle Körner und Keimlinge aus dem Getreide »herausschlagen«; es muß dabei soviel »herauskommen«, daß sich die Anstrengungen des Pflügens, Säens, Pflanzens, Begießens, Erntens, In-die-Scheune-Fahrens gelohnt hatten. Ein derbes Wort für eine derbe Methode, ja - aber es schien den Apostel nicht zu stören. Er zitiert und wiederholt es -und überträgt es ausdrücklich vom dreschenden Ochsen auf den dreschenden Menschen. In 1 Kor 3,6 ff bekräftigt er, sein Missionsgebiet wie ein Ackerfeld anzusehen, auf dem er »ackere«. Die Härte seines Dreschflegels machte dabei die Vielzahl der rechtlichen Forderungen aus, die er mit nicht nachlassendem Fleiß vor seinen Gläubigen vertrat; und deren Sich-Schwertun damit zwang ihn, immer wieder zuzuschlagen.

Der Teilhaber und Eigentümer: Paulus wollte, wie er in 1 Kor 9,23 erklärt, an seinem Evangelium teilhaben. Doch wie konnte er etwas haben wollen, das er schon besaß oder das ihn besaß? Auf die künftigen Seligkeiten hatte er mit seiner Bemerkung nicht spekuliert; sie hätten seinen gegenwärtigen Interessen nicht genügt. Nein, das beanspruchte Evangelium, das war sein täglich abgewickeltes, täglich neu geplantes und vollendetes »Geschäft«. Es ging gut - doch nicht bloß für ihn. Der Geschäftsverkehr mit einem Partner, der im Hintergrund blieb und mitverdiente, ließ seine Gewinne bescheidener aussehen.

Nach einem alten Sprichwort gehört das Eigentum von Freunden ihnen gemeinsam. War der Prophet ein Freund Gottes (Ex 33,11) und wollte Paulus nicht nur als Prophet, sondern sogar als ein Vertrauter und Liebling Gottes gelten, als sein bester Freund -, dann durfte er selbstverständlich am Besitztum Gottes, wie es ihm hier auf Erden anvertraut war, unbesorgt teilhaben. Doch wie vorteilhaft für ihn, den bekennenden, gerechtfertigten Gott l o s e n (Rö

4,5; 5,6), in diesem Falle gar nicht teilen zu müssen! Auch wenn ihn Gott als Gottlosen annahm und so seine Gottlosigkeit dämpfte: das Evangelium war nicht das Evangelium Gottes, sondern sein eigenes; es gehörte ihm, dem Gottlosen allein (Rö 2,16; 16,25; 2 Kor 4,3; 1 Thess 1,5).

Er hatte es oft gesagt, und er schien sich seines Alleinanspruchs, der alle Gewinne in seinen Taschen ve r sc h w i n d e n ließ, nicht zu genieren (Rö 1,16).

Die Ent-Erbung: Wie wenig im übrigen auf die Erbschaft, die seine Gläubigen antreten sollten,Verlaß war, zeigt uns deren überraschende Ent-Erbung. Hatte er die glücklich Erwählten zunächst als Söhne und Freunde gefeiert (Gal 4,6f.31; 5,1), stieß er sie nun wieder als Unfreie und Knechte zurück (Rö 6,10), die nicht erben konnten. Sollten seine Heiden nicht, auf Kosten Israels, Alleinerben sein? Der Apostel hatte ja die Juden von der Teilnahme an den Verheißungen, von der Gotteskindschaft und Abrahamnachfolge ausgeschlossen (Gal 4,28 ff). Jetzt aber setzte er das alte Gottesvolk, zu Lasten des angeblich neuen, wieder in seine verbrieften Rechte ein (Rö 9,4ff; 11, 17 ff; 3,2).

Indes, beugte er nicht das Recht, wenn er eine rechtlich gültige Adoption für nichtig erklärte? Da die Düpierten sich nichts hatten zuschulden kommen lassen, entsteht der Verdacht, er habe ihre Begünstigung zuvor nicht ernst gemeint. Und im übrigen: Ob er ihnen wohl die Kosten des irrtümlichen Sohnschaftsprivilegs zurückerstattete? Oder war sogar die unberechtigte Annulierung noch kostenpflichtig?

Bevor er sie kündigte, hatte er die erworbene Sohnschaft ohnehin entwertet. Gäbe nämlich, wie er behauptet (Rö 8,15) ein banales Abba-Rufen (= »lieber Vater«) die Sohnschaft zu erkennen, so entschiede eine Allerweltsformel, die jedermann nachsprechen konnte, über Besitz und Nichtbesitz eines großen Vermögens. Blieb aber die Identität der Erben, die der Testamentsvollstrecker im Auftrag des Erblassers zu ermitteln suchte, unsicher und verschwommen, und schienen Erblasser und Vollstrecker gar kein Interesse zu zeigen, diese Identität exklusiv zu bestimmen, so dürfte das angepriesene Erbe von vornherein nicht allzuviel wert gewesen sein. Wozu diente dann seine Ankündigung?!

Allerdings käme so der zurückgenommenen Erbzusage ein überzeugender Rechtsgrund zu Hilfe: Erben nicht zu ermitteln! Die Hintergangenen konnten sich nicht beschweren, und der Advokat, ohnehin nur befristet angestellt (Rö 11,13), war fein heraus.

Indes, warum hätte Paulus seine Anhänger unnötig gegen sich aufbringen sollen? Ein Versprechen, das man nicht halten will und nicht halten kann, nimmt niemand zurück. Mit der neuen Erbfolge schmeichelte er den Juden, und die Heiden hörten nichts davon (der Römerbrief, in dem er das tut, ist nach Jerusalem adressiert).

Nahm Paulus sein Geschäftsgebaren ernst? Einige Ausleger halten seine Finanzterminologie für bloß symbolisch oder humoristisch. In 2 Kor 11,8 hat sich der Apostel allerdings so drastisch geäußert, daß es Exegeten zunächst die Sprache verschlug. Paulus versichert den korinthischen Gläubigen, er habe die anderen Gemeinden »gebrandschatzt« bzw. »ausgeplündert« und von ihnen »Sold« genommen. Mit beiden Ausdrücken hatte er sich auf die vulgäre Soldatensprache eingelassen: auf die plündernde, gewalttätig requirierende Soldateska und auf die Löhnung und Nahrungsrationen, die der Krieger auf seinen Feld- und Raubzügen erhielt.

Konnte er deutlicher sein? Daß er nicht nur sprachlich ausgeglitten war, zeigt uns die Wiederholung des Bildes von 1 Kor 9,7, wo er die Kriegsmetapher bereits im gleichen Sinne, buchstbäblich und humorlos, verwendet hatte.

Es mag sich dem Apostel schnell empfohlen haben, sein »Soldeinnehmen« straff zu organisieren. Er brauchte Helfer, die nicht nur die Gelder unter seiner persönlichen Direktive für ihn eintrieben, sondern auch in seiner Abwesenheit säumige Zahler mahnten, unter Druck setzten und die Abgaben bis zur Rückkehr verwahrten. Im Phil, dem Geldbrief, kommt Paulus sogleich zur Sache, indem er sich bereits im Briefeingang an seine »Vorsteher« und »Diener« wendet. Mit der ersten Gruppe, den Episkopen, bezeichnet die griechische Umgangssprache Leute, deren Aufgabenbereich als »Überwacher« innerhalb einer Gemeinschaft im Politischen lag, im Bau- oder Proviantwesen. In der Regel lag er aber im Finanziellen: gerade in den religiösen Kultvereinen nahmen die Episkopen pekuniäre Funktionen wahr.

Die zweite Gruppe umfaßte die Diakonen, die in den Diensten eines Herrn standen, an den sie gebunden waren, um ihm in allen Belangen »Beistand« zu leisten. Pauli Bedürfnisse verlangten einerseits, solche Männer täglich, auch auf Reisen, um sich zu haben; andererseits sie gerade in seiner Abwesenheit dort, wo er sie dienstverpflichtet hatte, für sich arbeiten zu lassen. So mochten sie ihm wohl nicht zahlreich, gehorsam und »tumb« genug sein.

Welche Aufgabenverteilung könnte sich bewährt haben? Die gröberen Diakone ließ Paulus unter den Gläubigen die »Spenden« einsammeln, und den Episkopen räumte er die Ehre ein, diese »Gaben« rechnerisch zu erfassen, sie zu verwalten und sie ihm bei seinem nächsten Besuch auszuhändigen; so blieb genügend Zeit für regelmäßige Rücklagen. Dazu war an den Sonntagen nach dem Gottesdienst, wenn die Gläubigen »eingestimmt« waren, die beste Gelegenheit (1 Kor 16,2). Der Apostel mußte seine Helfer nur mit der nötigen Autorität ausrüsten; immer wieder ermahnt er in seinen Briefen, diesen Vertrauensleuten, die ihnen im Herrn vorstünden und sie zurechtweisen dürften, untertan zu sein und sie lieb und wert zu halten (1 Thess, 5,12; 1 Kor 16,16).

Mit der geforderten Liebe und Wertschätzung für die »Ausdrescher« verhüllte Paulus den nüchternen Geldcharakter der Angelegenheit ebenso geschickt, wie er mit einem maßgeschneiderten »Liebeswerk«, mit stilgerechter (wenn nicht gar modischer) »Gnade« und »Dienstleistung« (2 Kor 8,9) die große Kollektenaktion für Jerusalem verkleidete, die ihn zu peinlicher und lästiger Überredungsarbeit zwang (s.u.).

Pauli Umgang mit der Diakonisse Phoebe bestätigt die sprachliche Ambivalenz. Von ihr schreibt er, man möge ihr in der Gemeinde in jedem Geschäft beistehen, denn sie sei vielen, auch ihm selber, ein »Beistand« geworden (Rö 16,1 ff). - Geschäft, hatte Paulus geschrieben, und er hatte ein schillerndes Wort benutzt, das Geschäft und Geschäftsverhandlung bedeutete, aber auch ein Geschehen, eine Handlung unbestimmter Art; Phoebe sollte als Helferin und »Fürsorgerin« sein Rechtsbeistand sein, Bürgin und Vermittlerin in allen Rechtshändeln und Handelsvorgängen - natürlich: ihm selber zuletzt; ob er sich dennoch schuldzuweisend an sie gehalten hat, wenn der Zahlungsverkehr nicht wunschgemäß lief?

Gut paulinisch wirkt neben dem angeblichen Rechtsanspruch auf Zahlungen der Euphemismus, daß Phoebe auch den Gemeindegliedern beigestanden habe. Beigestanden, ihre Verluste zu vergrößern? Mußte sie bei einigen erst Zahlungswilligkeit entwickeln?, Mißtrauen ausräumen, zur rechten Einstellung gegenüber dem fremden Wanderprediger verhelfen? Paulus dankte ihr im Herrn.

Mit welchem Geschick mag sie es verstanden haben, die persönlichen Lebensumstände der Hausbewohner auszuforschen. Hatte der Betreffende vielleicht Außenstände, die er energisch eintreiben konnte? Sollte er in seinem Berufe noch ergiebiger schuften? Lebten Kinder bei ihm, die für seine Belange einstanden? Vielleicht empfahl er sich durch besondere Vertrauenswürdigkeit bei vermögenderen Nachbarn, und er konnte sich von denen eine größere Summe vorstrecken lassen? Um so unbeschwerteren Herzens sollte er das tun, als er ja wußte (im Gegensatz zu allen ungläubig Gebliebenen), daß er das Erborgte wegen des hereinbrechenden Weltendes nicht mehr zurückzuzahlen brauchte. Ja, Phoebe war unserem Apostel unentbehrlich geworden - mit ihrem schnell alle Dinge abschätzenden Blick, ihrer Gabe, billige oder wertlose Gebrauchs- und Luxusstücke mit ein paar freundlichen Worten wieder beiseite zu schieben; ihrer Überredungskunst bei unentschlossenen, zweifelnden »Kunden«; ihrer Unerschütterlichkeit gegenüber solchen, die ihre unbesonnene Freigebigkeit bereuten...

Unsere Kostenliste ist mit 13 Posten noch immer nicht vollständig; die dicksten Posten fehlen!

Die Geleitekosten: Paulus verkündete seinen Entschluß abzureisen - und die zurückbleibenden Gemeindeleute konnten dennoch nicht sogleich aufatmen: der Apostel bestand auf »Geleite« - einer in der urchristlichen Mission geläufige Praxis, ein Gewohnheitsrecht. Der Gastmissionar, von ein paar Dutzend »Mitarbeitern« umschwirrt, verlangte für alle die volle »Ausrüstung«: Kleidungsgstücke, Zelte, Proviant, bezahlte Schiffsplätze oder Kutschen, Pferde, Maultiere, ausreichende Geldmittel für die unmitelbar anstehenden Reise- und Missionskosten; Empfehlungsbriefe oder Beglaubigungsschreiben. Der heilige Mann mag auch landeskundige Begleiter gewünscht haben; hatten sie ihm den Weg gewiesen, hielt er sie fest und nutzte sie am neuen Ort als Gelegenheitsarbeiter; gern nahm er Sklaven dafür: sie waren leicht abkömmlich und muckten gegen einbehaltenen Lohn nicht auf.

Ein erschütterter Exeget hält diesen antiken Brauch des öffentlichen Weggeleites für eine Form des Frondienstes, ja für die Maske erpresserischer Gewalt. Welche Zumutungen auch: Alle Mittel bereitzustellen; die Lasten, unter denen man litt, anderen aufzubürden; und diejenigen, die allen zur Last geworden waren, obendrein noch weiterzuempfehlen!

Daß Paulus die üble Einrichtung kannte und Pflichtleistungen dieser Art für sich ausnutzte, dürften seine häufigen Hinweise belegen (s. 2 Kor 1,15f; 1 Kor 16,6; Rö 15. 24f).

Die Mangelkosten: An einigen Briefstellen weist Paulus auf einen mysteriösen M a n g e l hin, der für ihn bestehe; seine Gemeinden hätten den Mangel » a u s z u f ü l l e n « (1 Kor 16,17; 2 Kor 11,9; Phil 2,30). Doch nicht nur sein eigener Mangel verlangte Ausfüllung, sondern auch der der anderen, seiner angeredeten Gemeinden. Was meinte er mit dieser Doppelseitigkeit von Mangel?

Die Erklärung liegt in seiner Theologie: Durch Bekehrung und Taufe waren alle Gläubigen im pneumatischen Organismus des Leibes Christi mit ihm vereint; alle Leibesglieder waren voneinander abhängig, in Freude und Leid, und alle waren sie eins ( 1 Kor 6,15; 2 Kor 12,12 ff) 1,3 ff). Diese »mystische« Vorstellung setzte nun Paulus in ein nüchternes Geschäftsunternehmen um. Betrieb er seine Reise- und Predigttätigkeit als Funktion der Gesamtgemeinde, die unsichtbar alle Einzelgemeinden umfaßte, so waren sämtliche Glieder an der Mission beteiligt, nicht nur diejenigen, die sie sichtbar durchführten. Keine Ortsgemeinde, die er irgendwann und irgendwo gegründet hatte, konnte sich aus dem Allzusammenhang der Gläubigen lösen.

Damit war jede Gemeinde nicht nur jeder anderen gegenüber, die schon existierte, verpflichtet, sondern auch jeder anderen, die noch n i c h t existierte, aber Paulus irgendwann und irgendwo ins Leben zu rufen gedachte; keine Gemeinde konnte sich aus der Gesamtverpflichtung jemals als entlassen ansehen.

Der »Dienst«, den der Apostel von seinen Anhängern erwartete, blieb als u n a u f h e b b a r e Forderung bestehen. Gleichgültig, wo er sich gerade aufhielt, gleichgültig, wann sie seine Abnwesenheit unter sich zuletzt genossen hatten: die gläubige Verbundenheit aller mit allen k ü n f t i g e n Gläubigen war s t e t s aktuell - so sehr auch die Gemeinschaft mit allen g e g e n w ä r t i g e n Gläubigen schon ausgeschöpft war; nichts minderte die materielle Bedrängnis der Betroffenen: ein Riesenkrake, dessen Fangarme kein Kleingetier entschlüpfen ließen - und der es scheinbar nur zu d e s s e n Lustgewinn verschlang.

Weil somit eine mehrdimensionale Ausweitung des Zwangs jede nur annähernde Erfüllung des apostolischen Anspruchs verhinderte, konnte Paulus von einem Mangel sprechen: Ihm mangelte es dauernd an ihrer Hilfe und Mitarbeit; ihnen mangelte es dauernd an ihrer Beteiligung. Wie e r daran litt, so sollten auch sie daran leiden; ihr Mangel war der seine, sein Mangel war der ihre. So lebte im Christusleib auch die menschliche Unvollkommnheit weiter, und ihr Erleiden förderte das Heil. Ist damit dem Leser klargeworden, wie innig und konsequent sich die unendliche Wertdifferenz einerseits und der unüberwindliche Mangel andererseits in der apostolischen Theorie verschränken und fast verschmelzen, so bedarf es nun des praktischen Nachweises, daß Paulus in der Tat nach seiner chrematologischen Auffassung h a n d e l te. Wir wollen uns dabei mit wenigen Beispielen begnügen.

In 1 Thess 1,3 dankte er der Gemeinde für ihr Werk im Glauben und für ihre Arbeit in der Liebe; in 1 Thess 1,7 lobte er ihre Vorbildlichkeit. Aus welchem Grunde? Sein Mitarbeiter Timotheus hatte ihm eine Geldsendung von ihnen überbracht (1 Thess 3,6 ff), die nach Theologenmeinung überaus reichlich ausgefallen war. Der Apostel schildert seine Zufriedenheit in einer Weise, die deutlich macht, wie groß zuvor sein Verlangen nach der Unterstützung gewesen war. Ja, er lebe jetzt wieder, er haben ihren Glauben erfahren, er sei getröstet. - Ja, war er ohne ihr Geld trostlos: tot? Daß die Auferstehung auch materielle Gründe haben könnte, hatte er bisher verschwiegen.

Nun aber hatten ihm gerade erst - er weilte noch in Thessalonich- die Philipper ansehnliche Geldspenden nach dort geschickt, und zwar mehrmals (Phil 4,16)! Wie konnte er also, nur ein paar Wochen später, trotz dieser Zuwendungen, als er den Thessalonichern von Athen aus schrieb, so dringend auf d e r e n Gabe angewiesen sein?! Sein wirklicher, täglicher Bedarf rechtfertigte solche Summen nicht. War d a s der Überfluß, mit dem leben zu können er sich in Phil 4,12 brüstete? So mancher Notleidende hätte ihn gern einmal in dieser Fähigkeit zu übertreffen versucht! Um die Unmäßigkeit des selbst im Überfluß Begehrlichen nochmals zu steigern: Nachdem er seinen »Sold« fast gleichzeitig von z w e i Seiten erhalten hatte, forderte er ihn von der ergiebigeren Seite, den Thessalonichern, aufs neue. Er bitte inständig darum, den M ä n g e l n, die ihrem Glauben noch immer anhafteten, gehörig abzuhelfen (1 Thess 3,10). Ob die Verwandlung des üblichen Mangels in Mängel bedeutete, daß er sich an die doppelte Kost zu gewöhnen begann?

Die Philipper gehörten zu seinen ausdauerndsten Spendern. Selbst Theologen nehmen an, daß sie seinetwegen in eine wirtschaftliche Notlage geraten waren. Anstatt sie nun zu schonen und ihnen für das bisher Geleistete zu danken, betrachtete er ihre Beziehung zu ihm weiterhin als rein geschäftlich, die Dank nicht kennt; ohne Scheu ging er auf neue Unterstützungsgelder aus. Natürlich: er suche nicht nach Gaben, die sie ihm schickten, er suche die Frucht, die er ihnen für ihr Konto als heilsnotwendigen Überschuß vermittle. Ihr Geben war im Grunde Nehmen, sein Nehmen Geben: scheinbare Unbescheidenheit in Wahrheit Großzügigkit. Und er empfinde ihr Opfern als lieblichen Duft, als gottwohlgefällig (Phil 4,17 ff).

In dieser Notiz steckten zwei Fanghäkchen, an denen sie sich festbeißen sollten. Für sein Frucht s u c h e n hatte er ein Wort verwendet, das ein bohrendes Verlangen bezeichnete. Ja, wenn ihn das so quälte: mußte man diesem Drang nicht alsbald Linderung verschaffen?

Und mit der kultischen Prädikatisierung ihres Spendens hatte er sie unter das alte Religionsgesetz z u r ü c k verpflichtet, von dem er sie angeblich für immer befreit hatte. Was anders sollten die armen Philipper daraus ableiten, als daß sie dem Apostel und seinem Gott wie vormals ihren Heidenpriestern ein neues, wohlriechendes Tempelopfer schuldig waren. Sie alle waren ja nun der Tempel Gottes (1 Kor 3,16)?! Doch wer zahlte gern Steuern auf die Vorgänge im eigenen Haus ?!

Als hätten diejenigen, die schon über ihre Verhältnisse gegeben hatten, damit bewiesen, daß sie nicht widerstandsfähig genug waren, weitere Forderungen abzuwehren, versuchte Paulus ihre Situation als Gebende unentrinnbar zu machen. Gäben sie nochmals reichlich, würde ihnen Gott seinerseits reichlich geben - nicht erst im Himmel, jetzt hier auf Erden; nach seinem Reichtum in Herrlichkeit würde er ihre hiesigen Lebenswünsche erfüllen, eben so, wie es seiner göttlichen Fülle entspreche (Phil 4,19). Hieß das nicht: Ihr Geben, das ihren materiellen Mangel zu vergrößern schien, verminderte in Wahrheit diesen Mangel - und war damit, zusammen mit dem geistlichen Zuwachs, d o p p e l t e s Nehmen?

Ihr neues Sattsein schien erst angekündigt, doch verklammerte man die Zeiten, könnte man auch sagen: der Apostel griff in ihre Kassen, immer wieder, doch es wurde nicht leer dort drinnen, sondern voller - bloß w e i l er hineingriff! Wie mußten sie sich wünschen, daß er nicht damit aufhörte!

# Moralische Gaukeleien

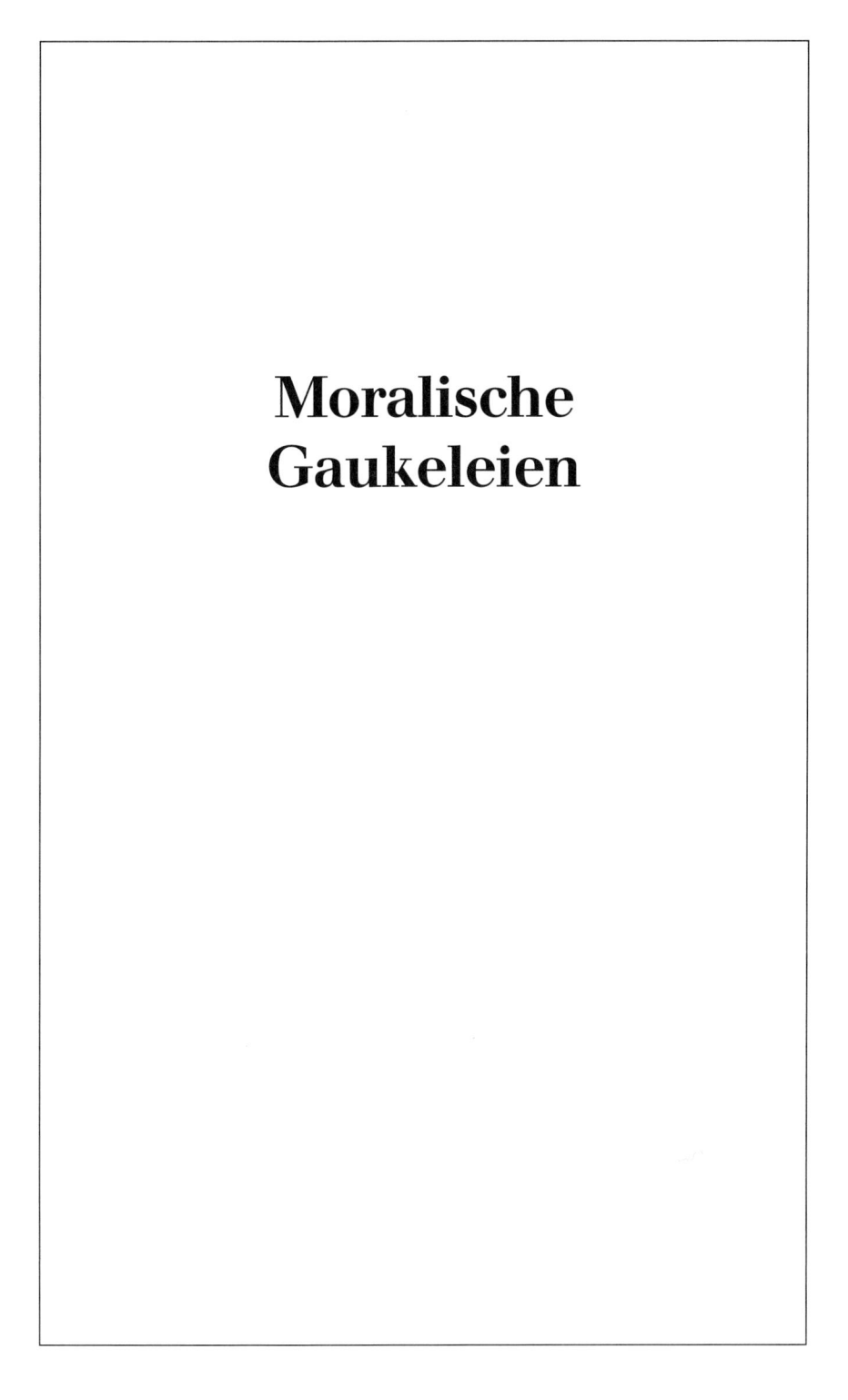

Am liebsten hätten sie auch ihren »Gott« teuer verkauft, doch dann hätten sie sich nicht mehr auf ihn berufen könn: Das Zeitalter, in dem Paulus lebte, stöhnte über die Plage betrügerischer Wanderprediger (Goeten). Die bestachen durch gauklerische »Wunder«, fabulierten von »Göttern«, an die sie nicht glaubten, und betrieben mit dem Glauben anderer lukrative Geschäfte. Sie traten mit erfundenen Heilsbotschaften auf, führten ihre Zuhörer mit falschen Voraussagen irre und erschwindelten sich auf lästige Weise die Gunst der Leichtgläubigen. Das ging so lange gut, wie niemand ihr pseudoreligiöses Gebaren durchschaute. Ihnen auf die Schliche gekommen, verjagte man sie wie bettelndes Fremdvolk.

Natürlich gehörte Paulus weder soziologisch noch intellektuell zu solchen obskuren Gestalten (die ja zumeist in Horden ihr Unwesen trieben und oftmals nicht lesen und schreiben konnten), dennoch ergeben sich, sieht man genauer hin, gewisse Ähnlichkeiten.

Beispielsweise suchten jüdische Goeten stets die Umgebung der Synagogen auf, in der Hoffnung, dort durch Betteleien oder schnelle Geschäfte ihr Glück zu machen. Sie wollten Aufsehen erregen und ihre Konkurrenten übertrumpfen; sie bedienten sich werbewirksamer Propagandamittel und kannten keine Skrupel. Vielfach hatten sie ihre bürgerliche Individualität aufgegeben und versteckten sich hinter der Maske geheimnisvoller Herkunft, um den Nimbus bemüht, auf übernatürliche Weise geborene und berufene Wundermänner zu sein. Oft gelang es ihnen, sich den nüchternen Einschätzungen römischer Steuerbeamter zu entziehen.

Um den Leuten keine Zeit zu lassen, ihr wahres Wesen, ihre Verkündigung und ihren geistigen Begabungsstand zu überprüfen, kehrten sie metaphysische Dringlichkeiten hervor, die rasche Entscheidungen erforderten. Den Anspruch, mit ihren mirakulösen, apokalyptischen Auskünften ernst genommen zu werden, begründeten sie zumeist mit ihrem Geistbesitz, der sie zu höheren Eingeweihten ihrer Gottheiten mache. Ja, diese Gottheiten selber sollten durch sie sprechen und in ihnen aufleuchten, mit großen Taten an ihnen sichtbar werden.

Auch mit dem Verlauf ihres irdischen Lebens, ihren Abenteuern und Begegnungen wollten sie Eindruck machen. Ihre Siege über widrige Lebensumstände, ihre Bewährungen in notvollen Lagen, listeten sie in umfassenden Katalogen auf, aus denen sie stolz berichteten.

Nach diesem Befund ist es nicht verwunderlich, daß sich auch Paulus immer wieder mit dem Vorwurf, ein Goet zu sein, auseinanderzusetzen hatte. Nein, er biete nicht wie die vielen anderen das Wort Gottes verfälscht dar (2 Kor 2,17), er verhökere das Evangelium nicht. Er komme nicht listig und unlauter daher, und seinen Gläubigen sei er nie wirtschaftlich zur Last gefallen (1 Thess 2,3. 9). Habe er sie denn jemals übervorteilt (2 Kor 12,17)?

Doch er konnte auch raffiniert umgekehrt argumentieren, griff ihre Vorwürfe auf und gab ihnen scheinbar recht: Erhöhe seine Lüge nicht Gottes Ruhm (Rö 3,7), sei sein Betrügertum nicht wahrhaftig (2 Kor 6,8) *). Je nun: Hat Paulus nicht dennoch eine überzeugende »Morallehre« vorgetragen? Wäre unsere bisherige Darstellung des Apostels richtig, müßten auch seine ethischen Anweisungen erkennen lassen, daß er einen Vorteil hatte, wenn sie befolgt wurden. Decken sie sich also letztlich mit seinen materiellen Interessen? Wir werfen zuerst einen Blick auf seine sexualethischen Belehrungen (1 Kor 7).

Paulus zog die Unverheirateten den Verheirateten vor: der Unverheiratete sorge sich um die Dinge des Herrn, wolle dem Herrn gefallen und würde unbelastet in die Tage des Weltendes gehen; der Verheiratete sorge sich um die Dinge der Welt, wolle dem Ehepartner gefallen und würde in den kommenden Katastrophen mit seiner Familie Not leiden.

Gerade die verheirateten Gläubigen wußten, daß es so **nicht** war und sie sich gegenseitig im Glaubenswandel unterstützen konnten; das würde auch in den letzten Tagen menschlicher Geschichte nicht anders sein. Wo lag also Pauli Nutzen? Die libidinösen Energien der Ledigen waren offener, größer, nicht anderweitig gebunden, ihre Beziehung zu ihm konkurrenzloser; und sie selber - niemand redete ihnen drein - leichter zu finanziellen Opfern zu überreden. Sollte man nicht innerlich so frei sein, eine Frau zu haben, als hätte man sie nicht? Dann lag es nahe, besser keine Frau zu haben - und sich ganz dem Apostel zu widmen, der diesen Rat erteilte.

Natürlich durfte Paulus die Verheirateten nicht vergraulen; er brauchte jeden, der sich bekehrte. Also versicherte er, wer da heiratete, ob Mann oder Frau, der sündige nicht; vielleicht gelang es ja dem Gläubiggewordenen, seinen Ehepartner dem Evangelium zu gewinnen. Blieb es allerdings bei der Mischehelichkeit - ein Gläubiger war mit einer (unbelehrbar) Ungläubigen verheiratet, eine Gläubige mit einem (unbelehrbar) Ungläubigen -, hatte Paulus eine besondere theologische Konstruktion bereit, die ihm Nutzen versprach: Die ungläubige Frau sei durch den Mann »geheiligt«, der ungläubige Mann durch die Frau. Der Bestand der Ehe war (theo-

---
*) Wir können hier auf eine exegetische Vertiefung nicht eingehen.

logisch) gesichert. Die Ausleger reagierten ratlos. Sollte hier Heiligkeit als eine Art magischen Fluidums von selber auf den Unheiligen übergehen? Schleppte der Apostel noch spätjüdische Glaubensreste mit sich? Und seine Rechtfertigungstheologie, in der doch alles auf den G l a u b e n ankam: wo blieb der bei so einer Übertragung?

Auch die Erklärung, die Paulus selbst nachlieferte, befriedigte die Theologen nicht: Gäbe es die gegenseitige Heiligkeit nicht, wären ja die Kinder solcher Ehen unrein. Ja, würde dadurch der Sachverhalt nicht noch schwieriger? Jetzt sollte nicht nur die sexuelle Intimität, sondern auch die familiäre Liebe das Medium der Heiligkeit sein. Und das nach der Auffassung des Apostels, der, selber kinderlos, in seinen theologischen Äußerungen nirgendwo verriet, daß ihm Kinder am Herzen lagen! Kinder Gottes, das waren die gläubigen Erwachsenen, und Kindlichkeit war ihm ein Zustand der Unreife (1 Kor 3,1).

Nein, Paulus verbarg sein wahres Motiv, weshalb er in einer Mischehe »ansteckende« Heiligkeiten wirken sah; entblößen wir es. Für den Apostel besaß jeweils der eine Ehepartner das Verfügungsrecht über den Leib des anderen; das war das Recht der Liebe. Natürlich wußte nur der gläubige Partner von diesem Recht und konnte es über den ungläubigen Partner vollziehen; nur der Gläubige war bevorrechtet, und er durfte über die geschlechtlichen Dinge hinaus verfügen.

Paulus rechnete ja zu den leiblichen Dingen alle materiellen Dinge, besonders die finanziellen (Rö 15,27; 1 Kor 7,4). So wurde aus der Verpflichtung für den Leib des anderen - darin bestand euphemisch die Leibverfügung - eine allgemeine Verpflichtung für die ganze Person des anderen, die als christlich motivierte Pflicht der Liebe sich in materieller »Hilfe« manifestieren mußte. Kurz: Jede(r) verheiratete Gläubige hatte sich - in der gleichen Weise wie für sich selber - auch für den mitgeheiligten ungläubigen Partner finanziell zu engagieren.

Die Berufung e i n e r Person war hier die »E r w ä h l u n g« zweier Personen; der eine Zeugungsakt des Apostelvaters gab mehreren das Leben. Ungefragt, vielleicht auch unerwünscht mit Groll, partizipierte ein »Geheiligter« als Anhängsel eines »Heiligen« an der Unendlichkeit des Christuslebens!

Paulus trat für christliche Reinheit und Keuschheit ein und warnte vor dem Gang zu Prostituierten. Dazu fuhr er ein besonders schußkräftiges Geschütz auf. Wer zur Dirne gehe, der mache die Glieder Christi zu Gliedern der Dirne, der Leib des Gläubigen sei ja der Tempel des heiligen Geistes (1 Kor 6,15 ff). So würde sich der

Heilige mit der Dirne am Gottestempel vergehen, in Gegenwart des heiligen Geistes? Heiligkeit gegen Unzucht; Gottesgeld, das in die Hände der Episkopen gehörte, als Hurenlohn? Die Habgier korinthischer Hetären war sprichwörtlich: gelang es ihnen, einen christgläubigen Kunden anzulocken, zogen sie nicht dem Lüsternen das Geld aus der Tasche, sondern - dem keuschen Apostel! Paulus wetterte: Waren sie nicht mit ihrem Leib zu einem hohen Preis von Christus erkauft? Wie konnten sie diesen Leib, der bereits in einem reinen, hohen Geschäft ver-handelt war, in einem schmutzigen, niedrigen Geschäft neu ver-handeln wollen?

Um Geschäftliches ging es auch beim Problem des Götzenopferfleisches. In heidnischen Tempeln wurden zu Ehren der Götter Rinder und Kälber geopfert; die Priester und die Laien verzehrten das Fleisch. Übrigbleibendes Fleisch wurde verkauft und gelangte über die Märkte auf die Tische in den (heidnischen) Privathäusern. Durften nun Christen an den Mählern im Tempel oder in den Häusern teilnehmen? Wer sich an den Kultmahlzeiten beteiligte, mußte natürlich Opfergebühren entrichten: Christen als »Gäste« wohl in erhöhtem Maße; hier wurde Gottesgeld zur Götzensteuer.

Und bei den privaten Feten genossen vorwiegend die Reichen Kalb und Wildbret, und Paulus war besorgt, die ärmeren Glaubensbrüder könnten deshalb mißgünstig werden und sich zu Fleischkäufen, die sie sich nicht leisten konnten, hinreißen lassen. Er verlangte daher, die Reichen sollten beim Mahle unter sich bleiben, am besten in heimlichen Zusammenkünften. Offiziell mißbilligte er die Fleischeinkäufe und Fleischmähler zu Hause nicht, schürte jedoch andererseits die Angst vor Dämonen; die verdarben ja das Fleisch aus den Tempeln für Christen, so daß sie es nicht kaufen und verzehren konnten. Setzte hier der Apostel die »Dämonen« zu Bütteln seine Finanzinteressen ein (1 Kor 10,14)?

Bleiben wir noch bei den gemeinschaftlichen Abendmählern. Wer früh genug eintraf, konnte sich sattessen; die Ärmeren, die später von ihrer Arbeit hinzukamen, hatten das Nachsehen. Paulus riet ihnen daher, lieber vorher zu Hause zu essen; nach längerer Predigt oder missionarischer Unterrichtung hungrig vom Tische aufgestanden, waren sie der Versuchung ausgesetzt, sich auf dem Heimweg vor den zahlreichen Verkaufsbuden Korinths an Pasteten, Backwaren und Eselswürsten schadlos zu halten; Gottesgeld würde als Taschengeld mißbraucht.

In 1 Kor 6,1 ff will Paulus seine Leute davon abbringen, wegen ihrer häufigen Streitigkeiten die heidnischen Gerichte zu bemühen; sie seien ja Heilige und würden dermaleinst über die ganze Welt mitrichten. - Wie konnten Richter, noch dazu auf ihre Kosten, zu

Verurteilten werden? Stellte nicht jeder Prozeß, auch für den möglichen Gewinner, ein finanzielles Risiko dar? Hier wurde Gottesgeld zum juristischen Streitobjekt.

Arbeitsam sollten sie alle sein, rechtschaffen, ein stilles Leben führen. Wegen des unmittelbar bevorstehenden Weltendes durfte, um Gottes Willen!, niemand seine Hände in den Schoß legen.

Paulus mochte die Libertinisten nicht, die achtlos ihre Besitztümer vergeudeten; und er mochte die Asketen nicht, die ihrem Besitz zugunsten anderer entsagten - und später womöglich um so nachhaltiger an die fleischlichen Gelüste zurückfielen. Wer sich, im Bewußtsein seiner Freiheit, weltlichen Genüssen überließ, mußte, um sie zu finanzieren, hohe Kosten aufbringen; und wer sich der Weltlosigkeit verschrieb, der Abwendung von der Welt, gab seine finanziellen Einnahmequellen preis.

Paulus zog daher die mittlere Linie vor, die i n n e r e Entweltlichung: haben als hätte man nicht (1 Kor 7,29 ff)! So entblößten sich die Bekehrten nicht ihrer materiellen Güter - lockerten aber den Griff, sie für sich selber zu reservieren. Sie gaben nichts aus der Hand, hatten aber auch nichts mehr in der Hand: eine andere Hand konnte zugreifen; auch verschenktes oder verpraßtes Geld war kein Gottesgeld.

Jedes Laster, dem ein Bruder verfiel, konnte ihn in den wirtschaftlichen Ruin stürzen. Paulus warnte vor allen Lastern - wie Unzucht, Trunkenheit, Völlereien, Schwelgereien u.a. In der Gemeinde geduldete Habgier, die nicht Geld kostete, sondern Geld bewahrte, schädigte den Apostel selbst; auch er-geiztes Geld war kein Gottesgeld.

Jede Gemeinde mußte mit sozialen Problemen rechnen. Die Armen der Unterschicht, Kranke, verstoßene Sklaven, Schiffbrüchige, Witwen und Waisen: sie alle erwarteten Hilfe von denen, die sich durch ihren Glauben der Nächstenliebe verschrieben hatten. Es bot sich daher an, ständige Einrichtungen ins Leben zu rufen, die sich um die Bedürftigen kümmerten. So kennen wir aus der Jerusalemer Gemeinde eine tägliche Versorgung griechisch sprechender Witwen (Apg 6,1 ff); aus der antiochenischen Gemeinde hören wir von Schaffung eines Unterstützungsfonds für die Armen unter den Christen Jerusalems (Apg 11, 29 f). Keine christliche Gemeinde ohne feste »Sozialämter«!

Um so überraschender die Beobachtung: solche Caritas-Instanzen fehlten in den Gemeinden Pauli! Er konnte nicht zulassen, daß die gesammelten Gelder für innergemeindliche Zwecke bereitstanden; über den größten Teil der Einnahmen hätte er nicht mehr selbständig verfügen können. So wurde der Mangel der Armen durch private Initiative gelindert - damit sie ihrerseits den Mangel des Apostels lindern konnten! Da dessen Mangel den ihren bei weitem übertraf - er selber war der Ärmste -, blieben sie arm; auch Almosengeld wäre kein Gottesgeld. - Betrachten wir jetzt die »Goeten-Ethik« von ihrer Kehrseite.

Mußte nicht ein religiöser Propagandist dieser Denkungsart bereit sein, seine »Morallehre« sogleich fallenzulassen, wenn sie ihm nicht mehr nützlich war? Konkret: Brachte er es fertig, mit seinen Reden, Ermahnungen und Anweisungen Menschen zu gewinnen und sie bei der Stange zu halten: konnte er dann auch darauf aus sein, Menschen, durch die er Schaden nahm, mit Reden, Ermahnungen und Anweisungen wieder loszuwerden?

Der Fall des Epaphroditus (Phil 2,25 - 30) scheint dafür Anschauungsmaterial zu liefern. Gemäß der apostolischen Praxis, jede Gemeinde örtlich und zeitlich unbegrenzt an die Christusmission zu binden, hatte der Sklave Epaphroditus aus Philippi dem Apostel Geld gebracht und sich mit seiner Arbeitskraft in dessen Dienst gestellt. Doch nun war er bei seinem Dienstherrn schwer erkrankt und seiner Arbeit körperlich nicht mehr gewachsen. Der Apostel wollte ihn den Philippern zurückschicken.

Unter allen Umständen will er dabei den Eindruck vermeiden, der bedauernswerte Mann sei für ihn wertlos geworden. So übertreibt er dessen Bedeutung für ihn und nennt steigernde Titel seiner Funktion: Er sei sein Bruder, sein Glaubensgenosse, aber auch sein Mitarbeiter, der am apostolischen Wirken und Wandern beteiligt war; mehr noch: sein Mitstreiter, der wie er selber die Missionsarbeit als Feldzug im Dienst des Kriegsherrn Christi verstanden habe. Dabei habe er sogar sein Leben riskiert.

Und von der anderen Seite: ein Abgesandter, ein Apostel (!) der Gemeinde sei Epaphroditus: als Überbringer der Geldspende, die Paulus als ein Gott dargebrachtes Opfer ausgeben kann (Phil 4, 18), sei er ein priesterlich Dienender, dem die Ehrerbietung eines Priesters gebühre! Welche grobe Umdeutung der Realität!

War es nicht vermutlich s o gewesen: Die Männer aus Philippi hatten sich taub gestellt, als der lästige, anspruchsvolle Wanderprediger ihnen eine Mitreise zumutete, und sie hatten aufgeatmet, als er mit Epaphroditus einig wurde?

Als ein Lückenbüßer, der schnell abkömmlich war, dürfte er kaum noch ein imponierender Verkünder des Evangeliums gewesen sein, wie Paulus es hinstellen will. Als könnte man die Gabe überzeugender, inspirierter Rede, die er dazu gebraucht hätte, aus einer mißlichen Lage heraus im nebenbei entdecken!

Epaphroditus hatte selbstverständlich nur als Diener für den täglichen Bedarf des Apostels gearbeitet. Paulus selbst war ja das Werk Christi, und er schreckte nicht davor zurück, seine gewagte Identifikation auch im schmutzigen Alltag zu praktizieren. Jetzt schien sich der Philipper im Umgang mit dem schwierigen, hierarchischen Manne verausgabt zu haben - aber der wertete das als christlichen Märtyrerdienst! Er will der aufreibenden Arbeit die höchste Vokabel anheften, macht sich dabei aber selbst zum ruinösen, todbringenden Ausbeuter. Wie bemäntelt er den Abschiebevorgang? Den unbequemen Diener wünsche er nicht weg, nein, der selber möchte fort - warum? Ja, der sehne sich nach allen Philippern, nach allen!

Unser Apostel hat sich als Meister in der Erfindung von Wunschsituationen erwiesen - in die er die Personen, die er brauchte, nach seinem Gustus einordnete: Jesus am Himmel über Damaskus, ihn berufend; die Urjünger aus Jerusalem, in einer Konferenz mit ihm; Petrus in Antiochia, bei einem Mahl mit ihm. Wer wollte ihm jetzt glauben, daß ein kranker Ausputzer, der in der Missionsarbeit nicht mehr viel taugte, sich gerade dorthin sehnte und dort auch freudig erwartet wurde, wohin ihn der seiner überdrüssige Autokrat gerne haben wollte!

Nun sei Epaphroditus voller Unruhe, ja, geradezu aus dem Häuschen, von Furcht zerrissen. Weil seine Leute daheim gehört hätten, er sei bei Paulus erkrankt? Weil sie sich aus der Ferne um ihn sorgten und er ihnen nicht schnell genug ihre Sorge um ihn nehmen konnte? Paulus meint es so und bedient damit eine irreale Psychologie. Als müßte der Arme sich Sorgen machen, nur weil die zuhause sich angeblich seinetwegen welche machten! H ä t t e n sich die Philipper um ihn gesorgt, so setzte das voraus, daß die Information über seinen schlechten Gesundheitszustand bereits hin und wieder zurück gegangen war; Epaphroditus sollte ja die Reaktion in Philippi erfahren haben. Dann aber müßte er schon recht lange krank gewesen sein. Doch diese Belastung hätte der Apostel nicht hingenommen.

Könnten die Philipper zu Pauli Diener ein inniges Verhältnis gehabt haben? Kaum. Epaphroditus war vermutlich in seiner Heimat ein recht bedeutungsloser Sklave gewesen. Und Sklaven schickten sich am leichtesten in kurzfristige Taglöhnerarbeiten. Wer sollte an seinem Geschick Anteil nehmen und sich über seine Rückkehr freuen? Kam er jetzt zurück, konnte die Forderung des Apostels, ihren Mangel bei ihm auszufüllen, sie ja aufs neue treffen!

Paulus ist erleichtert, die leidvolle Situation, die durch Epaphroditus' Krankheit entstanden war, hinter sich zu haben ? (Phil 2, 27).

Entkräftete er damit nicht das ganze schmerzerfüllte Mitstreitertum, dessen Todesfreudigkeit er gerade in seinem Brief besungen hatte (s. Phil 1,20 ff. 29 f; 2,17 f)? Sowohl für sich selbst als auch für die Philipper hatte er Leidensstolz bekundet. Und sollte nicht das Martyrium des reinen Glaubens immer Gottesgnade sein? Nun aber schien Paulus das alles vergessen zu haben; er war froh über Epaphroditus' Genesung! Gott hatte sich ja auch seiner, Paulus, erbarmt - damit er nicht weiterhin mit einem geschwächten Mitarbeiter geschlagen sei. Dieses Eingeständnis kann er nicht verbergen, aber er hütet sich, es deutlich anklingen zu lassen. Er hüllt es in selbstloses Mitgefühl und bezeichnet seine Erleichterung als Befreiung von Trauer, Kummer, Seelenschmerz ... Als hätte er um seinen Diener persönlich gebangt!

Der war wieder gesund geworden und Paulus schickte ihn trotzdem weg. Beeilte er sich deshalb, ihn loszuwerden, weil er vermeiden wollte, den Ausgepowerten wieder rückfällig werden zu sehen? Weil er eine vorübergehende Besserung ausnutzt, um Epaphroditus abzuschütteln, erfolgte dessen Rückkehr »eigentlich«, (wie hier theologische Ausleger einräumen) »dem Paulus zuliebe, der eine Sorge weniger haben wollte«.

Aber natürlich tut Paulus damit nicht sich selbst einen Gefallen, sondern den Philippern. In einer siebenfachen Aufwertung (!) des armen Ausgebeuteten versucht er den Adressaten klarzumachen, wie bedeutsam auch für s i e dessen Heimkehr sei; der komme im Herrn (ihn gleichsam repräsentierend), zu ihrer Freude, in hohen Ehren, als der, der für sie Opfer brachte ... Doch dabei muß der Apostel mehrmals in Imperativen reden - und gesteht damit ein, daß sie von dem Wohlgefallen über das erwartete Wiedersehen mit ihrem Glaubensbruder keineswegs erfüllt waren.

Am Ende hat Paulus eine ideale Inszenierung zustandegebracht, in der er jeder Seite einen Herzenswunsch erfüllt: das unruhige Heimweh des Erkrankten paßt ebenso vorzüglich zu dessen ungeduldiger Erwartung in Philippi - wie die Glaubenstreue des in Christus Abgearbeiteten zu der dankbaren Respektbezeugung der seinetwegen Bekümmerten. Und wie alle, die hier angeblich wieder zueinander wollen, sich schließlich an ihrer glücklichen Vereinigung freuen, so freut sich auch der fürsorgende Apostel daran - und bringt die Freude über sein gutes Werk, das ihm so gut steht, ebenso passend in dem vorliegenden »Freude«-Brief ein (wie Theologen den Phil nennen). Hintersinn, List und gezuckerte Rede verbrämen hier goetische Menschenausnutzung; aus pragmatischer Abschiebung wird zarte Rücksichtnahme.

Wir kennen noch einen zweiten Fall, in dem der Apostel seine offizielle »Ethik« umkehrt. Hat er das Freiheitsstreben der Sklaven gefördert? Er wollte sie in Christus befreien - und erklärte ihren realen gesellschaftlichen Status für so nebensächlich, daß sie ihren bisherigen Herren in innerer Freiheit nun um so freudiger dienen konnten. Doch manchmal weckte er auch Hoffnung auf eine wirkliche Befreiung (Gal 3,28; 1 Kor 7,22 f; 12,13). Ohne Bedenken konnte er allerdings diese Hoffnung »bei Bedarf« enttäuschen.

Ein Sklave war seinem Herrn entflohen - und Paulus begehrte, sein neuer Dienstherr zu werden! Das übertrifft an goetenhafter Unbarmherzigkeit die Vorstellung, die Dienstwilligkeit eines Sklaven durch Bekehrung aufzubessern und sich dadurch bei dessen Herrn Liebkind zu machen.

Was war geschehen? Paulus hatte vermutlich im Gefängnis, wo er selbst einsaß, den entflohenen Onesimus kennengelernt und ließ sich gern dessen Dienste gefallen ... Scheinbar großmütig und rücksichtsvoll sendet er ihn nun an dessen Herrn Philemon zurück; versäumt aber nicht, in dem mitgeschickten Brief die Größe seines persönlichen Opfers herauszustellen.

In der kurzen Zeit ihrer Bekanntschaft sei Onesimus ihm ans Herz gewachsen, ja, er sei sein Herz, sein Kind geworden. Obwohl er als Gefangener in dieser Lage nicht mit einer Gelegenheit, für Christus zu wirken, rechnen konnte, habe er ihn zum Glauben bekehrt. Sollte Onesimus seinem Herrn irgendwelchen Schaden zugefügt haben - er könnte ihn bestohlen, Philemon seine Dienste dringend benötigt haben - , so würde Paulus selber dafür aufkommen. Das versichert der Apostel in einer eigenhändigen Schuldverschreibung auf seine Person.

Indes, könnte er wirklich mit Onesimus ein Herz und eine Seele geworden sein? Von Pauli Unfähigkeit zu echter Entäußerung einmal abgesehen, hätte die Beziehung schon längere Zeit dauern müssen, um diesen hohen Grad menschlicher Nähe zu gewinnen, und Paulus hätte dann gewiß das Dienstverhältnis zu Onesimus aufgehoben, anstatt es fortsetzen zu wollen.

Hatte er ihn tatsächlich auf bewundernswürdige Weise bekehrt? Triumphierte sein missionarischer Geist über das geplagte, gefesselte Fleisch, wie Ausleger glauben wollen? In Erwartung einer harten Bestrafung mußte Onesimus verängstigt sein, und er suchte Hilfe: Seinen christlichen Herrn und auch den Apostel wollte er durch Bekehrung für sich gewinnen. Und das ging so: Von dem Gott, den Paulus verkündete, erhoffte er Schutz (für entlaufene Sklaven gab es ein Asylrecht, das durch die religiöse Komponente verstärkt wurde) - und der Christ Philemon mußte das göttliche Schutzrecht respektieren. Somit dürfte es Paulus kaum sehr schwer geworden sein, Onesimus zu überzeugen.

Schickte er ihn aus freien Stücken zurück? Keineswegs. Paulus folgte lediglich dem römischen Gesetz und tat, was rechtlich geboten war. Hätte er einen fugitivus bei sich behalten, hätte er sich des Vergehens des plagium, der Anmaßung des Herrenrechtes, schuldig gemacht. Sein Verhalten wäre bekannt geworden, und er hätte keine Chance gehabt, ohne Bestrafung davonzukommen. Wollte Paulus für den Sklaven eine Entschädigung zahlen, wie er anbietet (Phl 1,18)? Nein. Seine Offerte sollte nur als Angebots g e s t e Eindruck machen, mehr nicht. Er erinnert sogleich daran, daß der Angeschriebene seinen ganzen Besitz dem Apostel übertragen habe. Mit dem Geschenk des ewigen Heils habe er so viel für Philemon getan, daß dieser - über jede Geldsumme hinaus - immer noch dem Apostel sich selber schuldig sei. Philemon habe für seinen inneren Menschen zu danken, und diese Schuld war größer als die Schuld, die Onesimus, seinen Herrn schädigend, hinterlassen haben könnte!

Der ganze Eigenbezug Pauli kommt in seinem wahren Handlungsmotiv zum Ausdruck: Er möchte den Sklaven in Zukunft für sich selber behalten; an mehreren Stellen seines Briefes klingt diese Erwartung unüberhörbar an; besonders hierin: er will ihn für sich, damit er ihm diene (1,12). Der Apostel benutzt sprachlich für sein Wollen die Form des Imperfekts, und das bedeutet: er habe dauernd den Wunsch gehabt, ihn nicht wieder herzugeben.

Und nirgendwo drückt er aus, daß dieser Wunsch nun nicht mehr gelte. Ja, selbst die sprachliche Form des präsentischen Dienens spricht für die Fortdauer seines Wunsches, sich von Onesimus bedienen zu lassen. An der Art des Dienstes kann wegen der Wortwahl kein Zweifel sein: im Dienste eines Herrn als Leibdiener dienen, bei Tisch aufwarten (die christliche Gemeinde hatte dieses Wort, diakonia, damals noch nicht für den allgemeinen Sprachgebrauch zur christlichen Gemeindehilfe umgeprägt).

Und weiter: Paulus betont, er möchte von Philemon »Nutzen haben«. Natürlich heißt das: einen persönlichen Vorteil. Da ihm Philemon sein Leben schuldig war, mußte er, Paulus, nichts zahlen; das war für den Apostel selbstverständlich, er brauchte dafür nicht einmal zu danken. Niemals hätte Paulus d i e s e n Schuldausgleich als seinen Vorteil bezeichnen können. Ihm schwebte der Vorteil vor, der für ihn durch ein »Mehr« an Leistung Philemons entstand: Nach der Rücksendung des Onesimus durch Paulus (um der römischen Vorschrift zu genügen) sollte sich Philemon seinerseits durch Rücksendung des Sklaven revanchieren.

Noch ein paar Gedanken über Pauli Verhältnis zu dem Adressaten Philemon. Auch Theologen bemerken: Nirgendwo in diesem Brief »*quellen die Worte aus der menschlichen Verbundenheit zweier Herzen ... die persönliche und sachliche Distanz zwischen Schreiber und Leser ist offenbar*«. Dann dürfte sich Paulus nicht darauf verlassen haben, daß bloßes Bitten ausreichen würde, Philemon in seinem Sinne zu beeinflussen. Hinter dem Appell an Philemons Freiwilligkeit lauert, kaum geschminkt, der Wille, ihn mit dem Gewicht apostolischer Autorität einzuschüchtern. Er, Paulus, könne ja als der, der er für den Adressaten sei, auch Befehle erteilen (1,8), könnte ihm gebieten, was sich für einen Bekehrten als Christenpflicht gezieme! Der Zwang, den Paulus zuvor ausdrücklich in Abrede stellte (1, 14), tritt nun unmißverständlich mit der Ankündigung seines Besuches zutage. Er wird sich die Mühe einer Reise in die Unwegsamkeit Mittelkleinasiens kaum machen - aber er droht mit seinem Kommen! Ja, die Gläubigen um Philemon sollen dafür beten, daß er sie besuchen könne!

Vergegenwärtigen wir uns noch einmal, was Paulus von Philemon erwartete: der sollte darauf verzichten, den Entlaufenen zu bestrafen; sollte keine Entschädigung für die ausgefallene Dienstzeit verlangen; sollte den Wiedereingefangenen an Paulus als dessen neuen Herrn zurückschicken; sollte die Abtretung unentgeltlich leisten; sollte als gebefreudiger Christ nicht einmal gedanklich einen neuen Kaufpreis errechnen, auf den dann zu verzichten als Opfer gelten könnte ... Alles in allem: Ein erheblicher Verlust für Philemonon! Wie mag ihm zumute gewesen sein? Hoffte er, den fernen Apostel kaltstellen zu können? Als grob-ungeniert mußte es auf ihn wirken, obendrein den unbescheidenen Despoten durch seine Gebete herbeizuwünschen und dessen bedrohliches Auftreten auch noch als Geschenk verstehen zu sollen! (1,22).

So hatte Paulus, auch nach Auffassung theologischer Ausleger, »auf raffinierte Weise Druck auf den Briefempfänger« ausgeübt; hatte sich »verdeckt« zu seiner vollen apostolischen Größe aufgerichtet, um die Machtverhältnisse klarzustellen. Er hatte den »Befehlsklang hinter der Kreidestimme« hören lassen. Der Apostel hatte nichts anderes vorgehabt, als ein nüchternes Geschäft abzuwickeln: Sein Brief enthält das Vokabular der römischen Rechts- und Geschäftssprache.

So »quittiert« Paulus dem Philemon den (ewigen) Besitz des Sklaven; in dem Adressaten erblickt er seinen »Geschäftspartner«, der vertrauensvoll eine Ware oder einen Verkaufsposten »in Empfang nimmt«. Dem geschäftlichen »Schaden« durch die Flucht des Angekauften und bisher »Gutverwahrten« entspricht Pauli »Schulderklärung«, und die »Rechnung«, die er Philemon aufmacht, wird durch eine »Abzahlungsverpflichtung« beglichen; Paulus bestätigt sie durch »eigenhändige Unterschrift«.

Gewinnsucht, in Großmut, Rücksicht, Entgegenkommen, Liebe verhüllt, demaskiert auch alle Gefühlwerte des Briefes, die in schmackhaften Worthappen stecken, wie: Geliebter, Bruder, Gnade, Friede, Gebete, Glaube, Gemeinschaft, Zuversicht, Herz, Guttat, Vertrauen, Gastlichkeit ...

Wie führte doch Paulus wiederum das allseits Gute herbei: Früher war Onesimus ein recht unnützer Sklave, der vielleicht stahl und dann floh; jetzt würde er vor dem Apostel seinem Namen Ehre machen (der Nützliche!), aber vor allem vor Philemon, der einen Bruder brüderlich behandelt und zugleich einer d o p p e l t e n Verpflichtung genügt: mit der Dienstbarkeit des freien, arbeitsfreudigen Sklaven die überfällige Dienstbarkeit des gewandelten Sklavenbesitzers abzudecken. Würde Philemon nicht Onesimus als Bruder in Ewigkeit gewinnen?

Was spielte dann angesichts des ewigen Besitzes mit ihrer ewigen Verbrüderung eine kurzfristige Trennung von ihm - obendrein zugunsten dessen, der diesen Idealstatus vermittelte - noch für eine Rolle?! So wurde aus einem aufgeredeten, imaginären Dienst ein freiwilliger, realer Dienst und aus der sensiblen Schuld eines bekehrten alten Sklavenhalters die ungenierte Unschuld eines unbekehrten neuen ...

# Die verschwundene Kollekte

Paulus will sich auf dem Apostelkonzil in Jerusalem, wo er den Urjüngern sein Evangelium zur Legitimation vorlegte, verpflichtet haben, unter den Heidengemeinden für die Jerusalemer Muttergemeinde ein großes Kollektenwerk zu betreiben (Gal 2,9 f.)

Er wollte damit ein neues Gesetz verkünden, das Gesetz der Liebe. Wenn die Liebe die Erfüllung des Gesetzes war (Rö 13,8 - 10) und der wahre Glaube sich in Liebe äußerte (Gal 5,6), so mußte die tätige Hilfe am Nächsten die höchste Bewährung jedes Gläubigen sein. In der Liebe wurde dann auch das Band der Einheit geknüpft, der Einheit des einen Leibes Christi, zu dem Juden und Heiden getauft waren (1 Kor 12,12 ff). So war die K o l l e k t e die Demonstration pneumatischer Zusammengehörigkeit aller Gläubigen Christi (2 Kor 8/9). Tragen wir kritische Einwände zusammen, wie sie sich unter den verschiedensten Aspekten ergeben.

**Doppelspiel.** Um seine Gemeinde in Korinth zu eifriger Sammlung anzustacheln, hielt Paulus ihr das Beispiel der Gemeinde in Mazedonien (Philipper) vor. Die Mazedonier hätten trotz ihrer drückenden Armut gegeben; trotz allerlei Leiden und Belästigungen von außen hätten sie reichlich gespendet. Ja, sie hätten selber mit vielem Zureden dringend darum gebeten, an der Sammlung teilnehmen zu dürfen. Ob tatsächlich der Apostel erst dazu überredet werden mußte, ihr Geld anzunehmen?

Der Theologe Windisch empfindet Pauli Ausdrucksweise als zu volltönend und mag sich von der angeblichen Spontaneität der mazedonischen Brüder nicht recht überzeugen lassen.

Im zweiten Brief zur Sammlung (2 Kor 8 und 2 Kor 9 sind als Briefe zu trennen) kehrt Paulus den Sachverhalt um. Nicht will er weiterhin die angesprochenen Korinther mit dem Vorbild der Mazedonier beeindrucken, sondern umgekehrt: die Mazedonier mit dem Eifer der Korinther! (2 Kor, 9,2). Erst dadurch, versichert er nun, habe er sie zum Sammeln angespornt. - Spielte er taktisch die beiden Gemeinden gegeneinander aus? Mußten die Mazedonier erst durch die angeblich eifrigen Korinther aufgereizt werden, dann konnte es mit ihrer selbstlosen Hingabe nicht allzu weit her sein.

Die Korinther schienen überhaupt ein schwieriger Fall zu sein. Der Apostel will sie auch durch das Beispiel der Galater animieren und ermahnt sie, man solle es doch so handhaben, wie er es in Galatien angeordnet habe.

Das klang so, als liefe die Kollektenaktion in den galatischen Gemeinden beispielhaft gut. Doch das stimmte nicht. Im Brief an die Galater spricht er vom Guten, das zu tun niemand müde werden solle, vom Säen und Ernten - als müsse er auch dort eine mangelhafte Kollektenbereitschaft überwinden. Im ganzen Brief erwähnt er die Kollekte nicht nochmals, und in allen anderen brieflichen Notizen zur Kollekte (2 Kor 8/9; Rö 15,26) ist von den Galatern keine Rede mehr. So drängt sich die Folgerung auf, Paulus habe sein Herzensanliegen unter den galatischen Christen nicht durchsetzen können.

Setzt man die Niederschrift des Gal v o r den Korintherbriefen an, steht der Apostel im gleichen Licht wie kurz darauf beim Doppelspiel gegenüber den Korinthern und Philippern, denn es gibt keinen Hinweis dafür, daß die Galater der Anordnung ihres Apostels, jeden Sonntag einen Geldbetrag zurückzulegen, wirklich nachgekommen wären.

**Falsche Überredung.** War die Unwilligkeit seiner Gemeinden nicht auch verständlich? Der Apostel forderte offensichtlich vor dem Hintergrund der bewährten Wertdifferenz (niemand könne so viel »Fleischliches« geben, wie das »Geistliche« wert sei). Doch die Wertdifferenz war Teil der Geldtheologie und bezog sich nur auf die Ausgaben, die die Verbreitung des paulinischen Evangeliums förderten. Zeigte nun nicht die Übereinstimmung der Differenzhaltungen, daß das Ziel der Eintreibung das gleiche war? Würden sich die Gemeinden wirklich für die Jerusalemer verausgaben, ginge ihre Hilfsbereitschaft dem eigentlichen Missionswerk Pauli verloren. Warum aber sollte dem Apostel daran gelegen sein, seine Gläubigen zugunsten der ungeliebten Judenchristen finanziell zu schwächen?

Paulus will den unausgesprochenen Einwand entkräften, wer schon viel gegeben habe, könne nicht nochmals viel geben. Woher sollte der strapazierte Geber das Vermögen, die Geduld und das Vertrauen nehmen, sich weiterhin strapazieren zu lassen? Paulus weiß Rat. Gott belohne die ungehemmte Freigebigkeit, indem er die Möglichkeit, Gaben auszuteilen, vervielfältige. Wer die Gnade betätige, erwirke neuen Zufluß der Gnade; so gebe Gott »in allem allezeit alles Genüge« - und mache zu jedem guten Werk überreich.

Wie denn: ein wirtschaftlicher Notstand sollte sich ohne ersichtlichen Grund zum Besseren wenden? Woher sollte den Ausgepowerten die materielle Hilfe kommen? Natürlich: von Gott. Die falsche Zitation eines Psalmworts (in 2 Kor 9,9) verrät uns, daß nicht Gott, sondern nur der Apostel selber hinter seiner Argumentation stand. Er wechselt stillschweigend das Subjekt der Aussage aus: Nicht von Gott nämlich sagt das Psalmwort (Ps 112,9), er habe ausgestreut und den Armen gegeben, sondern - vom frommen Israeliten , der fest auf den Herrn vertraue und sich nicht fürchte (Ps 112,5.7.8). Und der hatte gewiß nicht eine Hilfe für notleidende H e i d e n im Sinn!

**Die Täuschung über den Empfänger.** Paulus wollte der sozial Armen der Jerusalemer Gemeinde gedenken. In den Kollekten-Kapiteln (= Briefen) sprach er vom Mangel der Heiligen in Jerusalem, den die Geldspende ausfüllen sollte. Sah er a l l e Glieder der Urgemeinde als Verarmte oder gab es unter ihnen nur vi e l e Arme? Die Mehrheit der theologischen Forscher versteht den Ausdruck »die Armen« im absoluten Sinne (möglicherweise sogar als Ehrentitel der Urgemeinde) und sieht die Jerusalemer Christen allgemeiner Armut ausgesetzt. Die erlittenen Verfolgungen; die radikale Gütergemeinschaft, deretwegen die Besitzenden auf Häuser und Grundbesitz verzichteten; die Preisgabe sozialer Sicherheiten wegen des Weltendglaubens: all das hätte zusammengewirkt und üble wirtschaftliche Folgen hervorgerufen. Obendrein sei es unter Kaiser Claudius (41 - 54 n.Chr.) zu einer weltweiten Hungersnot gekommen (Apg 11,27 f). Die Judäer wären davon besonders betroffen gewesen, da sie im Jahre 47/48 n.Chr. ein Sabbatjahr einhielten, in dem nicht geerntet wurde. So stießen wir auf eine extreme Notlage der Urgemeinde für das angegebene Jahr, in dem die meisten Exegeten die Veranstaltung des Konzils vermuten (47/48 n. Chr.).

Diese Situation hätte den Apostel zu sofortigen Hilfsmaßnahmen veranlassen müssen. Was aber tut Paulus? Er läßt sich Zeit mit seiner Initiative, als gäbe es im Augenblick keine Notleidenden in Jerusalem. Die Briefe, in denen er auf die Kollekte zu sprechen kommt, Gal und 1/2 Kor, und in denen er auf sein Konzilsgelöbnis aktiv reagiert, hat er ca. 6/7 Jahre später verfaßt. Er betreibt seine Sammlung n a c h Ablauf der akuten Phase - als hätte er die schlimmste Zuspitzung der sozialen Nöte in aller Ruhe, mit anderen Dingen beschäftigt, abwarten wollen!

Auf die vermutete Datierung bezogen: Was nutzte, fragt ein Ausleger, eine Kollekte, »die im Jahre 48 gebraucht und beschlossen wird, aber erst Ende der 50er Jahre in Jerusalem eintrifft?«.

Theologen sind auch aus anderen Gründen ratlos. Warum eigentlich, will Munck wissen, sollten die Heiligen in Jerusalem so viele Arme unter sich gehabt haben, daß sie sich selber nicht zu helfen wußten? Hätte ihre Selbsthilfe nicht ihr Stolz, ihr Ehrgeiz sein müssen? - Hatte Pauli Hilfsaktion ihren Realgrund verloren, und er wollte sein soziales Engagement nicht preisgeben: warum sammelte er jetzt nicht für die eigenen Armen, die es in allen seinen Gemeinden zahlreich gab? Hatte er nicht gerade mit den Korinthern besondere Sorgen? Wie wohltuend und konfliktberuhigend hätte es gewirkt, wenn er sich vor Ort um i h r e Armut gekümmert hätte!

Und weiter: Wie sollten sich denn die Jerusalemer Christen materiell so erholen, daß sie nun ihrerseits aus i h r e m Überfluß abgeben könnten (2 Kor 8,14) ? Paulus konnte nicht an den Erfolg seiner Aktion geglaubt haben, schon gar nicht daran, daß die Beschenkten sich später einmal revanchieren könnten. Und überhaupt: Mußte nicht die Kürze der Zeit, die Gott der Welt als Frist gesetzt hatte, alle sozialen Ausgleichsversuche sinnlos machen?

**Die Täuschung über die Aktion als solche.** Mehrfach wechselte Paulus die Bezeichnung für die Sammelaktion und bediente sich einer verhüllenden Redeweise. Er hat folgende Umschreibungen bevorzugt: Gnade, Gnadengabe, Dienst, Dienstleistung profan; Fülle, volle Reife; Liebeswerk; Lob, Lobpreis, Dienst, Dienstleistung sakral; Gemeinschaft, Teilnahme. Warum sechs verschiedene Namen für die gleiche Sache?

Sieht man diese Euphemismen für die Geberseite durch, so fällt auf: Die Sammelbemühung der Heiden ist für den Apostel grundsätzlich nicht Opfer, materielle Einbuße, schmerzliches Hingeben oder entbehrungsreiches Verzichten, sondern Gewinn, Geistbekundung, Füllezeichen ... Und auf der anderen Seite: Wo Paulus von Dienst, Dienstleistung spricht, somit von Minderung persönlicher Freiheit, privaten Wohlgefühls (2 Kor 9,4.12 f ; 8,4; Rö 15, 25 25 ff. 31), bindet er alle Titel, die zu negativen Assoziationen führen, an seine eigene Person. Nicht der Spender dient, sondern der Sammler, der Empfänger; nicht der das Geld entbehren muß, bringt das Opfer, sondern der, der es einnimmt. Wirkt diese Benennungsweise redlich?

Warum hätte Paulus die geforderten Verzichte nicht offen zumuten sollen? - Warum hätte er nicht schmerzhafte Abgaben verlangen dürfen, wo es angeblich darum ging, Glaubensbrüdern in ihren drückenden Mangelzuständen zu helfen?

Er verwendete Ausdrücke, die sonst andere Bedeutungen hatten: Gnade - sonst geistige, eschatologische Kraft; Lobpreis - sonst Herrenmahl; Dienstleistung - sonst Priesterdienst; u.a. ... Und nun sollten diese erhabenen, geheiligten Termini die nüchterne Geldsammlung bezeichnen? Was versprach er sich von dem Verwirrspiel? Wollte er verbergen, daß er nur vom Geld sprach und nur daran dachte?

Da fesselte i h n das Geld, die anderen dagegen - die Gnade, der Segen, die Hilfsdienste; oder umgekehrt: die Gedanken seiner Gläubigen waren beim Geld - doch er konnte sich auf die übrigen sprachlichen Anwendungsbräuche berufen (wie gut tat das seiner pneumatischen Autorität, seinem pneumatischen Alibi?) Seine Geldinteressen entzogen sich allgemeiner Fixation, er versteckte sich hinter Worthülsen, die er je nach Situation so oder so mit Inhalten füllte; er zersplitterte die Aufmerksamkeit seiner Zuhörer durch die

Vielfalt der Umschreibungen - und der Hintergrund, in dem er agierte, machte ihn sicherer, fordernder ...

Hätte ihn nicht gerade die selbstlose Verpflichtung, nach Jerusalem Almosen zu liefern, veranlassen müssen, die Sache als das zu bezeichnen, was sie tatsächlich war: eine Geldsammlung (logeia)? Das griechische Wort gilt dem Wortstamm nach auch für den Terminus der Geschäftssprache: aufs Konto schreiben (logizomai). Bei der Ähnlichkit der griechischen Wörter für Sammlung und Segen (logeia - eulogia) muß man fürchten, Paulus habe die Klangnähe benutzt, um der direkten Geldbezeichnung ausweichen zu können (wann immer er das für nötig hielt). Doch warum?

Theologen haben darauf aufmerksam gemacht, daß der Apostel im Grunde nur religiöse Benennungen der Kollekte gewählt habe. Weshalb scheute er nach ihrer Meinung davor zurück, den profanen Alltag des Geldabzählens und -aufbewahrens offenzulegen? Holzner meint, um der Sammlung jeden Schein des Geschäftsmäßigen zu nehmen. War es nicht mehr noch: Um seinem Geschäft den Schein des Religiösen zu verschaffen? Dafür spricht auch die dritte Täuschung.

**Die Täuschung über den Organisator.** Für Paulus besaß die Kollektenaktion eine eigene Dynamik: Im Gnadengeschehen dränge die Gottesgnade selbst und handele; im Ausgleichsgeschehen fließe der Ausgleich von Überfluß auf der einen Seite zum Mangel auf der anderen Seite ab. So entstehe Gleichheit - und Gleichheit galt nach der hellenistisch-jüdischen Weisheitstradition als eine göttliche Potenz. Das Liebesgeschehen riefe den Lobpreis Gottes hervor, das Verherrlichungsgeschehen den Dank ... Paulus ließ es sich nicht entgehen, die Korinther auf die Bewegung aufmerksam zu machen, »die der Angelegenheit selbst innewohnte«. An ihm lag es nicht, wenn er sammelte, er wollte es gar nicht - es geschah alles ohne seine Initiative, es geschah alles ohne sein Zutun!

Wirkt der Ausschluß eigener Bewegungsantriebe nicht wie ein perfektes Alibi? Hat Paulus damit nicht den Verdacht, er könne eigene Interessen verfolgen, weit von sich geschoben? Immerhin findet es auch der theologische Ausleger »eigenartig«, daß Paulus seinen eigenen Anteil am Zustandekommen der Kollekte so übergehe. Hätte unser Apostel wirklich geglaubt, er stünde innerhalb eines himmlischen Vorgangs, der automatisch ablief und ihn zum passiven Vermittler machte: er hätte seine Gläubigen nicht zur Teilnahme drängen können. So aber ist er ungeduldig, als könnte er seine Chance verpassen - und will die ganze Sache eilig abschließen.

Um ihren Dienstcharakter auch sprachlich zu markieren, wählt er für sein Tun das Passivum und spricht mehrmals von einer Spende, die von ihm besorgt w e r d e (8,19.20); alles geschehe zur Ehre des Herrn, ja, zur Ehre des Herrn s e l b s t! - Er wolle eigentlich gar nicht mitreisen, wolle sich ganz auf die Zuverlässigkeit der Kollektenüberbringer verlassen; nur wenn es der Mühe wert sei, reise er mit nach Jerusalem (1 Kor 16,4). Doch warum sollte lediglich der höhere Kollektenertrag die Mitreise rechtfertigen? Waren die Begleiter zuverlässig, dann war ihre Zuverlässigkeit unabhängig von der Größe der Summe, die sie beförderten. Und in Jerusalem den großen Ruhm nach einer größeren Summe für sich einheimsen zu wollen wäre kein lobenswertes Motiv.

Um seine Spender über die Gewissenhaftigkeit der Sammlung und ihre prompte Übergabe in Jerusalem zu beruhigen, kommt der Apostel auf die notwendige Versiegelung der Geldsäcke zu sprechen; er versichert (angeblich den fernen Römern), daß er, bevor er nach Rom reise, zuerst die Kollektensache ausrichten und die Frucht (Sammlung) versiegeln wolle.

Versiegeln, wann - bei der Ablieferung? Paulus meint es so, doch hat der Ausdruck nur Sinn, wenn er sich auf die A u f lieferung bezöge. Bei der Übergabe der Gelder durch die Gemeinden hätten die Säcke versiegelt werden müssen; offenbar hatte man darauf verzichtet, weil die mitreisenden Gemeindevertreter für die fehlende Versiegelung eintraten.

Paulus will nun angeblich die Versiegelung selbst vornehmen, und er beteuert, überbetonend: er vollende, indem er die Frucht versiegele. Der Geschäftsausdruck hat juridische Kraft, und er garantiert Pauli Zuverlässigkeit: als treuer Kassenwart, der genau den Betrag abliefert, den er empfangen hat. Doch eine Verschlußnahme dieser Art, die erst bei der Ablieferung in Jerusalem erfolgte, würde über die Verläßlichkeit des Überbringers nichts aussagen; sie wäre sinnlos.

Warum behauptete Paulus sie dann? Die Leser in Jerusalem - und anderswo, wo Abschriften seines Schreibens existierten - sollten bei dem Hinweis auf die Versiegelung der Spenden die übliche Praxis assoziieren, die Säcke w ä r e n bereits versiegelt. Damit wäre Paulus von vornherein unverdächtig gewesen *).

**Feindschaft und Harmoniebeteuerung.** Die Gegensätze zwischen dem Außenseiter Paulus und der judenchristlichen Muttergemeinde zerstören den Eindruck eines harmonischen Urchristen-

-
*) Der Verfasser hat an anderer Stelle sorgfältig begründet, daß der Römerbrief eigentlich ein Jerusalembrief war.

tums, den die alte Kirche vermitteln will. Selbst Theologen sehen sich heute gezwungen, die fundamentalen Differenzen zuzugeben - gerade für die Situation vor Pauli Jerusalemreise. Kurz bevor sich der Apostel dazu aufmachte, hatte er den »bösen« Galaterbrief geschrieben. Darin reißt er die jüdische Gesetzlichkeit nieder, erklärt das jüdische Gesetz zum Fluch, zum kaltherzigen Zuchtmeister, würdigt Israel zur Gestalt einer Sklavin herab (Gal 2,18;3, 13.24; 4,30); und im 2 Kor verurteilt er den jüdischen Volkshelden Mose als Betrüger, den Gesetzesdienst als Dienst des Todes (2 Kor 3,13.7).

Natürlich waren diese Schreiben, von denen Abschriften kursierten, auch in der heiligen Stadt bekannt. Aussprüche aus ihnen, Gedanken daraus, die zitiert oder nochmals übertrieben weitererzählt wurden, vergifteten die Atmosphäre.

Konnten die Jersualemer Christen den Lehrer der Gesetzesverachtung als Bruder anerkennen? Konnten sie von ihm Geld nehmen? Nein. Sie hätten sich vor der jüdischen Orthodoxie selbst disqualifiziert. Konnte Paulus überhaupt für diese Nicht-Brüder gesammelt haben? Spitzen wir die Antwort mit den Worten Muncks auf die korinthische Situation zu: *»Es ist schwer vorstellbar, daß Paulus in demselben Brief Sendlinge aus Jerusalem als Satansdiener bekämpft und, unbehelligt hierdurch, um eine reiche Beisteuer für die gleiche Gemeinde wirbt. Wenn auch die moderne Forschung dies übersehen haben kann, so haben die Korinther dies nicht tun können«.*

Doch die attackierten Forscher wandten ein: Nach einem Streit mit Barnabas, der noch auf der ersten Missionsreise führend gewesen war, habe sich Paulus zur selbständigen Missionsarbeit entschlossen; dadurch sei ein eigenes paulinisches Missionsgebiet entstanden, das den organisatorischen und theologischen Voraussetzungen des Jerusalemer Abkommens widersprochen hätte. So sei die Übereinkunft in dem feierlich beschworenen Vertrag hinfällig geworden; sein Zweck, seine Bedeutung, sein Wert und seine Gültigkeit seien verlorengegangen.

Doch warum sammelte Paulus dann weiter? Weil e r dem Abkommen treu geblieben sei! Er habe, heißt es, darin ein Dokument der Dankesschuld seiner Gemeinden erblickt und sich weiterhin daran gebunden gefühlt. Umso mehr müsse man seinen Eifer loben und seine Charaktergröße bewundern, wenn ihn die Häßlichkeiten der Jerusalemer nicht irritierten.

Sollten sie ein Kesseltreiben gegen ihn veranstalten: e r war sich der Verantwortung vor Gott bewußt, und die verbot, sich von der Muttergemeinde zu trennen. Ohne Jerusalem, ohne die Urapostel keine einheitliche Kirche Jesu Christi! Über die Juden hatte Gott die Verheißungen gesprochen - über die Heiden erfüllte er sie. Das Bild des verantwortungsbewußten, treu durchhaltenden, liebevoll ringenden, für Pietät und Frieden kämpfenden Apostels ist charakterologisch falsch. Paulus mag sich selbst in dieses Licht gerückt haben, mag anderen aufgetragen haben, ihn so zu sehen: an sich selber war er nicht so.

Wie hätte er die Vorstellung, sich womöglich umsonst für die Jerusalemer abzumühen, über viele Jahre ertragen sollen?! Wie hätte sein (im Kern feindseliges) Wesen die bösen Attacken, Abfuhren, Kränkungen auf die Dauer verkraften und sie ohne Gegenwehr hinnehmen sollen?! Zog er sich nicht von Menschen, deren Gunst er nicht erlangen konnte, schnell zurück? Seine Sorge war stets: etwa vergeblich »gelaufen« zu sein (Gal 2,2,; 5,7).

W ä r e Paulus den Säulen in Jerusalem innerlich treu gewesen, er hätte sie n i c h t ironisch behandeln können, hätte es nicht fertiggebracht, sie zu diffamieren. Während s i e ihn verrieten, hielt er das Abkommen ein? Dann hätte er seinen lobenswerten Trotz den Anhängern eingestehen können. Seine edle Haltung mußte für ihn sprechen! Warum verschwieg er ihnen den Konflikt - und behauptete im Gegenteil, die Jerusalemer Christen priesen den Bekenntnisgehorsam der Heidenchristen (2 Kor 9,13 f)? An dieser Stelle seiner Verteidigung macht er sich vollends unglaubwürdig und diskreditiert sein Anliegen!

Und wo er nun gar mit einem eindrucksvollen Geldgeschenk vor ihrer Tür stünde, mit einem Almosen vom gottlosen Feind (für den sie ihn hielten): Mußten sie nicht glauben, er wolle sie kaufen, wolle seine Anerkennung durch sie bezahlen? Um so mehr hätten sie darin sein gottloses Wesen erblickt! *)

**Paulus ignoriert die Jerusalemer Christen.** Der Apostel beteuert es, er predigt und schreibt darüber (Rö 10): Er möchte seine Volksgenossen »gerettet« sehen, also zu Christus bekehrt. Haben sie vielleicht die Botschaft des Evangeliums nicht hören können? Doch natürlich, antwortet er. Aber zum Erstaunen aller Geschichtskundigen lobt er nicht die Bekehrungsarbeit, welche die Jerusalemer Christen an den nichtchristlichen Juden schon geleistet haben, son-

---

*) Wir verdanken Lukas die interessante Notiz, daß Petrus eine Geldgabe des Zauberers Simon, einer Symbolfigur für Paulus, empört zurückweist; denn der wollte damit den Gottesgeist erkaufen! Apg 8,20 ff.

dern er führt dazu ein griffiges Psalmwort im Munde: »In alle Lande ist ausgegangen der Gottesboten Schall und an die Enden des Erdkreises ihre Worte« (Ps 19,5 = Rö 10,18). Wie konnte er einen Schriftbeweis einem Tatsachenbeweis vorziehen?

Das sei immerhin verwunderlich, erklärt der Theologe Althaus, denn »*die urchristliche Mission an Israel lag doch als Tatsache vor aller Augen*«! Gewiß - nur nicht für Paulus. Er leugnete sie, und er tat sie ab, weil sie von einem falschen Evangelium (dem mit dem gnadeblockierenden Judengesetz) motiviert war.

Und weiter: Paulus will verifizieren, daß Gott sein Volk nicht verstoßen habe, sondern nach wie vor zu ihm halte (Rö 11, 1 ff). Der Apostel kommt dabei auf den heiligen Rest zurück, der im AT eine zukunftweisende Rolle spielt: Nach schlimmer Zeit, wenn es so ausgesehen hat, als habe Gott sein auserwähltes Volk verstoßen, schaffe er es neu aus einem übriggebliebenen Rest von Getreuen. Dann hat sich, nach Pauli Einschätzung, dieser Rest Israels Christus zugewandt und damit Gottes Erwählung bestätigt? Ja, sagt Paulus - er selbst sei der Beweis für den heiligen Rest (er, der Musterjude, der seine Abweichungen vom Judentum aus dem Judentum begründete). Tatsächlich, er, der Rest? Und in diesem Zusammenhang mußte er nicht freudig auf die Urgemeinde hinzeigen? Inhaltlich war dieser Rest nichts anderes als die Judenchristenheit- und Paulus wäre unter allen Judenchristen der einzige, der vor Gott zählt? Wie merkwürdig! - Boshafter konnte er die Muttergemeinde nicht zurücksetzen *).

**Hinweise auf die wahre Absicht.** Paulus fürchtet, seine Dienstleistung könnte den Jerusalemer Heiligen nicht wohlgefällig sein, und er müßte vor den »Ungehorsamen«, den nichtchristlichen Juden, »gerettet« werden (Rö 15,31).

Warum eigentlich sollte diese Reise für ihn so gefährlich sein? Die Einigungsformel des Apostelkonzils war offiziell nicht zurückgenommen, und er hatte mit seiner Fürsorge für die Armen in Jerusalem dem Abkommen voll entsprochen. Gewiß ging nun die Be-

---

*) Er erinnert dann zwar an den Propheten Elia, der Gott sagen läßt, er habe sich 7.000 glaubenstreue Männer ausgewählt. Und gemäß dieser Auswahl, fährt Paulus fort, sei nun auch in der jetzigen Zeit ein Rest zustande gekommen. - Doch der Leser und Hörer erfährt nicht, wo der zu finden sei ... Hatte man den Apostel dazu gedrängt, die Urgemeinde mit v ö l l i g e m Stillschweigen zu übergehen?

deutung, die er der Kollekte gegeben hatte, und auch die Höhe der eingetriebenen Summe weit über die Erwartungen der Jerusalemer hinaus. Aber sollte er sich darüber Sorgen machen, daß sie soviel Geld von ihrem Vertragspartner nicht annehmen konnten? Warum reiste er überhaupt noch nach Jerusalem, wo er doch so dringend nach Spanien wollte (Rö 15, 23 f)? Quälte ihn angeblich nicht auch die Sehnsucht nach den Römern und ihrer Gemeinde (Rö 1,11)? Warum stand er dann nicht ab von der unnötigen, langen Tour - und sandte das Geld durch einen anderen zur heiligen Stadt?

Er bat darum, daß die Ablieferung gelingen möge (Rö 15,30 ff)? Ja, hatte er dann wegen Unregelmäßigkeit eine Überprüfung der beförderten Summe zu befürchten? Nach s e i n e m Verständnis keineswegs! Paulus mußte sich nur dann persönlich um den Goldtransport in Jerusalem sorgenvoll kümmern, falls er n i c h t die erwartete Übergabe plante. Hatte er etwas anderes vor, als die dortigen Christen zu beglücken, mußte er in der Tat fürchten, dabei behindert zu werden.

Wich er von der Verpflichtung ab, auf die er festgelegt schien, entstanden Gefahren für ihn, und er mußte bangen, sie überstehen zu können. Wer oder was rettete ihn vor den aufgebrachten Kontrolleuren, die jetzt eine Verbindung mit der feindlichen Christengemeinde herzustellen suchten?

Nein, Paulus konnte sich nicht sorgen, die dortigen Christen würden seinen Liebesdienst zurückweisen, wenn er vorhatte, ihn zu leisten. Umgekehrt war er über den Ausgang im Ungewissen, wenn er sich ihnen verweigerte. Das Risiko bestand nicht bereits, er rief es erst hervor! - Er wollte vorbeugen, wie er es so oft getan hatte -- sollte später einmal bekannt werden, daß die Muttergemeinde ihm die große Liebeszuwendung nicht zu danken hatte. Dann würde er sich darauf berufen, schon vorher an ihrer Geneigtheit gezweifelt zu haben.

**Ein Privatissimum.** Die Kollekte gilt Theologen als Modellfall der Rechtfertigungstheologie. Die ehemals gottlosen, nun gerechtfertigten und erwählten Heiden dürfen mit einem kraftvollen Lebenszeichen ihre Zugehörigkeit zum eschatologischen Gottesvolk aus Juden und Heiden bekunden und zur Anbetung in Jerusalem (goldbepackte) Vertreter entsenden.

Die in Christus erlangte Rechtfertigung konkretisiert in der Spendengnade? Der Apostel beschreibt emphatisch den religiösen Wert dieser Liebesgabe (2 Kor 9,6-15) - bezieht aber die religiöse Wirkung nirgendwo auf Christus! Ja, er denkt sie sich nicht einmal durch ihn vermittelt. Als verdiene der Herr nicht mehr als eine beiläufige Bemerkung, nennt er Christus nur zur näheren Bezeichnung des verkündeten Evangeliums (2 Kor 9,13). Betrieb Paulus bloß, wie der Theologe Steiger formuliert, eine spezifisch paulinische Angelegenheit?

Jetzt würde verständlich, weshalb das Versprechen (er wolle für die Jerusalemer Armen sammeln) als Motiv seines Eifers nicht einmal aufschimmert. Paulus führt es nirgendwo als durchtragenden, treuehaltenden Beweggrund an. Das Versprechen treibt ihn nicht! Es ist, als kenne er in den anderen Briefen, die er schrieb, diese zurückliegende Wegmarkierung nicht.

Das sog. Apostelkonzil soll, wie wir wissen, im Jahre 48 n. Chr. stattgefunden haben, und im Jahre 50 n. Chr, also nur zwei Jahre später, verfaßt er den 1 Thess. Doch der ganze Brief verrät nichts davon, »daß die Thessalonicher mit dem Jerusalemer Abkommen vertraut gemacht, gar zu einer Sammlung für Jerusalem angeregt worden waren oder werden sollten«.

Wie auffällig! Theologen versichern uns: Sogleich nach dem Konzil sei eben Pauli Sammeleifer erloschen und der Apostel unfreiwillig zum Freibeuter geworden.

Doch warum hätte er dann später eine Sammlung wieder aufnehmen sollen, die ihn erneut zum Freibeuter machte? Das enttäuschende Verhalten der Jerusalemer Spitzen hatte sich nicht gebessert, ihre Feindseligkeit nicht gelegt.

Für welches Christentum will Paulus eigentlich mit seinem Sammelversprechen eingetreten sein? Er hatte damals noch nicht selbständig missioniert, er »besaß« zu der Zeit keine Gemeinden. Konnte und durfte er Gemeinden, die es noch nicht gab, in eine Verpflichtung zur Kollekte einbinden?

Der markante Beschluß paßt nicht zum »Konzil«; Paulus hätte danach nichts getan, ihn zu verwirklichen. Dieser »Beschluß« wurde erst in der Zeit geboren, als der Apostel sich damit befassen konnte, ihn in die Tat umzusetzen: n a c h  oder kurz  v o r  der Niederschrift des Galaterbriefes, also 6 - 7 Jahre später. Er rechtfertigte post festum das gerade begonnene oder geplante Kollektenunternehmen ...

Jetzt, wo Paulus erkannte, welche Gemeinden sich für eine umfassende finanzielle Verpflichtung anboten, fingierte er aus der augenblicklichen Missionslage heraus den früher unmöglichen Sozialbeschluß. Um die Anhänger zu motivieren und sich selbst als längst tätigen Sammler zu empfehlen, versicherte er, wie eifrig er sich bereits um die fernen Armen in Jerusalem gekümmert habe (der Armen werde er eingedenk sein, versprach er, und ebendies habe er sich beflissen zu tun, Gal 2,10).

Seine Anhänger sollten sich in eine längst angelaufene Aktion eingliedern; nichts Neues, bereits Bewährtes sollte für ihn sprechen (und natürlich: Der fiktive konventuale Sammelbeschluß paßt wiederum vorzüglich zu einem fiktiven Konzil).

**Verräterische Dankvermittlung.** Der Apostel will den Dank der Beschenkten direkt an Gott weiter vermitteln (2 Kor 9,11). Er spricht nicht erst von einem Dank der Jerusalemer an die Heidenchristen, sondern gleich von dem Dankgebet zu Ehren Gottes. Als den Urheber der »Bewährung« sollen sie alle Gott preisen. Verbunden sind die Gemeinden durch Kollekte und Fürbittegebet, nicht durch Dankbarkeit. Man danke in solchen Fällen - und diese »Lehre« will Paulus unter der Hand loswerden - alleine Gott; das demonstriert er sogleich an sich selber, indem e r dafür dankt (wofür?)

Die Jerusalemer hätten sich über den erklärten Nicht-Dank allerdings wundern müssen. Ohne Kenntnis von Pauli theologischer Absonderlichkeit hätten s i e sich gern dankend an die Geber gewandt (schriftlich oder durch persönliche Vermittlung). Paulus unterstellt ihnen aber, sein theologisches Axiom, das menschliche Gefühle mißachtet, zu kennen und zu billigen; gerade von den Jerusalemer Christen, die ihm theologisch fernstanden, konnte er nicht wissen, ob sie so dachten.

Verbot er ihren Dank, weil er ihnen den Grund dafür vorenthalten wollte? Sollte der f e h l e n d e Dank der Muttergemeinde die an der Spende beteiligten Heidenchristen nicht stutzig machen?

**Störende Kontrolle.** Paulus notiert, er schicke neben Titus, seinem Mitarbeiter, zwei Vertrauensmänner der Gemeinden nach Korinth, die in einem demokratischen Verfahren zu seinen offiziellen Begleitern auf der Kollektenreise ausgewählt worden seien. Diese Gesandten seien nicht etwa zu Aufpassern oder Kontrolleuren seiner Amtsführung bestimmt, nein, er selber wünschte es so - als Selbstschutz gebenüber falschen Verdächtigungen und üblen Nachreden (2 Kor 8, 18 ff).

Die Aufgabe dieser Männer sollte es sein (nach Theologenmeinung), »*den großen und wachsenden Geldbetrag, den Paulus auf der Kollektenreise mit sich führte, denen, die Auskunft darüber verlangten, zu erläutern und alle Unterstellungen und alle Kritik abzuwehren*«. Sie sollten nicht nur bezeugen »*daß alles ordnungsgemäß gesammelt worden sei, sondern, daß es dabei schon bei den Gemeinden in erster Linie um das Evangelium und erst in zweiter Linie um das Geld gegangen sei*«. (Das Umgekehrte dürfte richtig sein.).

Handelte es sich tatsächlich um eine vorbeugende Maßnahme des Apostels selbst? Paulus klagt an anderer Stelle darüber, den Vorwurf ins Lächerliche ziehend, von den Korinthern für einen Betrüger, einen geriebenen Burschen gehalten zu werden. Ungeniert nahm er hier deren Beschuldigungen auf, sie mit der Kollekte übervorteilen zu wollen. Er sei mit List zu Werke gegangen, hieß es da, und er habe seinen »Unterhaltsverzicht« (in Wahrheit Unterhaltsverweigerung durch die Korinther) mit der Kollektensammlung auf selbstsüchtige Weise ausgleichen wollen (2 Kor 12,16-18).

Pauli Amtsführung war allerdings schon früher verdächtigt worden (1 Kor 4,1). - Für theologische Forscher steht fest:

Die Kapitel 10 -13 im 2 Kor, in denen der Vorwurf apostolischer Unehrlichkeit laut wird, hat Paulus als selbständigen Brief unter Tränen *), zeitlich v o r den beiden Kollektenkapiteln (2 Kor 8/9) geschrieben, die, wie schon gesagt, ihrerseits zwei selbständige Briefe nach Korinth darstellten. Da der Apostel die Kontrollmaßnahme nicht früher als in diesem ersten Kurzbrief erwähnt, ergibt sich der Schluß: Die Vorhaltung, sein scheinbar von Uneigennützigkeit zeugendes Auftreten sei Deckmantel raffinierter Ausbeutungskunst, stand schon im Raum!

Man mißtraute ihm - und Paulus mußte sich, wollte er die Sammelaktion nicht aufgeben, wohl oder übel dem Überwachungsbeschluß der Gemeinden unterwerfen. Nicht von ihm, von den anderen ging die Maßnahme aus! Es wäre ein merkwürdiger Zufall gewesen, wenn Pauli angebliche Prophylaxe mit einem gemeindlichen Kontrollbeschluß zusammengefallen wäre. Seiner Wesensart gemäß wäre es dagegen, aus einem unangenehmen Tatbestand einen Vorzug zu machen.

Wie bezeichnet er die Abgesandten der Gemeinden? Sie seien ein Abglanz Christi! Doch das waren sie bestimmt nicht, wenn er, der wahre Christusbote, sich durch sie bedrängt und beschattet fühlte. Als wollte er von vornherein jede Nachfrage nach ihrer praktischen Bedeutung beiseite schieben, sie über alles Alltägliche erhöhen und ihnen einen unberührbaren Nimbus verschaffen! Dabei interessierte der religiöse Rang dieser Männer hier gar nicht, es ging nur um Geld und Geldsicherung. Dafür aber hätte er ihnen andere Qualitäten attestieren müssen.

Wie sollte Paulus im übrigen den »Bruder«, der ihn überwachen sollte, zuvor in vielen Stücken als eifrig erprobt haben (2 Kor 8,22)? Wollte er schon früher dessen Zuverlässigkeit in der späteren Kon-

---
*) Darum in der Theologie Tränenbrief genannt.

trollfunktion geprüft haben? Doch wo hätte er dazu Gelegenheit gehabt? Nein, Paulus spielte nur die Rolle des Initiators, des unerzwungen Handelnden.

Die Namen der Aufpasser gab er nicht preis - merkwürdigerweise, wie ein Exeget findet. Jeder Leser/Hörer erwartete sie zu erfahren. Der Apostel behauptete ja, der (ein) Bruder war, werde von allen Gemeinden gelobt. Umso merkwürdiger! Wer lobt und empfiehlt einen Anonymus?- Wie ist Paulus mit den unbequemen Aufpassern umgegangen? Hat er versucht, sie loszuwerden?

Die Delegierten waren nach Korinth bestellt worden, von wo aus die Reise nach Jerusalem beginnen sollte. Versetzen wir uns in Pauli Lage. Die Kollekte war der Höhepunkt seiner Lebensarbeit, die Krönung aller seiner Bemühungen, das Meisterwerk aller seiner Bestrebungen (wie Theologen meinen). Er hatte die größte Geldsumme seines Lebens in den Händen: Bargeld, in Gold umgewechselt, in 10 - 12 prallgefüllten Ledersäcken verwahrt. Er dachte nicht daran, seine Ausbeute ausgerechnet den Leuten zu überlassen, die seine Anstrengungen, diese Beute zu machen, böswillig um ein Vielfaches vermehrt hatten.

Doch wie sollte er die Männer, die ihn jetzt mit Argusaugen überwachten, beruhigen und hinhalten, ja, freundlich stimmen - und dennoch bald ohne Einrede Fremder über den ganzen Ertrag entscheiden? Er mußte sie in dem Glauben wiegen, er würde mit ihnen tatsächlich nach Jerusalem reisen; und mehr noch: Er mußte gerade aus dem aufgezwungenen Zielort auch für sich selbst einen Ort des Heils machen, einen Platz sicherer Verwahrung seines »Schatzes«. Mit einem anderen Bewußtsein konnte er die heilige Stadt nicht betreten.

Ob er die lästigen Gemeindegesandten bis dahin abschütteln konnte? Wer weiß, was unterwegs geschehen würde, wenn er ein bißchen nachhalf? Vor allem brauchte er Zeit. Er war chancenlos, falls die Reise von Korinth / Kenchrea in direkter Richtung durch das Mittelländische Meer nach Syrien oder Phönizien verliefe. Wochenlang auf einem engen Segelschiff, seinen Bewachern täglich unter den Augen, zur Untätigkeit verurteilt - die Situation hätte sich nicht zu seinen Gunsten verändern können! Nach der Landung in Tyrus wäre der Weg nach Jerusalem nur noch kurz gewesen.

Nein. Er mußte die Seereise vermeiden und den umständlichen Landweg über Mazedonien wählen. Danach ging es per Schiff weiter. Doch vielleicht boten sich neue Gelegenheiten zu Zwischenaufenthalten, Schiffswechsel, kürzeren Landtouren, Reiseverzögerungen und - verlängerungen: stets in der Hoffnung, die Begleiter würden allmählich die Lust verlieren, auf so langwierige Weise voranzukommen. Was also hat Paulus wirklich getan?

Die Entdeckung ist verblüffend! Lukas schreibt: »*Als von den Juden ein Anschlag gegen Paulus drohte und er* (von Korinth) *nach Syrien in See stechen wollte, faßte er den Entschluß, durch Mazedonien zurückzukehren*« (Apg. 20,3). Der Apostel tat demnach genau das, was wir spekulativ vorausbedachten!

Die plötzliche Abänderung der Reiseroute konnte Lukas nicht fingieren. Er brauchte ein anderes Motiv dafür - und erfand eines, das den Apostel zum gejagten Opfer machte. Die meisten Forscher akzeptieren es. Zu Unrecht. Kritische Leser bemerken sofort: Lukas' knappe, ganz mechanisch wirkende Ursache nimmt sich aus, als habe der Autor hier einen in der Apostelgeschichte typischen Anlaß als Begründung eingeschoben. Immer wieder *) verwendet Lukas das Thema der Verfolgung durch die Juden. Doch durchweg erweist sich der Vorwurf als haltlos **).

Wäre der Apostel nicht gerade in der großen Menschenmenge am Hafen sicher gewesen, wo es von Jerusalempilgern wimmelte? Und konnte er nicht, hätte er sich in Gefahr gefühlt, auf ein anderes Schiff ausweichen - oder sich ein eigenes Schiff chartern? Geld war genug vorhanden. Die Juden in Korinth / Kenchrea kannten ihn womöglich gut. Warum hätte er nicht einen anderen Hafen wählen können?

Paulus war mit vollen Geldsäcken unterwegs, das weckte die Begehrlichkeit anderer. Ein beschwerlicher Geldtransport über Land barg noch mehr Gefahren in sich als der kürzere, direkte Weg per Schiff. Aber Paulus wollte die Seereise nicht antreten. Nicht von außen, von Unbekannten drohte ihm Gefahr, sondern von innen, innerhalb seiner eigenen Reisegruppe, von Leuten, die er täglich um sich hatte.

Hinzu kommt (und verdächtig genug): Die Reisegruppe splitterte sich bereits in der ersten Etappe ihrer Unternehmung auf. Den Apostel begleiteten: Sopater, des Pyrrhus Sohn, aus Beröa (in Südmazedonien); die Thessalonicher Aristarchus und Secundus; ferner Gaius aus Derbe (in Südkleinasien) und Timotheus, aus Asia (West-

---

*) Apg 9,23.29; 13,45.50; 14,2. 5.19; 17,5.13; 18, 12 f; 21,27; 23,12; 24,5ff.9.
**) Nur drei Beispiele. Nicht die Juden wollen Paulus töten (Apg 9,23), sondern der Ethnarch des Aretas (2 Kor 11,32 f); die Juden hetzen angeblich die Heiden gegen Paulus auf - doch er bleibt, den Vorwurf widerlegend, unbekümmert in der Stadt zurück (Apg 14, 2 f); Juden seien aus zwei Nachbarstädten gekommen, heißt es, und der Apostel, offenbar schnell wieder bei Kräften, geht danach in die Stadt (Apg 14,19 f).

kleinasien), Tychikus und Trophimus. Diese Sieben zogen voraus und warteten in Troas (bei den Dardanellen) auf die anderen. Lukas dagegen segelte mit seinem Begleiter (oder mit seinen Begleitern) nach den Tagen der ungesäuerten Brote, einem jüdischen Fest, von Philippi weg und kam in fünf Tagen zu ihnen nach Troas.

War sich die Reisegesellschaft nicht einig? Bestanden die einen auf der Schiffahrt - die anderen fügten sich Paulus, der den Landweg bevorzugte? Der Zwiespalt bezeugt noch einmal die Fiktion der zuvor angegebenen Lukasinterpretation. Hätte der vermeintliche Judenanschlag tatsächlich eine Einschiffung gefährdet, so hätte es darüber, zu einer Seereise aufzubrechen, keine Meinungsverschiedenheiten mehr geben können. Neben der geänderten Reiseroute setzt ein anderer Umstand in Erstaunen - eine kleine Auffälligkeit im Ablauf der Reise, die unsere Theorie zu bestätigen scheint.

Einige alte Handschriften fügen (in Apg 20,4) vor der namentlichen Nennung der Gemeindeabgesandten, hinter den Worten »Es begleiteten ihn aber...« den Zusatz ein: »bis nach Asien«! (der römischen Provinz, dem westlichen Drittel Kleinasiens). Kein theologischer Ausleger hat bisher mit dem Sinn dieser Einschränkung viel anfangen können. Dabei wiese sie, nähme man sie ernst, auf Pauli Absicht hin. Sollte es ihm gelungen sein, die Sieben (oder einige von ihnen) in Troas oder anderswo an der kleinasiatischen Küste l o s z u w e r d e n ? Die Ausleger widersprechen. Mindestens von Trophimus und Aristarch sei bezeugt ( Apg 21,29; 27,2), daß sie Jerusalem zusammen mit dem Apostel erreicht hätten; zudem läge es nahe anzunehmen, »daß jene Männer als Beauftragte der Gemeinden an der Überbringung der Sammlung teilnehmen sollten«. Eben: weil sie das sollten und wollten, liegt es noch näher anzunehmen, daß Paulus alles tat, um das zu verhindern!

Der Zusatz muß sich nicht auf alle Genannten beziehen. Vielleicht hat der Apostel zwei von ihnen n i c h t abschütteln können? Oder Lukas, der womöglich Pauli geheime Überlegungen erkannt hatte, versuchte sie dadurch vor dem Leser unkenntlich zu machen, daß er die nach seiner Meinung wichtigsten Vertreter in Jerusalem ostentativ in Erscheinung treten ließ ?

**Alleingang.** Paulus soll schließlich angeordnet haben, die Gruppe möge ohne ihn von Troas nach Assos weiterfahren - also von der Westküste Mysiens zur Südspitze des ins Ägäische Meer vorgelagerten Landesteils -, während er selber den Weg von ca. 25 km Länge duch das Landesinnere zu Fuß zurücklegen wollte; in Assos sollten sie ihn dann wieder an Bord nehmen (Apg 20,13 f).

Was bedeutet diese Extratour Pauli - die wegen ihrer Unverständlichkeit von Lukas kaum erfunden sein dürfte? Lukas erläutert Pauli Absicht nicht. Wollte der Apostel, wie Ausleger meinen, mit Gott allein sein, seine Gedanken in Ruhe ordnen, die Märtyrerbereitschaft stärken, sich gegen die Ungewißheiten des Jerusalemer Abenteuers wappnen? Dazu hätte er in Troas, wo er sich mehrere Tage aufgehalten haben will, allemal Gelegenheit gehabt. Einem heiligen Manne sollte, von allen wahrgenommen, die tägliche Einkehr in Gebet und Meditation gut anstehen. Und von wegen Märtyrerbereitschaft: In Jerusalem suchte Paulus allen Gefahren auszuweichen (s.u.)!

Oder wollte er den Weg nur abkürzen, weil der Seeweg weiter und stürmisch war? Dafür war der Landweg beschwerlicher: Über eine Gräberstraße an heißen Quellen vorbei, über Felsen steil abwärts, obendrein in der Mittagsglut! Paulus hätte sich mehr Mühen eingehandelt, als er sich mit der vermiedenen Seereise nach Assos an Beschwernis ersparen konnte. Und wie sollte er sich bei einer anstrengenden Bergtour seinen Gedanken hingeben können? Er war körperlich ein schwacher Mann.

Besuchte er Christen in der Gegend dort? Von Gemeindegründungen in diesem unwegsamen, tristen Berggelände ist nichts bekannt. Keine dieser Erklärungen befriedigt. Etliche Forscher lassen deshalb Pauli überraschenden Wunsch nach Einsamkeit unkommentiert. Im Grunde macht Lukas' kurze Notiz die meisten ratlos.

Pauli »rätselhaftes« Verhalten entspricht indes unseren Vorüberlegungen. Er konnte an der Küste von Achaja und Mazedonien entlangwandern, mußte dann aber zu Schiff den Hellespont überqueren. Auf See war er stets mit den Bewachern zusammengepfercht und er konnte nichts unternehmen, um sich den Zugriff auf die Kollektengelder zu sichern. Aber sogleich nach der Landung in Troas witterte er Chancen!

Er wird darauf bestanden haben, die Reise nun wieder zu Fuß fortzusetzen, vermochte aber damit nicht durchzudringen; das Gebiet, dessen Ausdehnung er mit Maultieren bezwingen wollte, war hier besonders unwegsam. Mit welchen Gründen, Vorwänden und Ausreden hatte er anfangs seine Begleiter von einer langen Seereise nach Palästina abgebracht! Jetzt mußte er auf seiner Meinung beharren, wollte er sich nicht selbst ins Unrecht setzen. Auch wenn er mit der Landreise seinem Ziel bisher noch keinen Schritt nähergekommen war: um so mehr mußte er nun für ihre Fortsetzung plädieren! Er wollte den Landweg noch immer, er gab nicht auf - es ging um zuviel Geld.

Doch warum sollte er o h n e Kollekte und Kollektenbewacher den beschwerlichen Weg machen? Er konnte nicht mehr zurück. Starrköpfig, mit autoritärem Trotz mußte er den anderen demonstrieren, daß er im Recht war. Er hatte gehofft, sie von der Weiterreise abschrecken zu können. Stattdessen hielten sie gegen ihn zusammen und heuerten für sich ein Küstenboot. Soviel ungehorsamen Eigensinn hatte er nicht erwartet. Es entbehrt nicht der Ironie, daß die körperliche Mühsal, die er mit Hintersinn seinen Kontrolleuren zugedacht hatte, nun ihm alleine beschieden war. Nachzugeben und selbst auch auf den Gewaltmarsch zu verzichten war unter seiner Würde.

**Sichere Verwahrung und höherer Anspruch.** Das Ziel von Pauli Finanzreise nach Jerusalem war die Depositenbank der offiziellen Tempelverwaltung, Abteilung Fremdgelderverwahrung. Im jüdischen Tempel lagerten ungeheure Reichtümer. Viele kapitalkräftige Männer hatten dem sichersten und reichsten Zentrum damaligen Geldverkehrs ihre Gold-, Silber- und Geldwerte anvertraut; für übergroße Kapitalien gab es keinen besseren Ort der Aufbewahrung.

Lukas versichert, Paulus sei nach Jerusalem gekommen, um Almosen für sein V o l k und Opfer zu bringen (Apg 24,17). Lukas wußte, warum er die Notiz über die Geldabgabe in Jerusalem nicht mit der Urgemeinde, sondern mit Israel und dem jüdischen Kapitalzentrum verband. In seinen letzten Briefen beschwor der Apostel selbst den jüdischen Hintergrund der Geldzahlungen, den jüdischen, nicht den judenchristlichen. Er hatte kultische Kategorien gewählt, um den (angeblich) tieferen Sinne der Spenden zu kennzeichnen.

Der Theologe Georgi glaubt, ohne die Tragweite der Parallele zu erkennen, »*Paulus habe sich einen alttestamentlichen Text als Vorlage und Anregung dienen lassen*«: »Ich aber habe nach bestem Vermögen für das Haus meines Gottes Gold beschafft...« (1 Chr 29,2); und »so schenke ich, was ich persönliches Eigentum an Geld und Silber besitze, für das Haus meines Gottes«. Doch im Haus seines Gottes deponierte man auch Geld, um das eigene Haus zu finanzieren!

Die Idee der Wohltätigkeit, des Almosengebens, lag für jenes Zeitalter in der Luft; auch Tempelsteuern ähnelten dieser Idee. Sie förderten das zentrale Heiligtum und gelangten in die Hände menschenfreundlicher Priester, die zum Wohle aller ihre kultischen Dienste verrichteten. Gruppen jüdischer Sendboten, amtlich beglaubigt, schleppten riesige Geldsummen in den Jerusalemer Tempel; aus Angst vor Überfällen waren oft mehrere Tausend unterwegs.

Da nahezu in jeder Stadt Almosen und Steuern eingetrieben wurden, konnte sich Paulus mit seinen Leuten unauffällig in das offizielle Geschehen einfügen und sich unverdächtig machen.

Die reicheren und reichsten Juden (zumeist die älteren und ältesten) vervollständigten das Bild. Im Anschluß an eine Pilgerreise blieben sie mit ihren Vermögen gern in der heiligen Stadt, um dort ihren Lebensabend zu verbringen. Im Süden oder Osten Jerusalems, am Fuße des Ölberges, in den umgebenden Bergzügen und Tälern, wo die großen Teiche lagen, unter schönen Platanen und Zypressen, wohnten die gutgestellten, einheimischen und zugewanderten »Ruheständler«. Die Geborgenheit der Väterreligion, die beruhigende Nähe des Geldbesitzes in der Tempelbank, boten gute Voraussetzungen für einen sorgenfreien Lebensabend.

Ob sich Paulus mit vergleichbaren Gedanken trug? Er hätte aus der Not, nach Jerusalem reisen zu müssen, eine Tugend gemacht: sein Geld in den Händen von Juden zu lassen, die durch ihre politische Lage gezwungen waren, ihre Absichten zu verbergen (s.u.). Würden sie ihm ein Leben gewähren, in dem er es - wiederum - verstand, Überfluß zu haben (Phil 4,12)?

**Moralische Perspektive.** Sobald für ihn feststand, er würde die Gelder persönlich nach Jerusalem bringen, plante er ihre Auslieferung an die Tempelbank ein. Israeliten würden den Schatz verwahren, ihm Auszahlungen gewähren und womöglich mit ihm einen Zinssatz vereinbaren. Aber Paulus tat nur selten etwas ohne höheren Anspruch; auch egoistische Motive verstand er eindrucksvoll umzuwandeln und ihre betrüblichen Konsequenzen zu verbrämen.

Das jüdische Verbot, sich von Heiden Geschenke machen zu lassen, hatten namhafte Jerusalemer Juden im letzten Jahrzehnt vor Ausbruch des Krieges gegen die Römer (67 - 70 n. Chr.) noch einmal feierlich erneuert und bekräftigt. Historiker sind deshalb davon überzeugt, daß die Weigerung, Weihegeschenke oder Opfer von Nichtjuden anzunehmen, den Haß vertiefte und mit zum Anlaß wurde, Jerusalem zu zerstören. Ob Paulus von diesem Hintergrund wußte? Im Bewußtsein, a l l e n Völkern verpflichtet zu sein, aber zuerst dem Volk Israel (Rö 11,13,ff; 15,8 ff), konnte er vor sich selbst - und vor den jüdischen Orthodoxen - seine Entscheidung, den Jerusalemer Judenchristen die Kollekte vorzuenthalten, mit der tieferen Absicht begründen, dem Frieden zu dienen, indem er die römischen Oberen nicht auf jüdische Heidenverachtung aufmerksam machte.

**Der fernste Winkel.** In seinem Absicherungsbrief an die Adresse »Jerusalem« (er schrieb ihn fiktiv an die Römer) beteuert Paulus zweimal, er wolle nach Spanien reisen (Rö 15,24.28). Spanien lag für jene Zeit im »fernsten Winkel der damals bekannten Welt«. Nicht einmal über den mittelländischen Schiffsverkehr hätte man von der Abreise und Ankunft des Apostels etwas erfahren können; Passagierlisten wurden nur in besonderen Fällen geführt. Wollte Paulus seine Spur verwischen? Tauchte er entgegen der öffentlich bekundeten Absicht in Jerusalem unter, konnte er sicher sein, seine Heidenchristen würden (ihn im fernsten Weltwinkel wähnend) nicht nach ihm suchen.

In der Tat fingierte er das Spanienvorhaben; es wäre vom missionarischen Standpunkt aus töricht gewesen. Nur dort konnte er predigen, wo das »Gotteswort« mit seinen aufregenden Wirkungen ihm vorausgeeilt war (1 Thess 1,8) - in Ländern wie Ägypten, Libyen, Dalmatien, Sizilien, Südgallien ... Diese Reiseroute hätte den natürlichen Anschluß an seine bisherige Missionsarbeit dargestellt. Paulus war ein alter Mann. Sollte er am Ende seine Lebens die Strapazen der Mission nicht gemieden, sondern noch einmal vergrößert haben? Im übrigen hätte er im romanisierten Spanien lateinisch sprechen müssen. Dazu aber war er nicht fähig, er verstand kein Latein.

**Die unbemerkte Ankunft.** Zuletzt auf dem Seeweg war der Apostel nach Caesarea gelangt und unterbrach dort seine Reise für mehrere Tage im Hause des Evangelisten Philippus. Danach machte er sich in Begleitung einiger Jünger aus Caesarea auf den Weg nach Jerusalem und wohnte dort im Haus eines alten cypriotischen Jüngers namens Mnason (Apg 21,15 ff).

Lukas will dabei glauben machen, die Gruppe befände sich noch in Caesarea oder irgendwo unterwegs zwischen den beiden Städten. Doch Pauli Gastgeber in Caesarea war Philippus, nicht Mnason, und Lukas hatte die Reisenden bereits auf den Weg nach Jerusalem geschickt. Hätten sie zwischendurch noch einmal Station gemacht - vielleicht in Joppe oder Lydda (an der Küste und im Landesinneren in Richtung Jerusalem) -, hätte der Berichterstatter den Aufenthaltsort erwähnt; zumal die genannten Ortschaften in der Gemeindegeschichte vorkommen (Apg 9,32 ff. 36 ff). Lukas will vermeiden, daß der Leser den alten Mnason für einen Jerusalembewohner hält. Würde er zugeben, die Ankommenden habe ein Hellenist empfangen, also ein Mann, der griechisch sprach, nicht aus Judäa stammte und nicht zur judenchristlichen Gemeinde Jerusalems gehörte, wäre herausgekommemn, daß Paulus n i c h t zu den »Brüdern« der Muttergemeinde ging (Apg 21,15 - 17). Angeblich soll der Gemeindeleiter Jakobus mit Paulus ein brüderliches Gespräch geführt haben; in dessen Verlauf behauptete er von seinen Jerusalemer Mitchristen, sie würden bestimmt hören, daß er, Paulus, in die Stadt gekommen sei. - Also wußten sie es noch nicht? Paulus weilte incognito unter ihnen, und sie hatten ihn n i c h t empfangen!

Damit stünde fest: Die Jerusalemer Christengemeinde hat Pauli große Kollekte n i c h t erhalten. Diese Überzeugung haben auch etliche Theologen beim Studium der vorliegenden Quellen gewonnen - und sie führen dafür gute Gründe an.

**Die leeren Hände der Urgemeinde.** Pauli letzte Reise hatte nur den Zweck, den Sammelertrag abzuliefern. Von der Erfüllung dieses Zweckes erfahren wir aber nichts - weder von Paulus noch von Lukas. Der Apostel hinterlasse keine Bemerkung darüber, die eine seiner Gemeinden der Nachwelt hätte überliefern können. Und Lukas beschreibe die Ankunft Pauli in Jerusalem ohne Kollektenhinweis. Es sei aber ausgeschlossen, daß die von ihm benutzte Quelle diesen Hinweis nicht enthalten habe. So das Theologenurteil. Hatte das Überlieferungsstück von der Ablehnung der Kollekte erzählt- und Lukas unterdrückte die Notiz ?

Paulus widerfuhr von Juden und Heiden viel Übles in der Stadt; doch sei in dem Bericht darüber (Apg 21 ff) nicht die Spur einer Unterstützung durch die christliche Gemeinde in Jerusalem zu erkennen. So hätte eine beschenkte Menschengruppe nicht reagiert!

Die Jerusalemer Christen durften sich vor der jüdischen Öffentlichkeit mit dem übel beleumundeten Apostel und seinem destruktivem Werk nicht auf so provozierende Weise solidarisieren, daß sie eine Geldspende von ihm annahmen. Auf Jahre hinaus hätten sie sich an ihn gebunden. Den Eindruck, mit ihm gemeinsame Sache zu machen, mußten sie vermeiden; das gebot ihnen ihre Selbstachtung.

Auch wenn man Pauli unreines Heidengeld in hebräische Währung eingetauscht hätte, bedeutete die Annahme für fromme Juden und Judenchristen eine Verunreinigung, die sie vor anderen Volksgenossen rituell gefährdete. Die Nasiräatsbezahlung, die Paulus übernahm (s.u.) spricht ebenfalls gegen eine geschäftsmäßig quittierte Kollekte. Wie hätten diese Christen das finanzielle Opfer von ihm verlangen können, falls sie kurz zuvor eine gewaltige Summe von ihm erhalten hatten! (Apg 21,23 ff).

Nein, auch nach vielfachem Theologenurteil ging die Muttergemeinde leer aus. Doch keinen der mit dem Sachverhalt befaßten

Experten bewegt die Frage, ob der Apostel damit nicht den schlimmen Verdacht vor seinen Begleitern bestätigt habe und wie diese strengen Beobachter auf das Scheitern ihrer Mission reagiert haben könnten! - Kaum einer will wissen, was aus den Kollektengeldern geworden ist. Durfte Paulus sie einfach behalten? Mußte er sie den Vertretern der Gemeinden zurückgeben? Oder hat er sie für einen späteren Übergabeversuch solange in der Tempelbank verwahren lassen? Auch Theologen hätten mißtrauisch werden müssen. Wie sollte Paulus nicht schon vorher gewußt haben, daß sein Heidengeld in der heiligen Stadt kultisch unrein war? Sagte ihm sein politischer Instinkt nicht, daß sich dort kein Judenchrist mit paulinischer Gesetzlosigkeit in einen Topf werfen lassen durfte? Hätte Paulus es so gemeint, wie er es darstellte: sein Unternehmen wäre aussichtslos gewesen - und das wußte er. Theologen w o l l en es nicht wissen.

**Lukas` bedeutungsvolles Schweigen.** Der Verfasser der Apostelgeschichte schildert das frühere Aposteltreffen in Jerusalem (48 n. Chr. ) so: Paulus und Barnabas werden von den dortigen Aposteln und Ältesten freudig empfangen, doch einige gläubig gewordene Pharisäer beginnen wegen der Gesetzesfrage Streit; Petrus hält eine versöhnliche Rede, in der er für Gesetzesfreiheit eintritt. Jakobus, der nach ihm spricht, setzt sich ebenfalls für die religiöse Freiheit der Heiden ein: Man sollte ihnen nur auferlegen, sich von Unzucht und rituell unbehandeltem Fleisch zu enthalten (Apg 15). Paulus und Barnabas wird ein Gemeindeschreiben in die Hand gedrückt, und sie ziehen wieder los. In dem Brief heißt es, die heidnischen Gemeinden hätten keine weiteren Verpflichtungen zu beachten (lediglich die eben angeführte Auflage).

Was sollte Lukas veranlaßt haben, die einzige »Auflage« zu übergehen, die Paulus selber zugestand: der Jerusalemer Armen zu gedenken? Lukas` Notiz in der Apostelgeschichte (Apg 20,4) konnte keiner seiner Leser entnehmen, daß er Pauli K o l l e k t e n begleiter namentlich anführte. Er zählt sieben Männernamen auf - doch daß die Gemeinden sie zu keinem andern Zweck ausgewählt hatten, als Pauli Geldtransport zu überwachen, übergeht er.

Nach Pauli Ankunft in Jerusalem - so berichtet Lukas weiter - begrüßen ihn angeblich Jakobus und die Gemeindeältesten. Unbekümmert erzählt ihnen Paulus davon, was Gott unter den Heiden durch ihn und seinen Dienst (diakonia) getan habe (Apg 21,19). Dieses Wort »Dienst, Dienstleistung« ist aber eines der entscheidenden Stichworte für die Kollekte (s. 2 Kor 8,4; 9,1.12)! Lukas kennt es aus Pauli Sprachgebrauch. Er bringt es hier vor, assoziiert es mit Pauli

Kollekte - gibt das jedoch nicht zu! Bereitete ihm die ganze Kollektenangelegenheit Pein?
Dabei hätte er darüber keineswegs schweigen müssen. Er konnte bei der Behauptung bleiben, die Jerusalemer hätten Pauli Geldspende abgelehnt - und konnte die Ablehnung freundschaftlich verbrämen: mit einer angeblich verbesserten Soziallage, mit Rücksichten auf das schwieriger gewordene Verhältnis zum offiziellen Judentum. Es mußte ein schwerwiegender Grund sein, der sein Verhalten bestimmte - vielleicht die mangelnde Integrität des Außenseiterapostels?

**Die Verhaftung.** Wie soll es nun Paulus in Jerusalem ergangen sein, als er im Jahre 58 mit seiner Mannschaft dort eintraf? Um für alle Fälle die bösen Schmähungen seiner Landsleute niederzuschlagen, die ihm nachsagten, den auswärtigen Juden ihren mosaischen Glauben abspenstig zu machen, unterwarf er sich einem strengen jüdischen Gelübde. Jeder aus dem Ausland gekommene Jude galt als unrein und mußte eine Woche lang zur Besprengung mit Weihwasser den Tempel aufsuchen.

Paulus tat das gehorsam und übernahm sogleich die Kosten für die Weihe von vier Bettlern, die ein Ritualgelöbnis abgelegt hatten; sie konnten aber dessen Einhaltung nicht bezahlen. Die Verpflichtung umfaßte: sieben Tage im Tempel eingeschlossen werden, auf den Genuß von Wein verzichten, sich die Haare abschneiden lassen und teure Tieropfer darzubringen.

Auf dem Weg zum Tempel - oder auf einem Gang durch die Stadt - in Begleitung des Heiden Trophimus aus Ephesus, einem der Kollektenbewacher, ereilt den Apostel das Verhängnis. Plötzlich ging das Gerücht um, er habe den heidnischen Mann in den inneren Vorhof des Templs genommen. Das galt als Tempelschändung und darauf stand die Todesstrafe; Inschriften auf den Tafeln an der Umgrenzungsmauer warnten davor: »Kein Heide darf eintreten innerhalb des Gitters und des Geheges um das Heiligtum! Wer aber ergriffen wird, hat sich selbst die Schuld zuzuschreiben, weil der Tod darauf folgt«.

Die Erregung, die der Religionsfrevel auslöste, sprang auf die ganze Stadt über und eine große Menschenmenge umstellte den Apostel. Die Fanatischsten packten ihn und schleppten ihn aus dem inneren Raum durch eines der Tore hinaus auf die Straße. Fäuste schlugen auf ihn ein, und es wäre um ihn geschehen gewesen, hätte nicht der römische Wachtposten auf dem Turm der Burg Antonia, die an der Nordwestecke des Tempelgeländes lag, den Aufruhr beobachtet. Eine römische Wachmannschaft unter Führung des Tribuns Lysias Claudius eilte über eine der Treppen herbei, die vom Turm auf den Tempelplatz hinunterführten. Der Tribun befahl, Paulus zu ergreifen und mit zwei Ketten zu fesseln. Die Menschenmenge drängte sich dazwischen und zerrte an dem Apostel; einige schrien herum und verlangten den Tod des Gefangenen. Der wurde von den Soldaten hochgehoben und über die Köpfe hinweg die Treppe hinaufgetragen. Paulus wollte von dort zur Menge reden. Er winkte mit der Hand, und das Getöse legte sich. Doch als er auf seine Heidenpredigt im fernen Ausland zu sprechen kam, empörten sich die Menschen wieder. Sie rissen an ihren Kleidern und bewarfen ihn mit Dreck.

Der Tribun ordnete an, Paulus schnell wegzubringen. Da er noch immer nicht begriff, was sich eigentlich abspielte, und um den unverständlichen Fall aufzuklären, wollte er Paulus foltern lassen. Im Burgturm schon an den Pfahl gebunden, entging Paulus der Tortur nur dadurch, daß er erklärte, römischer Staatsbürger zu sein. Der Tribun, der sein eigenes Bürgerrecht mit einer großen Geldsumme erworben hatte, stand sofort von seinem Vorhaben ab. Umso mehr wollte er nun erfahren, was es mit dem seltsamen jüdischen Römer auf sich habe und weswegen er von den Juden angeklagt war. So ließ er am nächsten Tag die jüdischen Oberen zusammenrufen. Pauli Leiden mit Haft, Verhören, Verhandlungen und Bedrohungen begannen; sie sollten zwei Jahre dauern und erst in Rom enden. **Den farbigen Bericht über die Geschehnisse um das Ende unseres Apostels verdanken wir der Fabulierkunst des Lukas, der sich nach den Bedürfnissen der Großkirche richtete.**

Worum ging es ihm? Welche Unglaubwürdigkeiten erlaubte er sich dabei? Zuallererst hat er den wilden Drang der Jerusalemer Juden, den Apostel zu beseitigen, hervorheben wollen; dann die wiederholten Versuche der römischen Beamten, an Paulus eine Schuld zu ermitteln: Weder das eine noch das andere habe gelingen können. Immer wieder hätten die Römer die juristische Unschuld Pauli feststellen müssen. Die Juden aber scheiterten an Gottes Vorsehung, die dem Apostel bis in die römische Hauptstadt Schutz gewährte.

Und Pauli Rolle inmitten dieser Wirren? Er habe sich so sehr im Recht gewußt, daß er nach längerer Haftzeit das Kaisergericht in Rom angerufen habe, um seine Unschuld endgültig zu erhellen; so sei er als rechtsbewußter römischer Bürger - nicht etwa als Strafgefangener - nach dort gekommen (Apg 21,27 - 26, 32).

Es lohnt sich, einige der zweifelhaften Momente zu beleuchten, die der (hier nur kurz wiedergegebene) Bericht enthält, und ihren Hintergrund aufzudecken.

Angeblich rast das jüdische Volk in Wut, brüllt, wirft die Kleider ab, wirbelt Staub in die Luft. So bedeutsam soll der Aufruhr gegen den Apostel gewesen sein, daß sogleich die Hohenpriester und der ganze Hohe Rat (Synhedrium) sich versammeln mußten, um über eine Anklage zu beraten. Dabei wird Paulus auf den Mund geschlagen und gerät in Gefahr, in dem ausgebrochenen Zwist zwischen Pharisäern und Sadduzäern »zerrissen« zu werden.

Nicht genug damit. Vierzig jüdische Fanatiker beschließen, nicht mehr zu essen und zu trinken, bis sie Paulus getötet hätten. Um ihn zu retten, bringen ihn die Römer nach Caesarea. Doch auch hierhin setzen Juden nach; der Hohepriester Ananias, einige Älteste und ein Rechtsanwalt werden vorstellig, um Paulus zu verklagen. Sie bezeichnen ihn als eine Pest, als Anstifter von Unruhen für alle Juden auf dem Erdkreis, als Vorkämpfer der schädlichen Nazoräersekte (die Anhänger des Nazareners Jesus), als Entweiher des Tempels.

Paulus bleibt zwei Jahre gefangen, der Statthalter Felix übergibt ihn seinem Nachfolger Festus. Sowie dieser in Jerusalem weilt, tauchen die »Vornehmsten« der Juden auf, um dem neuen Statthalter ein Komplott gegen Paulus vorzuschlagen: der solle zum Schein nach Jerusalem beordert und hier in einen Hinterhalt gelockt und umgebracht werden. Festus geht nicht darauf ein, kehrt zu seinem Amtssitz zurück und läßt am folgenden Tag Paulus aus dem Kerker vorführen. Wiederum sind Juden zur Stelle (die ihm von Jerusalem gefolgt waren) und bringen »viele und schwere« Beschuldigungen vor. Ein nicht nachlassender, hartnäckiger Tötungswille der Juden! Doch was ist daran wahr?

Das Synhedrium ist natürlich nicht Pauli wegen zusammengetreten. Ein Kommandeur der römischen Wachtruppe konnte es nicht einberufen, das war rechtlich unmöglich. Der Hohe Rat war auch beim Tempeltumult nicht dabeigewesen; er wußte nichts von den Unruhen und hätte die Dringlichkeit der Sitzung nicht verstanden.

Vor der Ausführung des Mordplans soll Paulus durch eine riesige Eskorte geschützt worden sein: 200 Soldaten, 70 Reiter, 200 Speerträger wären für ihn aufgeboten worden. Doch wenn niemandem verraten werden durfte, daß das jüdische Komplott aufgedeckt worden war (Ap 23,22), stünde die geforderte Heimlichkeit mit dem offenen Aufwand im Widerspruch. Selbst die Marschleistung dieser Truppe ist unglaubhaft: 62 km in einer Nacht, mit einem Rückmarsch sogleich am nächsten Tag ohne längere Ruhepause! Infanterieschutz bot sich zudem nur in der Nähe Jerusalems an.

Und weiter. Wie sollte man den jüdischen Führern, auch jüdischen R e c h t s vertretern, eine solche Hinterhaltsabsicht zutrauen, Paulus auf dem Wege von Caesarea nach Jerusalem heimtückisch umbringen zu lassen? Warum auch unterwegs? In der heiligen Stadt selbst gab es bessere Möglichkeiten dazu. Hier hätten sie sogar rechtmäßig handeln können, mit dem Volk hinter sich (das ja angeblich so wütend auf Paulus war) und einer Obrigkeit neben sich, die ihre Maßnahmen gedeckt hätte.

Angeblich dringen die Juden gegenüber Festus darauf, den Prozeß gegen Paulus wieder aufzunehmen. Auch das ist unwahrscheinlich. Vielmehr wird der Statthalter, nach Felix neu im Amt, selbst ein Interesse daran gehabt haben, den verschleppten Vorgang endlich juristisch abzuschließen; das entsprach dem üblichen Beamtenverhalten. Die ganze konkrete Beschuldigung der Tempelschändung verschwindet im Verlauf lukanischer Berichterstattung. Sogar Paulus selber bringt den Vorwurf nicht noch einmal zur Sprache. In seiner Rede vor dem jüdischen Volk, auf der Burgtreppe, wäre dieser Punkt aber der wichtigste gewesen!

Zu guter Letzt - blicken wir hier weiter voraus - fehlen in Rom alle mündlichen oder schriftlichen Belege für eine Anklage der Juden. Lukas kann keinen jüdischen Kläger, keine jüdische Anklageschrift vorweisen. Wo ist der schlimme Haß der angeblich so mordwütigen Hebräer geblieben?

Was die römische Behörde betrifft: sie kann keine Klarheit über den Fall Paulus gewinnen. Obwohl sie mehrmals damit konfrontiert wird, entdeckt keiner der beteiligten Beamten die geringste Schuld an dem Apostel. So stellt der Oberst Claudius Lysias in einem Brief an den Statthalter fest, »Paulus sei lediglich wegen Streitigkeiten um das jüdische Gesetz angeklagt, eine reale Anschuldigung gegen ihn läge nicht vor« (Apg 23, 28 f.).

Selbst der Statthalter Felix kann keine Schuld ermitteln, behält aber den Apostel zwei Jahre lang bei sich als Gefangenen. Er verschiebt das Urteil immer wieder und versichert, erst später entscheiden zu wollen.

Der Nachfolger Festus bespricht sich ergebnislos mit seinem Rat und vermag aus den jüdischen Beschuldigungen nichts Belastendes herauszuhören. So kann er nichts Verläßliches über Paulus schreiben (Apg 25,12.18.20.25 f). Und auch der jüdische König, der Römergünstling Agrippa, der Statthalter Festus und die anderen betonen, daß Paulus weder Fessel noch Tod verdient habe.

N e u n mal läßt der Autor Lukas Pauli Unschuld beteuern. Er kann sich nicht genug tun, die juristischen Bemühungen der römischen Obrigkeit leerlaufen zu lassen. Seine eigene Anstrengung dabei, die sogar literarisch störende Wiederholung dieses Motivs, weckt erst recht den Verdacht des kritischen Lesers, es könnte ganz anders gewesen sein. Untersucht man die lukanische Darstellung genauer, stößt man auf etliche Widersprüche, die sie unglaubhaft machen. Der römische Tribun darf zwar den Apostel nicht peinlich verhören - davor war der als römischer Staatsbürger geschützt-, aber natürlich durfte er ihn zur Sache vernehmen. Auf den Gedanken kommt der Römer jedoch nicht. Der Tribun will aus dem Wirrwarr der Ratssitzung erfahren haben, daß Paulus politisch unbelastet war und nur wegen theologischer Meinungsverschiedenheiten hier stünde. Doch woher wollte er das wissen? Durfte er der hohen Versammlung beiwohnen, verstand er hebräisch? Wenn die Römer Paulus wirklich für unschuldig hielten, besonders der Statthalter Felix, der zwei Jahre untätig verschenkt: Warum läßt man den Apostel nicht spätestens j e t z t frei ? - Lukas spürt die Frage und suggeriert die Antwort: der Statthalter will den Juden eine Gunst erweisen und hält Paulus weiterhin fest. Desselbe will nach Lukas Festus später auch. Doch inwiefern könnte juristische Passivität den angeblich leidenschaftlich hassenden Juden gefallen?

Es dürfte auch historisch nicht stimmen. Nach den Geschichtsschreibern Tacitus und Josephus war Felix ein gewissenloser und verschlagener Gewaltmensch. Warum hätte er so rücksichtsvoll mit den Juden umgehen sollen? **Die ganze Szene, wie Festus den Apostel dem jüdischen König vorführt, ist frei erfunden;** daran zweifeln auch theologische Forscher nicht. Der Bericht kann nur von Lukas selber stammen, jede andere Überlieferungsmöglichkeit fehlt. Er bietet ein reines »Privatgespräch«, von dem niemand erfahren konnte und das historisch ohne Folgen bleibt.

Nein, Paulus besaß kein Ansehen, keine Würde und Unschuld, die der K ö n i g bestätigen konnte; und er war auch kein Wahrheitszeuge, dessen Überzeugungskraft beinahe diesen König zum Christen gemacht hätte (Apg 26,28). Im Gegenteil, die beteiligten hohen Persönlichkeiten sollten von Pauli N i c h t-Unschuld nichts wissen; Lukas wollte es s o darstellen. - Um das Appellationsmotiv steht es nicht besser. Im vollen Unschuldsbewußtsein ruft der Apostel den Kaiser in Rom an, um ihm seine Sache vortragen zu dürfen.

Pauli Ersuchen ist für Lukas wichtig, vermeidet er doch auf diese Weise, den Apostel als gewöhnlichen Strafgefangenen nach Rom kommen zu lassen. Die Appellation stellt Lukas so kräftig heraus, als solle der Leser nicht vergessen, daß der unschuldige Paulus nur d e s wegen gefangen nach Rom gerate.

Paulus selber hebt das Motiv zweimal hervor; danach greift es Festus auf. Schließlich teilt er die Appellation dem König mit, ebenfalls zweimal; am Ende wiederholt Festus vor Agrippa: Paulus sei unschuldig, habe sich aber selber (leider) auf den Kaiser berufen; zu dem müsse er nun gebracht werden. Nach Pauli großer Verteidigungsrede schließt der König in der folgenden internen Sitzung die Akte mit den resignierenden Worten, dieser Mensch hätte freigelassen werden können, hätte er nicht Berufung an den Kaiser eingelegt. Eine gemachte Not! Als ob nicht eine längst ermittelte Unschuld den Streit darum überflüssig gemacht hätte. Im ganzen eine s i e b e n malige Beteuerung dieses unglaubhaften juristischen Schrittes - mit einer doppelten Steigerung: Paulus sei nicht nur de facto unschuldig gewesen, sondern auch im forensisch bestätigten Sinne. Und er habe nicht nur nicht das Kaiserurteil gescheut, sondern Gott selbst habe ihm den Rechtsweg nach Rom durch die Schutzverheißung eines Engels bekräftigt, er werde das Evangelium auch in der Welthauptstadt verkünden (Apg 23,11). Einen Ort der Schmach umgewandelt in einen Ort göttlicher Verheißung!

Der ganze Appellationsakt ist aus mehreren Gründen in sich unmöglich: Hätte Paulus die Berufung gewollt, so hätte er sie v o r Ablauf der zwei Jahre im Gefängnis eingeleitet. Die damalige juristische Praxis sah in dem Fall folgende Möglichkeiten vor: Ein Angeklagter appellierte an den Kaiser, **bevor** der betreffende Prokonsul oder Legat sein Urteil sprach; oder er appellierte **nach** dem Urteilspruch, weil er das Gericht, vor dem er stand, ablehnte (aus der appellatio wurde so eine provocatio ad Caesarem).

Das erstere hat Paulus nicht getan und hätte er auch nicht tun können, denn der Statthalter urteilte ja nicht. Das zweite zu tun hatte er deshalb auch keinen Grund. Wogegen hätte sich der Protest richten sollen? Die Begründung, Paulus fürchtete, der Statthalter könne dem bösen Bestreben der Juden nachgeben und er wollte darum nach Rom gebracht werden, scheitert an der (in Wahrheit bestehenden) Gleichgültigkeit der Juden. (Apg 25,10f).

Paulus versichert in Caesarea, vor dem Richterstuhl des Kaisers zu stehen. Für ihn ist also das Statthaltergericht mit dem Kaisergericht identisch. Der Statthalter ist der vom Kaiser eingesetzte oberste Richter der Provinz. Warum dann noch ein Appell an den Kaiser? So schnell konnte Paulus seine Auffassung nicht ändern.

Am Ende läßt Lukas das Appellationsthema fallen: er scheint es vergessen zu haben. Gerade jetzt aber, in Rom vor dem Kaiser, am Ziel seiner Wünsche, hätte Paulus darauf zurückkommen müssen. Entweder mußte Lukas seinen Lesern mitteilen, daß Paulus seinen Rechtsanspruch realisieren und seinen Rechtsfall zufriedenstellend klären konnte; oder er mußte anführen, warum es zu einem juristischen Abschluß nicht gekommen war. Zu lange, zu nachhaltig hatte er seine Leser mit dem ungelösten Rechtsproblem in Atem gehalten, um es am Ende unbeachtet liegenlassen zu können. Lukas wollte auf die Appellation nicht wieder eingehen, sie hatte ihre Aufgabe erfüllt, während der Ereignisse den Apostel vor falschem Verdacht zu schützen. Am Ende, als es mit der nötigen Verifikationsforderung lästig wurde, ließ sein Erfinder es unauffällig aus dem Spiel.

**Gewissen.** Ein anderes Motiv, das Lukas zu keinem Zeitpunkt lästig wurde und das er penetrant überstrapaziert, ist das Gewissen des Apostels und dessen angebliches Unschuldsbewußtsein.

In der Verteidigungsrede vor dem Statthalter Felix und der Abordnung aus Jerusalem beglaubigt Lukas seinen Tugendhelden mit Worten höchster Selbstgewißheit. Paulus verkündet feierlich: »Darum übe ich mich auch selbst, allezeit ein unverletztes Gewissen zu haben gegenüber Gott und den Menschen« (Apg 24,16).

Dieses Gewissen wäre mehr als ein gutes Gewissen. Das gute Gewissen könnte sich nur auf ein bestimmtes Ereignis beziehen, das den Geltungsbereich des Unschuldsbewußtseins einschränkt. Das unversehrte, tadellose Gewissen aber wäre ein nie angestoßenes Gewissen, das stets in ungetrübter Ruhe und Unbescholtenheit geschützt blieb; kein mögliches Vergehen, keine Versuchung hätten es je berührt.

Obwohl nun dieser Gewissensbegriff schon Ausschließlichkeit und Dauerhaftigkeit umfaßt, drückt Lukas sie nochmals aus: in allen Dingen, allezeit, stets habe Paulus sich in einer sochen Verfassung befunden. Der Autor schafft damit einen unerträglichen Pleonasmus: Wurde das Gewissen noch nie belastet und verletzt - dann hat sich der Gewissensträger eben auch zu jeder Zeit eines reinen Gewissens erfreut. Sogar in dem »Üben« steckt Dauer. Paulus habe sich seines Gewissens stets befleißigt, habe es eingeübt, kräftiger gemacht und sich mit ihm bewährt. Läßt die Gewissensübung den Erfolg der Unverletztlichkeit noch offen? Nur scheinbar. Die Bescheidenheit, die hier aufleuchten soll, ist in Wahrheit der immer aufs neue erfochtene Sieg; denn das Gewissen b l i e b ja unverletzt.

Am Ende rühmt sich der lukanische Paulus auch noch, daß er selber es sei, der Gewissen habe. Und er stellt dieses »selbst« sogar seiner Beteuerung mit Nachdruck voran. Wer sonst als er selber sollte hier üben, wenn er doch von s e i n e r Person das stets integere Gewissen bezeugen wollte! Ließ sich denn jemand in seinem Gewissen von einem anderen vertreten?

An anderer Stelle redete er noch kühner: Er habe weder gegen das Gesetz der Juden und gegen den Tempel noch gegen den Kaiser etwas »verbrochen« (Apg 25,8). Die hier negierte Schuldvokabel umschließt (im Griechischen ) a l l e Vergehen gegen Gott, Sitte und Gesetz, a l l e religiösen und sittlichen Verfehlungen. Paulus soll ganz und gar schuldlos gewesen sein; in diesem Manne sei eben überhaupt nichts Unredliches, Verkehrtes,Unziemliches gewesen! Ja, wie könnte das auch anders sein, wo doch unser Gottesverschworener an die Auferstehung der Toten glaubte - und damit auch an eine Vergeltung aller bösen Taten! Darauf weist er selber hin (in der Sicht des Lukas Apg 23,6; 24,15.21). Zusammen mit solch indirekten Bekundungen bekräftigt der Apostel sein ruhmvolles Bestehen vor dem weltlichen **und** göttlichen Recht - ganze s e c h s mal! **Wie fatal mußte die erniedrigende Schuldanklage des Apostelfürsten den späteren Kirchenoberen gewesen sein, daß sie eine derartige Stereotypie in Auftrag gaben!**

**Beugehaft.** Wer stand hinter den Maßnahmen gegen Paulus, wer hatte das größte Interesse, ihn hinter Gittern zu sehen? Die Jerusalemer Judenchristen konnten sich nicht als Geschädigte fühlen. Selbst wenn sie gehört hätten, daß Paulus mit offiziellen Geldgeschenken gekommen war, die für sie bestimmt waren, hätte sie das nicht berühren müssen. An die Ernsthaftigkeit seines Vorhabens werden sie ohnehin nicht geglaubt haben; um so mehr waren sie von der Gewichtigkeit der Gründe überzeugt, die sie zwangen, solche Geschenke abzulehnen.

Anders muß dagegen die Reaktion der heidnischen Gemeindevertreter ausgefallen sein. Wieviele von ihnen waren in Jerusalem noch zugegen ? Mindestens einer von ihnen hat bei der römischen Obrigkeit in der Stadt Anzeige erstattet, empört darüber, wie wenig Paulus das ihm anvertraute Eigentum römischer Bürger respektierte. Unter den Geldgebern waren auch vermögende Stadthonorationen, deren Nähe Paulus bevorzugte. Die Anzeige mag so ein besonderes Gewicht erhalten haben.

Ihr nachzukommen dürfte den römischen Beamten nicht schwergefallen sein; das geplante Vorgehen konnte bezeugt werden, und Paulus war nicht imstande, über die Herkunft des Geldes eine andere Auskunft zu geben als die, die ihn belasten mußte. Und natürlich weigerte er sich auszusagen, wo er inzwischen die Goldbestände untergebracht hatte. Verfügte er über Vertraute oder Helfershelfer, die ihm bei der Deposition in einer der Schatzkammern der Tempelbank behilflich waren? Lag der »Schatz« inzwischen dort? Dann müßte Paulus Gelegenheit gefunden haben, den Bankvorgang einzuleiten und abzuschließen.

Für die, die Anzeige erstatteten und für die, die sie entgegennahmen, war das Geld verschwunden; das erklärt Pauli Haft in Jerusalem und in Caesarea. Die längere Haftzeit, die er ohne juristische

Entscheidung zubringen mußte, weist auf eine Beugehaft hin. Sein schuldhaftes Vergehen lag zutage, und der Delinquent sollte es nicht nur eingestehen, sondern auch durch Herausgabe der »unterschlagenen« Beträge wiedergutmachen. Doch der setzte sich mit Starrköpfigkeit, Hinhaltungen, Kompromißangeboten (die natürlich seine Schuld nicht zugestanden) und Verhandlungstricks zur Wehr.

Wie zahlreiche Papyri und Inschriften der damaligen Zeit bezeugen, war die Rechtspraxis der Personalexekution durch Schuldhaft verbreitet. Weigerte sich der Schuldner, trotz strenger Inhaftierung, die geforderte Geldschuld herauszurücken, drohte ihm Schuldsklaverei. **Pauli mutmaßliches Todesschicksal in Rom (Enthauptung) war kaum die unmittelbare Folge seiner Rechtsschwierigkeiten. Seine Gefangenschaft dort fiel unglücklicherweise in die Zeit der neronischen Christenverfolgung, und er wurde ihr Opfer – ein Märtyrer wider Willen.**

# Anhang
# 2. Biographische Skizze

–

## Warum Paulus den Brüdern die Falschbrüder vorzog

Was im Leben gelingt, gelingt nicht für immer; es glückt selten so lange, wie wir es nötig hätten. Das war bei Paulus nicht anders. Es hatte damit angefangen, daß die Zahl derer, für die er in seinem Papyrus ein Konto führte, schrumpfte, statt zu wachsen. Er rechnete nach und die Einnahmen gingen zurück. Es wurden ihm Grüße von Gläubigen überbracht, er erkundigte sich nach ihren Namen und stellte fest, daß etliche aus der betreffenden Gemeinde fehlten. Dann traf eine Abordnung aus einer fernen Gemeinde ein, und er konnte durch Nachbohren erfahren, welche Veränderungen und Schwierigkeiten es zu Hause gab: finstere Gestalten, klein, mit schnellen, verhuschten Bewegungen, langen Bärten und großen schwarzen Hüten, hätten eines Tages auf dem Marktplatz gestanden, eine Gruppe Neugieriger um sich, und gegen ihn gehetzt. Zuerst hätten sie sich ganz ruhig nach ihm erkundigt: wie lange er dagewesen sei, was er ihnen gepredigt habe und wieviel er eingenommen habe; dann aber hätten sie aus ihrer Feindseligkeit gegen ihn keinen Hehl gemacht.

Er sei ein Schwindelprophet ohne Ruf und Namen, und wer ihm vertraue, sei für allezeit verloren; den könne auch der mächtigste Gott nicht mehr retten. Ja, das hätte allen einen Schrecken eingejagt; ein paar Frauen fingen an zu weinen, und ein paar Beherzte unter ihnen wollten wissen, wie sie vielleicht das Schlimmste noch verhüten könnten. Das erfuhren sie dann auch, aber es kam ihnen schlimmer vor als das befürchtete Schlimmste: man höre noch immer die Schmerzensschreie, sehe blutverschmierte Tücher und zwei, drei am Geschlechtsteil wulstartig verdickte Kleider ... **Sollten sie sich beschneiden lassen?**

Ihre Angst vor der Beschneidung versöhnte Paulus, aber er verstand sogleich die Gefahr richtig einzuschätzen, die diese Jerusalemer Judenchristen, auf die seine Anhänger hereingefallen waren, für das weitere Missionswerk darstellten. Eigentlich war er nicht überrascht. Der Nazarener war selbst ein frommer Jude gewesen, und auch er hätte wohl darauf bestanden, in seiner Gemeinschaft nur Beschnittene zu dulden. Paulus berief sich auf ihn, ohne seinen Gläubigen die Vorhäute zu nehmen, und er verstieß damit gegen die Gesinnung, die alle Jesusjünger im heiligen Land zusammenhielt. Sie mußten den hassen, der skrupellos das feste Fundament des christlichen Glaubens, die mosaische Religion, mit seiner angemaßten Freiheitspredigt hinwegriß; so trachteten sie danach, ihn auszuschalten und die Äcker, wo er gesät hatte, von seiner Saat zu reinigen, um dort selber neu zu säen.

Paulus war gewarnt und wußte, was ihm bei einem persönlichen Besuch in seinen Gemeinden bevorstand. Er bekam den Feind, der zunächst noch unsichtbar blieb, schnell zu spüren. Er berief eine Versammlung im Hause des Mitarbeiters ein, den er in der Gemeinde am meisten schätzte; doch als er hinkam, war niemand da, alle Türen verschlossen. Er postierte einen seiner Getreuen, Timotheus oder Titus, und machte sich auf die Suche nach den verlorengegangenen Gläubigen. Er fand einige in einem Wirtshaus sitzen, andere in die Bäder verschwunden - und wieder andere hockten zu Hause bei ihren Frauen. Die ausgestreute Kunde, er sei vorzeitig abgereist, ohne Gruß, ohne Nachricht, fluchtartig - hatte genügt, sie alle grimmig zu stimmen.

Ein anderes Mal trat er vor seine versammelten Leute, aber es waren fremde, böse Gesichter darunter. Zwei, drei dieser Finsterlinge störten seine Predigt durch Zwischenrufe, schrien wilde Schmähungen gegen ihn, steckten andere an, seiner Verkündigung von Christus ebenfalls nicht länger zuzuhören.

Die für ihn schmachvollste Situation kam aber jedesmal dadurch zustande, daß seine Feinde sich auch körperlich an ihm vergriffen. Dann lauerten sie ihm in der Nähe seiner Unterkunft auf, und war er allein, sprangen sie hinter ein paar Weinfässern, einem Schuppen oder einer Sattelkiste hervor und schlugen mit dicken Lederriemen auf ihn ein.

Daraufhin machte er es sich zur Gewohnheit, nicht mehr allein durch ein fremdes Dorf, eine fremde Stadt zu gehen: Titus und Timotheus verstärkte er durch zwei, drei kräftige Burschen, die mit Knüppeln bewaffnet neben ihm herliefen. Was sollte er tun? Das Problem war nicht gelöst, wenn er sich körperlich schützte. Er mußte bald um jeden Bekehrten und Getauften bangen. Der eine wich ihm aus, der andere sah ihn nur noch verstohlen an, und kaum einer sprach mehr als das Nötigste mit ihm.

Ein ihm Vertrauter tat zwanglos und fragte nach, ob er, Paulus, ihn beschneiden könnte. Begriff man das nicht? Wer sich beschneiden ließ, richtete das ganze Gesetz wieder auf, das der Apostel niedergerissen hatte, und machte sich so vor dem anspruchsvollen Gesetz erst recht zum Sünder! War denn Paulus einer, der das Böse lehrte, damit das Gute daraus komme?

Es nutzte ihm nichts, an den Folgen der Störung in den Gemeinden herumzudoktern; er mußte die Wurzel des Übels packen. Sollte er die Eindringlinge aus seinem Umkreis vertreiben, heimlich und hinterrücks? Dafür konnte er sich ortsfremde Sackträger verschaffen, erbarmungslose Hundefänger oder entlassene Soldaten; trotzdem würde man auf ihn als Urheber schließen und ihn öffentlich anschwärzen. Oder sollte er sie bei der römischen Obrigkeit anzeigen und sie einsperren lassen? Dazu müßte er die richtige

Anklage finden und Zeugen gegen die Beschuldigten aufstellen, die alle Gefahren für ihn übertrieben und ein schlimmeres Vergehen beeideten. Doch selbst wenn es ihm gelänge, seine eigenen Landsleute (Paulus war und blieb ja schließlich gebürtiger Jude) den Heiden auszuliefern, würde das auf seine Gläubigen keinen guten Eindruck machen.

Oder ob er besser die schwarzen Figuren mit ihren eigenen Waffen schlug? Waren die nicht versessen darauf, Penisse zu beschnippeln? Dann sollte man sie doch gleich selber so behandeln und denen nicht bloß die Vorhaut »ver-schneiden«, sondern das ganze Organ, das sie bedeckte! Vielleicht würden die als Kastrierte Ruhe geben.

Aber schon als er das erwog, wußte er, daß er sich damit ebenfalls keine Sympathien verschaffte. Wer die blutige Entfernung der Vorhaut an einem Erwachsenen miterlebt hat, konnte den Schmerz und die Entwürdigung allzugut nachfühlen, und man würde mit den verstümmelten Beschneidungspredigern Mitleid empfinden. Paulus stünde selber als wilder Beschneider da und triebe so seine Anhänger erst recht in die Arme der anderen.

Bei all diesen Gegenmaßnahmen spräche im übrigen der unangenehmste Vorwurf noch immer gegen ihn: kein richtiger Apostel zu sein - weder von Jesus berufen, noch von seinen Nachfolgern legitimiert. Wie oft hatte er doch die Frage beantworten müssen, ob es denn stimme, daß er den Nazarener nicht gekannt habe; und woher er denn wisse, daß der mit seiner Verkündigung einverstanden sei, da es doch offenbar seine Getreuen *nicht* waren. Und immer wieder hatte er zu erklären versucht, daß er den irdischen Jesus gar nicht zu kennen brauche, weil er doch den in den Himmel erhöhten Jesus viel besser kenne; täglich stehe er mit ihm im geistlichen Verkehr, bete zu ihm, höre ihn und handle nach seinen unmißverständlichen, himmlischen Weisungen.

Indes, er konnte ja viel erzählen. Die Berufung bedurfte der Legitimation, nur die schützte ihn. Aber die besaß er nicht nur nicht, seine Feinde bestritten sie ihm sogar - mit den bekannten Folgen.

Wie sollte er sich also von seinen Bedrängnissen befreien? Er mußte eine Lösung finden, die seinen Feinden den Boden entzog. Er wollte sie scheinbar gewähren lassen und sie zugleich ins Unrecht setzen; nicht durch ihn, nein, sie durch sie selber ... Ihr jetziges Zeugnis sprach zwar gegen ihn - aber mußte das denn schon immer so böswillig gewesen sein? Konnte er nicht die Gegenwart von einer fiktiven Vergangenheit trennen - und *diese* für seine Person verwenden? Saul ließ den Gedankenprozeß ein paar Tage in Ruhe sich entwickeln - und gelangte zu folgendem Ergebnis: Er wollte sich auf einen förmlichen Vertrag mit den Jerusalemern berufen; auf einen, der auch rechtlich gültig war. Empfehlungsschreiben aus ihren Händen besaß er nicht, er konnte sie auch nicht beschaffen. Er mußte von einem feierlichen Handschlag sprechen, vor je zwei Zeugen für jede Partei (gemäß einem alten Mosesgesetz). So hätten sie gelobt, brüderlich die Missionsgebiete zu teilen: er zu den Heiden, die anderen zu den Juden; er ohne Gesetz, sie mit Gesetz!

Und diese »Konferenz« sollte zeitlich so früh gelegen haben, daß sie seine ganze Missionstätigkeit begründen konnte (die Ferne der Vergangenheit würde Nachforschungen erschweren), und auch wiederum so spät, um nicht mit ihr den Eindruck zu erwecken, er wäre sogleich nach seiner Bekehrung in die heilige Stadt geeilt, um sich dort Weisungen zu holen. Er dachte an einen Zeitraum von 16 - 17 Jahren *vor* dem vermeintlichen Abkommen, und an fünf, sechs Jahre danach.

Zu *seinen* Zeugen wollte er Barnabas und Titus machen. Titus, seinen griechischen Diener und Mitarbeiter, würde er in die Sache einweihen, und der würde sich ihm nicht versagen. Barnabas war weit weg, niemand wußte, wo er sich aufhielt. Von ihm, seinem ersten Vorgesetzten in Antiochia, der damals mit ihm zögerlich die Befreiung vom jüdischen Gesetz versuchte, von ihm würde er behaupten (mündlich und schriftlich), er sei wieder voll ins Jüdische zurückgefallen, er täusche seitdem heuchlerisch die Juden über sein wahres Denken.

Das gleiche würde er von Petrus versichern. Stand der nicht hinter allen Aktionen seiner Gegner? Er hatte ihn dabei noch nicht persönlich erwischen können. Über ihn würde er erzählen, vormals mit ihm in Antiochien heidnisch gegessen zu haben, bevor der Wankelmütige sich wiederum hinter seinen jüdischen Gewohnheiten versteckte. So verriet er die schöne Glaubensfreiheit beim täglichen Essen wieder, wie Barnabas, und heuchelte seither mit den Juden.

Petrus und Johannes, der Bruder des Jakobus (nicht des Herrenbruders), sollten die zwei Zeugen der anderen Seite sein. Johannes war längst tot, in Jerusalem als Märtyrer hingerichtet, das wußte er genau; der konnte ihm mit der Bestreitung seiner Konferenzteilnahme nicht mehr schaden.

Allerdings fiel ihm nun ein, daß auch Petrus zu der Zeit damals, für die er sich entschieden hatte, nicht mehr in Jerusalem gewesen war. König Agrippa, der jüdische Römergünstling, hatte ihn verhaften lassen, doch er konnte fliehen. Seither war er auf Reisen; womöglich ließ ihn der Neid auf den erfolgreicheren Missionar Paulus nicht ruhen, und er wollte selber in Asien, Mazedonien und Achaja Proselyten machen. Bis auf den steinharten Jesusbruder Jakobus (*der wenigstens* hätte zugegen sein können) hatte sich Paulus eine Konferenz ohne Teilnehmer zurechtgemacht. Mit Abwesenden ließ es sich natürlich am leichtesten verhandeln und für die umstrittene Sache das Beste herausschlagen. Um Jakobus brauchte er sich nicht zu kümmern, der würde ihn mit Schweigen übergehen; die gesprächigeren Petrus und Barnabas hoffte er auszuschalten, indem er ihnen ihre *schwindende* Glaubwürdigkeit nachwies: bestritten sie den einstigen ehrlichen Händedruck, logen sie.

Doch wie sollte er sich gegen die anderen abschirmen, die als namenlose Sendlinge Jerusalems auftraten und ihn bei seinen Anhängern schlecht machten? Auch dafür hatte er sich ein Konzept ausgedacht. Er würde sie zu Falschbrüdern degradieren, die schon auf der Konferenz versucht hatten, sich mit ihrer jüdischen Kompromißlosigkeit durchzusetzen. Sie verlangten damals sogar (wenn auch vergeblich) die Beschneidung des Titus! Stänkerten sie nun wiederum gegen ihn, dann verleugneten sie nicht *ihn* als Glaubensbruder, sondern ihre eigenen Gesinnungsgenossen daheim!

S i e verrieten die Vereinbarung, nicht er, wenn er seine Gläubigen *nicht* beschnitt. Treulose Spalter am Leibe des Herrn!

Als Paulus mit Titus über die Rolle sprach, die er ihm zugedacht hatte, stieß er auf dessen Bedenken. Dürfe man die Geschichte der Gemeinde Christi so zu seinen Gunsten umschreiben? Und der Apostel schilderte ihm seine Auffassung von Wahrhaftigkeit: Vor Gott gelte ein anderes Gesetz. Gewiß liefere er sich mit seinem Handeln den Anschein des »Lügners« aus; doch gestehe er damit auch zu, ein Mensch wie alle anderen zu sein, die ja *alle* Lügner seien. Stets habe er darauf geachtet, sich nicht für etwas Besseres zu halten; lieber stelle er mit seiner »Lüge« die Wahrheit Gottes heraus; nur Gott allein sei wahr, kein Mensch könne deshalb vor ihm bestehen. Und wer drücke das tiefsinniger und plastischer aus als der, der demütig *unterhalb* der göttlichen Wahrheit entlanghusche? Natürlich könne nicht jeder, der so denke, auch gerecht sein. Nur wer für die Wahrheit »lüge«, »lüge« nicht.

Und der praktische Nutzen der ganzen Aktion? Wie sollte man ihm glauben, wenn er nur eine Geschichte erzähle? Nein, meinte Paulus hintersinnig, es handele sich nicht bloß um eine Unwirklichkeit, die er im Kopfe habe; auch um eine Wirklichkeit, die die anderen erlebten. Um welche? Um eine K o l l e k t e, die er plane und für die Jerusalemer Christen sammeln wolle.

Eine Koll --- wieso? Titus begriff nicht. - Ja, eben, lächelte Paulus, wer einen anderen für sich Almosen erbetteln lasse, der habe sich ihm in seinen materiellen Nöten offenbart, und das sei der intimste

Vertrauensbeweis. Niemand nehme, vor den Augen vieler, Hilfe von einem Nichtswürdigen, Verachtenswerten an. Womöglich würde er die fernen Genossen mit seiner übergroßen Mildtätigkeit »erdrükken« und die Einheit der Kirche Christi neu schaffen! Sei denn nicht manche »Lüge« nur eine kecke, allzu voreilige Wahrheit?

Wer könnte wissen, ob er mit seiner ausdauernden, hartnäckigen Barmherzigkeit die starren Gemüter nicht nachhaltig erweichen würde? Sahen sie nicht, wie opferfreudig er war, wie willig er seine Freiheiten mit der Minderung seiner Einnahmen büßte und dafür an andere bezahlte, denen sie wehtaten? Mußte seine Unterwürfigkeit nicht wie glühende Kohle auf ihren Häuptern sengen?

Und dann nach zwei, drei Jahren wachsender Einsicht würden sie ihn wirklich empfangen und sich über die Gaben freuen. Dann käme es tatsächlich zu der Konferenz, zu dem Händedruck einer Freundschaft im *Herrn*; nicht sie selber an ihrer eigenen Person mußten ja durch sich und in sich Freunde sein!

So hätte sein Bericht nur vorweggenommen, was tatsächlich im Herrn geschah, und sein Trachten und Herbeiwünschen hätte sich wie Gottes Wille selber durchgesetzt.

Indes, wer weiß -und er seufzte noch einmal tief-, vielleicht steckten die gläubigen und ungläubigen Juden Jerusalems unter einer Decke? Auf dem Wege zum Hause des Jakobus, wo alle Apostel sich treffen wollten, würde der gutgläubige Paulus überfallen und seines ganzen Goldes beraubt! ? Um es vor ihm in Sicherheit zu bringen, haben sie es im Tempel versteckt --- den zu betreten sie ihm und seinen Freunden verwehrten?!

Als Paulus nach dieser Unterredung dem erstbesten Falschbruder in die feindseligen Augen blickte, war er glücklich, wie schon lange nicht mehr. Er wußte jetzt, was er an den »verkleideten Satansdienern« hatte: er brauchte sie, um als Bruder der echten Brüder des Herrn, nicht als Stiefbruder der falschen, seinen Weg weiterzugehen.

# Nachbetrachtung

Ich habe keine Zweifel mehr, w e r Paulus war.

In der G r u n d erkenntnis dieses »feindlichen Menschen« (so nannten ihn seine judenchristlichen Zeitgenossen) schließe ich jeden Irrtum aus. Und angesichts der Fülle christlicher Bezeugungen in Reden, Bildern und Schriften versichere ich meinen Lesern ausdrücklich, wie schmerzlich mir diese Erkenntnis ist. Einer solchen Last an Diskrepanz allein durch Wißbegier und Forscherdrang gegenüberzustehen - wie ungerecht, wie unzumutbar!

Weil mein Wahrheitswille, meine Wahrheitsbegabung, meine Ausdauer an der Wahrheit womöglich in dieser Ballung größer war als bei manch anderem, stehe ich nun vermutlich als Angeklagter da? Nach jahrzehntelanger mühsamer Arbeit fühle ich mich eher bestraft als belohnt. Viele hundert großformatige Seiten mit freien, kritischen Exegesen zum griechischen Urtext der sieben echten Paulusbriefe habe ich aufgesammelt, die das Beweismaterial zum vorliegenden Buch liefern. Doch einen Verlag, der zur Veröffentlichung solcher Kleinarbeiten bereit und fähig wäre, würde ich nicht finden können. Denn exegetische Literatur, wie sie bestimmte theologische Fachverlage publizieren, muß konform ausfallen: kirchennah und textaffirmativ. Daran beteilige ich mich nicht. Meine Textanalysen gehörten in religionswissenschaftliche Universitätsvorlesungen, zu denen es auch wegen meines vorgeschrittenen Alters nicht mehr kommen kann.

Sind meine a-theologischen Aufschlüsse neu? In der Vorführung und Behandlung des theologischen Materials, ja. Davon unabhängig haben drei bedeutende Denker v o r m i r eine ähnliche, rücksichtslosere Grundeinsicht gewonnen.

Der erste war Porphyrius aus Tyrus, an der Küste Phöniziens in Nahost; er lebte von 233 bis 304, war Neuplatoniker, galt als ausgezeichneter Gelehrter von hoher Begabung, war umfassend gebildet und überaus scharfsinnig. Er hatte Leben, Denken und Treiben der »Christianer«, die damals noch nicht als Religionsgemeinschaft anerkannt waren, lange Zeit beobachtet und ihre Schriften studiert, die seit ca. 180 n. Chr. als Sammlung vorlagen. **Er verfaßte 15 Bücher gegen die Lehren der Christen und wies schonungslos die Widersprüche zwischen den Evangelien nach, die Falschheit aller christlichen Weissagungsbeweise, die Falschheit der Exegesen zum Alten Testament. Er kritisierte Petrus und demaskierte Paulus.** Den wievielten Teil seines umfassenden Werkes mag er diesem Apostel gewidmet haben? Seine Einwände gegen die christliche Religion müssen so überzeugend ausgefallen und der sich langsam festigenden Großkirche als so gefährlich erschienen sein, daß sie sich nach ihrem Sieg über das Heidentum - das sie ja in Wirklichkeit nicht besiegt hatte - entscheiden mußte, alle auffindbaren Exemplare seiner umfangreichen Ketzerschrift zu vernichten. Lediglich aus den schriftlichen Entgegnungen christlicher Theologen haben sich Zitate erhalten.

So auch das Schlußurteil über unseren Apostel. Für Porphyrius war er: »ein widerwärtiger, sophistischer (spitzfindiger(?)), widerspruchsvoller, verlogener, barbarischer Rhetor« (also bloßer Wortemacher). Härter kann eine intellektuelle Bilanz zu einem »Religionsstifter« *) nicht ausfallen.

Kommen wir zum zweiten Denker: Friedrich Nietzsche. In seiner Schrift *Der Antichrist*, die erst 1911 aus dem Nachlaß erschien, hat der Philosoph seine Auffassung von Paulus unmißverständlich niedergelegt. Für ihn war der Apostel ein »Falschmünzer«, ein »fürchterlicher Betrüger«, der aus Haß auf die Welt begriff, was alleine **er** brauchen konnte. **Die ganze Vorgeschichte des Christentums habe er nach seinem Geschmack umgefälscht, denn die Realität, die historische Wahrheit, tat er beiseite. Er e r f a n d sich die Geschichte, die er nötig hatte, vor allem die Lüge vom wiederauferstandenen Jesus \*\*)**. Es sei töricht, ihn dabei für ehrlich zu halten. Er wollte den Zweck, nämlich Macht, Erfolg, geschäftlichen Gewinn - folglich wollte er auch die Mittel. Was er selbst nicht glaubte, die andern, unter die **er** seine Lehre warf, sie glaubten es. Indem er die Leichtgläubigkeit seiner Zeitgenossen auszunutzen verstand, triumphierte er als Typus des unveränderbaren Priesters. Von Nietzsche stammt auch die Formulierung, »alles schwitze durch die Poren der Geschichte«

Auf den Priestertyp Paulus besinnt sich auch der dritte Denker: Ludwig Klages (1872 -1956) In seinem Hauptwerk *Der Geist als Widersacher der Seele*, dessen letzer, dritter Band 1932 erschien, hat er, ohne den Namen des Paulus in dem Zusammenhang zu nennen, den lebens- und seelenfeindlichen Menschentyp bloßgestellt. Er sah den Typus in der Menschheitsgeschichte wiederholt agieren und wollte ihn nicht mit den Namen bestimmter historischer Persönlichkeiten verbinden; das wäre einer Einschränkung seiner Allgemeinbedeutung gleichgekommen.

---

*) Anmerkung des Verlages: Wie das? Religionsstifter soll doch Jesus aus Nazareth (? ) oder Bethlehem (?) gewesen sein!
\*\*) Wenn dem so ist, hat dieser »notorische Besserwisser« der gesamten christlichen Religionsvariante den Boden der Glaubwürdigkeit entzogen und die daraus enstandene Bibel zur immerwährenden Unwahrheit verpflichtet. Vgl. unsere Ausführungen zum Grußwort des Buches.

Die Beschreibung lautet: »Im Besitz magischer Rezepte, aber nicht mehr magischer Gaben, weiß er um sich den Nimbus der Macht zu verbreiten durch magisch flimmernde Gaukeleien. Er erfindet, kennt und beherrscht alle Künste der Suggestion und setzt an die Stelle der Bilder nicht etwa Begriffe (wie später der Philosoph), sondern ein Bild t h e a t e r. Meister im Maskentrug und Blender mit falschen Scheinen bemächtigt er sich der Gemüter, indem er durch Einflößung aberwitziger Ängste die Instinkte der Menschen vergiftet und sich selbst als Retter, Arzt und Erlöser aufspielt«. Das galt für Paulus auch dann, wenn er sich in wirksam gespielter Bescheidenheit als der bevollmächtigte Repräsentant des noch unsichtbaren Erlösers vorstellte. Für Klages war der Apostel ein erfolgreicher »Propagandist«.

Worin kulminiert die Beunruhigung, welche die angeführten Urteile über Paulus auslösen? Daß sie seit langem bestehen, auch in unserer Zeit, über 70 Jahre, 90 Jahre - für jeden nachlesbar, für jeden anwendbar, den die Pauluslektüre stutzig gemacht hätte.

Dazu wäre im besonderen ein professioneller Paulusleser bzw. -verkünder disponiert gewesen. Jedes überlieferte, kanonisch gewordene Wort, das jemand 1.000mal im Munde führt, 2.000 mal, 3.000 mal, dabei allmählich müde werdend, wird irgendwann zur Worth ü l s e, die aufzuklopfen reizt. Der dann offenbare Verdacht, der Wort e r f i n d e r habe eine (historische) Unwahrheit verbreitet, hätte alle Ermüdungserscheinungen vertrieben. Auf d i e s e s Erwachen wollte sich keiner der Wort b e n u t z e r einlassen! Täuschte Paulus mit Verkleidungen, ging Schleichwege und gebrauchte eine »durchtriebene Intelligenz« (Klages), dann sind ihm gottvertrauende Theologen und Kirchenleute grundsätzlich n i c h t gewachsen. Insbesondere professorale Naivitäten, hinterlassen in tausenden von Paulusbüchern, werden bei späteren n a c h christlichen Forschergenerationen Verwunderung erregen *).

Doch es gibt noch eine Kehrseite, und sie mindert die rigorose Negation der oben genannten Denker: Unser Apostel war zu seiner Zeit als Saatkrähe verschrien; er pickte das Gedankengut anderer auf und graste fremde Reviere ab. So wimmelt es in seinen Briefen

---

*) Anmerkung des Verlages: Dramatischer ist wohl, daß das »verlogene, verzerrte und unwahre paulinische Glaubensgut« - in Wirklichkeit das Gezeter eines Besserwissers - zur fundamentalen Stütze der christlichen Bibel wurde. Macht die Entschlüsselung von Paulus' »realem« Leben und Wirken die Bibel überflüssig? Sie erfaßt ihre ohnehin längst wackelnden historischen Grundlagen!

von Lebenswahrheiten, über die man nachdenken sollte / könnte:
o »Der Geist ist in den Schwachen mächtig« (man muß den Geist nötig haben).
o »Der Tod ist der Sold der Sünde« (jedes Leben ist egoistisch und muß das Leben abbüßen).
o »Haben als hätte man nicht« (niemals seine innere Distanz aufgeben).
o »Was nicht aus dem Glauben stammt, ist Sünde« (in allem seiner ureigenen Lebensüberzeugung treu bleiben).
o »Rechtfertigung ohne Verdienst der Werke« (auf sein Da-sein und So-sein vertrauen) *).

Doch auch in einem viel umfassenderen Sinne tritt der Apostel hinüber auf die Seite der Universalwahrheit. Der Kulturphilosoph Theodor Lessing ( 1872 - 1933) hält mit Recht die Wunder, Mythen und Leitideen der neutestamentlichen Überlieferung für »keimfähige Wunschanbilde und Zukunftsträume«, die das Handeln des notgeplagten, aus dem unschuldigen Naturleben herausgedrängten Menschen bestimmen (können). In seinen religiösen Vor- und Leitbildern denkt und glaubt der Mensch an richtungsetzende Formgedanken, die er durch un-, halb- und bewußtes Wollen in der von ihm gemachten Lebenswelt zu Tatsachen verwirklicht.

»Der kaukasische Mensch hätte keine Dampfschiffe und Flugzeuge gebaut, wenn er nicht Jahrhunderte lang geglaubt hätte an den unbenetzt über das Meer hinschreitenden und die Himmel durchfliegenden menschgewordenen Geist. Er hätte nie künstlich Millionen Hungernder speisen gelernt, wenn er nicht geglaubt hätte an einen Heiland, der mit zwei Broten Tausende sättigte«.

Der christliche Mensch verstand sich selbst in seinem Menschengott Christus als leibgewordenes Wort Gottes - und entwickelte aus diesem Glauben ein weltüberspannendes Buch - und Pressewesen. Das Wort des »Herrn« , das große Dinge wunderhaft wirken soll (Mk 1,25), ist heute als Wort von Politikern, Technikern, Wissenschaftlern, Journalisten, Werbemännern und Kaufleuten Ursache alles Geschehens.

Und natürlich hat auch Paulus eine positive Funktion in diesem Totalprozeß, der die Erde in ein Adamah, ein Menschenreich, umwandeln wird. Sprach er nicht in Gal 6,9 vom Nichtmüdewerden, das »Gute« zu tun? Beschwor er nicht das sprungbereite Wachsein derer, die auf die Nahparusie warteten? Die Kirche verlängerte den

---
*) Es gibt noch Dutzende Beispiele mehr.

Gedanken, transformierte ihn -und es mußte schließlich ein Menschentyp entstehen, der im unauflöslichen Zeitbewußtsein lebte, sich unermüdlich im Wollen anspannen konnte.

Und mußte nicht auch aus der geglauben Einzigartigkeit des von Gott Auserwählten, wie der Apostel seinen Hörern predigte, nach jahrhundertelanger kirchlicher Einübung ein menschlicher Artvertreter hervorwachsen, der in seinem Individualbewußtsein gestärkt war, über jedes natürliche Maß hinaus?

Wie viele selbstbewußte Iche heutzutage, isoliert, ohne unzerstörbare Gemeinschaften, die sie binden? ... gegenüber dem damals noch naiven, naturverschlungenen Heidenmenschen, sinnlich, triebhaft, psychisch weit offen, den Paulus bedrängte ... Klages erkennt deutlich den Unterschied zwischen dem heutigen Menschentyp und dem antiken: »Heute kann man Instinkte und Stimmungen unterdrücken, abstellen, aushungern und den nackten Rest als bloßen Energievorrat zur Heizung der Willensmaschine verwenden; damals konnte man es (noch) nicht«.

So hat auch die züchtigende Theologie des Paulus unsere neue Welt der Zivilisierung und Technisierung, der Selbstbestimmung und Karrierebesessenheit mitgestaltet; Haltungen und Gewöhnungen einexerziert, deren theologische Motive vormals nicht mehr als euphemische Überredungsformeln waren.

Mit diesen Gedanken will ich die verborgenen Strömungen unserer Religionsgeschichte nur andeuten: näher ausführen und begründen kann ich sie hier nicht. Das erfordert ein neues Buch (an dem ich schreibe).

Wofür Paulus wirklich eingespannt war, ist ihm nie bewußt gewesen. Die große, umgreifende Wahrheit unseres Lebens ist überpersönlich, liegt im Wesen des Geistwerdungs-Prozesses, der Täuschungen über ihn nötig macht.

Er läuft sogar unabhängig davon ab, was ein Mensch will und bezweckt ... unabhängig davon, was ein Mensch selbstlos gebraucht oder selbstsüchtig mißbraucht ... Moralisch ändert sich das Urteil über unseren Apostel nicht, aber meta-physisch. Nur in einem übernatürlichen, hinter-gründigen Sinne war er »gerechtfertigt«.

# Literaturauswahl

# –

# Register und Abkürzungen

# Register

## A

Abendland 17
Abendmahl 112
Abraham 27, 30, 162
Abrahambeispiel 162
Abrahamnachfolge 175
Abrahamsnachkommen 32
Achaja (Korinth) 69
Afrakat (Schriftsteller) 73
Agape 120
Agrippa 224, 225
Ahnengeister 158
Alltagsapostel 146
Altapostel 45, 62, 83
Ananias (Hohepriester) 49, 223
Andreas (Apostel) 45
Antiochener 58, 62
Antiochia 18, 57, 59, 60, 61, 64, 75, 79, 82, 112, 191, 236
Antiochia-Anekdote 83
Antiochien 67, 69, 79, 81, 87
Antipatris 39
Antisemitismus 131
Antonia (Burg) 221
Apokalypse 88, 98
Apokalyptik 89
Apollos 111, 137, 138, 153
Apostel 8, 18, 31, 37, 42, 47, 52, 53, 54, 62, 67, 68, 71, 73, 74, 75, 87, 88, 89, 90, 91, 96, 98, 99, 100, 102, 105, 107, 108, 110, 113, 114, 115, 116, 117, 120, 123, 125, 127, 128, 129, 130, 131, 132, 133, 134, 137, 139, 143, 146, 150, 151, 152, 155, 157, 158, 160, 161, 162, 164, 167, 168, 169, 170, 171, 172, 173, 174, 175, 176, 177, 179, 180, 181, 187, 188, 190, 191, 192, 193, 194, ,195, 196, 199, 200, 201, 202, 203, 204, 205, 206, 207, 208, 209, 210, 211, 212, 213, 214, 215, 216, 218, 219, 220, 221, 222, 223, 224, 225, 227, 228, 235, 238
Apostelbrief 113
Apostelfürst 228
Apostelgeschichte 19, 27, 37, 98, 127, 213, 220
Apostelkonzil 18, 67, 95, 145, 150, 152, 199, 207, 209
Aposteltreffen 220
Apostelvater 187
Apostelzeichen 106
Apostolat 105, 111, 123
Apostolizität 116, 138
Aristarch(us) 213, 214
Asiarchen 131
Asketen 189
Assos 214, 215
Asylrecht 193
Athen 128, 180
Auferstehung 63, 64, 179
Auferstehungsbeweis 54
Auferstehungserscheinung 143
Auferstehungszeugnis 144

## B

Bannjustiz 113
Barnabas 18, 58, 60, 61, 62, 67, 72, 74, 75, 79, 82, 205, 220, 236
Barnabas (Levit) 18
Baruchapokalypse 97
Berufungsakt 48
Bekehrungserlebnis 45
Bekehrungspraxis 112
Bekehrungswende 50
Berufungserlebnis 45, 46
Berufungsoffenbarung 112
Berufungsschema 49
Beschneidung 17, 18, 27, 67, 70, 233
Beschneidungsforderer 74
Beschneidungsforderung 68
Beschneidungsprediger 235
Bibelstellen 29
Blutzeugenschaft 72

## C

Caesarea 18, 218, 223, 228
Chrematologie (Geldtheologiee) 168
Christenbekehrung 23
Christensekte 72
Christentum 17
Christenverfolger 23, 33
Christenverfolgung 39
Christianer 57
Christusapostel 17, 47
Christusbote 211
Christuserscheinung 145, 146
Christusfeindschaft 42
Christusgeist 117
Christusgemeinde 79
Christushasser 52
Christusjünger 41
Christusmission 190
Christusmythe 156
Christusoffenbarung 102
Christusprediger 75
Christusstadt 98
Christusvision 51
Christuszeuge 49, 75
Claudius (röm. Kaiser) 201
Claudius Lysias (Oberst) 224
Cypern 18
Cyrena 126

## D

Damaskusgemeinde 50
Damakuserzählung 50
Damaskus 17, 37, 39, 45, 48, 49, 60, 88, 112, 120, 191
Damaskusgewalt 54
Damaskusereignis 53, 112
Damaskuserlebnis 48, 95, 112
Damaskusgeschehen 48
Damaskusnotizen 47
Damaskusstunde 150
Daniel 97
David 41, 98
Diasporajude 27, 71
Diasporajudentum 27
Diasporasynagogen 67

## E

Elias 98
Endgericht 91
Epaphroditus 190, 191, 192
Ephesus 18, 88, 89, 118, 131, 132, 134, 221
Epidauros 101
Epiktet (Philosoph) 102
Episkopen 176
Erastos 167
Eschatologie 91, 168
Esra 97
Exegese 29
Exorzist 110

## F

Falschbruder 238
Falschbrüder 67, 68, 69, 74, 75, 76
Fleischleiber 120
Fluchwunder 113

## G

Gaius 213
Galater 100, 199
Galaterbrief 74, 205
Galatien 67, 75
Galiläa 145
Gamaliel (Thoralehrer) 17, 27
Gegenmissionare 18
Geist-Erscheinungen 110
Geistbekundung 115
Geistesmacht 116
Geistesmächtigkeit 116
Geistesprüfung 116
Geistgaben 110
Geistträger 110, 118
Genezareth (See) 45, 140
Gethsemane 28
Glaubensbruder 237
Glaubensakt 162
Glaubensauffassung 70

Glaubensbekenntnis 138
Glaubensbewegung 23
Glaubensbruder 161, 192
Glaubensbrüder 202
Glaubenseifer 40
Glaubensfestigkeit 72
Glaubensfreiheit 236
Glaubensgenosse 190
Glaubensgerechtigkeit 64
Glaubensgruppe 116
Glaubenshelden 96
Glaubenshetzer 82
Glaubensleben 45
Glaubenslosigkeit 162
Glaubensmängel 140
Glaubenspraxis 79, 112, 157
Glaubenssekte 40
Glaubenssicherheit 68
Glaubensstand 153
Glaubensstärke 153
Glaubenssymbole 41
Glaubenstod 72
Glaubenstreue 192
Glaubensverständnis 153
Glaubenswandel 186
Glossolalie (Zungenreden) 108, 109, 110
Gnadenbotschaft 79
Gnadenbeteuerung 72
Gnadenerweis 96
Gnadenfreude 155
Gnadengabe 108, 163, 202
Gnadengaben 105
Gnadengeschehen 203
Gnadengüter 163
Gnadenzuwendung 100
Gott 17, 30, 40, 41, 45, 46, 47, 48, 49, 50, 53, 57, 61, 68, 71, 90, 91, 92, 95, 96, 98, 99, 100, 101, 102, 108, 109, 110, 111, 117, 118, 123, 127, 130, 134, 137, 141, 149, 150, 151, 153, 154, 155, 156, 157, 158, 159, 160, 162, 163, 164, 167, 168, 169, 170, 172, 173, 175, 180, 185, 190, 192, 193, 200, 202, 205, 207, 210, 215, 220, 226, 227, 233, 237
Gottangemessenheit 38
Gottberufener 61
Götterkulte 80
Gottesakt 45
Gottesbote 128, 207
Gottesdienst 58, 109, 176
Gottesfeind 60
Gottesferne 42
Gottesfurcht 27, 151
Gottesgeist 105, 110, 120, 153, 162, 163
Gottesgeld 188, 189, 190
Gottesgerechtigkeit 159
Gottesgericht 87
Gottesgesetz 30, 46
Gottesgnade 192, 203
Gotteshandlung 144
Gotteshaus 57
Gotteskasten 49
Gotteskindschaft 119, 175
Gottesknecht 155
Gotteskraft 101
Gottesliebe 27
Gottesoffenbarung 48, 83
Gottesreich 96, 151, 163
Gottessohn 28, 47, 48, 57, 71, 168, 169
Gottestempel 188
Gottesunmittelbarkeit 67
Gottesurteil 113, 116
Gottesvolk 89, 143, 175, 208
Gottesweisheit 138
Gottesweisung 128
Gotteswelt 96
Gotteswort 101, 151, 160, 218
Gottheit 51
Gottlosigkeit 152, 175
Gottmensch 58
Götzenopferfleisch 81
Götzentempel 80

# H

Hagiographie 18

Heidenchristentum 70
Heidenchrist(en) 46, 69, 75, 79, 81, 82, 83, 102, 173, 206, 210, 218
Heidenchristenheit 74
Heidenevangelium 67
Heidengeld 219, 220
Heidengemeinden 75, 199
Heidenmission 45, 46, 60, 70
Heidenprediger 68
Heidenpredigt 222
Heidenpriester 180
Heidentum 50, 57
Heidenverachtung 217
Heidenwelt 144
Heilsbotschaft 87, 185
Heilsgeschichte 95
Heilsverkünder 101
Heilungswunder 107
Heliodor-Legende 49
Heliodorus 50
Hellenismus 89
Henoch 97, 98
Henochapokalypse 97
Henochbuch 90, 97
Hermes (Gott) 130
Herodes 57
Herodes Agrippa I. 72
Herrenerscheinung 144
Herrenmahl 160, 202
Herrenrecht 194
Herrenvision 145
Hierapolis 73
Himmel 149, 156, 168, 169, 181, 191
Himmelfahrt 97
Himmelreise 100
Himmelsaktivitäten 97
Himmelsbesucher 108
Himmelsbürger 170
Himmelserbe 164
Himmelserlebnis 100
Himmelsgestalt 155
Himmelsgott 156
Himmelssprache 96, 108
Himmelsthron 143
Hirkanus 49

I

Illyrien 105, 107

J

Jakobusvision 145
Jakobus (Jünger, Herrenbruder) 67, 70, 72, 73, 75, 79, 80, 140, 143, 145, 219, 220, 236
Jakobsgeschichte 49
Jason 88, 167
Jerusalemer Familien 31
Jerusalemer Gemeinde 189
Jehova 30
Jeremia 45, 97, 117
Jerusalemer Judenchristen 228, 233
Jerusalem 17, 18, 27, 28, 39, 45, 46, 49, 50, 54, 58, 60, 67, 68, 70, 72, 75, 76, 79, 81, 82, 83, 87, 95, 105, 107, 112, 127, 132, 143, 145, 154, 176, 177, 189, 191, 199, 201, 203, 204, 205, 206, 207, 208, 209, 212, 214, 215, 216, 217, 218, 219, 220, 221, 223, 224, 227, 228, 236, 238
Jerusalembewohner 218
Jerusalemer Abenteuer 215
Jerusalemer Abkommen 205, 209
Jerusalemer Apostelkonzil 18, 150
Jerusalemer Armen 209, 220
Jerusalemer Christen 17, 23, 70, 75, 201, 206, 219, 237
Jerusalemer Christengemeinde 219
Jerusalemer Gemeinde 70, 144, 201
Jerusalemer Gerechten 74
Jerusalemer Gläubigen 70
Jerusalemer Heiligen 207

Jerusalemer Hinterzimmer 23
Jerusalemer Judaisten 69
Jerusalemer Juden 217, 222
Jerusalemer Judenchristen 46, 69, 217
Jerusalemer Mitchristen 219
Jerusalemer Muttergemeinde 199
Jerusalemer Spitzen 209
Jerusalemer Störenfriede 111
Jerusalemer Synhedrium 60
Jerusalemer Tempel 216
Jerusalemer Tempelschatz 49
Jerusalemer Urgemeinde 37
Jerusalempilger 213
Jerusalemreise 205
Jesaja 45
Jesusbruder 237
Jesusjünger 45, 83, 233
Jesusvertrauen 80
Johannes 67, 72, 73, 75, 236
Johannes-Apokalypse 91
Joppe 218
Judäa 17, 37, 218
Judas 143
Juden 27, 30, 32
Judenanschlag 214
Judenbekehrung 152
Judenchristenheit 75, 207
Judenchrist(en) 46, 69, 79, 81, 114, 152, 153, 200, 207, 219, 220
Judenchristentum 17, 32
Judengsetz 207
Judenkönig 52
Judenmission 18, 68, 153
Judenmissionar 81
Judenschaften 69
Judentum 27, 32, 33, 40, 46, 57, 63, 64, 70, 81, 82, 124, 152, 207
Jupiter(statue) 57

## K

Kaloi Limenes 128
Kenchrea 212, 213
Kephas 67, 72, 75, 79, 111, 140, 143, 172
Kephas (Petrus) 18, 46, 67, 72
Kirchengschichte 51
Kirchenleute 8
Kirchenmann 6
Kolakien (Schmeichelreden) 149
Korinther 106, 118, 123
Korinth 18, 37, 81, 88, 89, 101, 106, 110, 111, 112, 114, 115, 116, 118, 131, 132, 137, 138, 210, 211, 212, 213
Korinther 119, 153, 203, 211
Korintherbriefe 200
Korinthernotiz 106
Kultanhänger 158
Kultgeschichte 5
Kultgesetz(e) 157, 158
Kultkosten 172
Kultmahlzeiten 188
Kultsteuer 172
Kultvereine 176

## L

Levi-Testament 97
Libationswein 80
Liebesordnung 115
Libyien 58
Liquidationsfluch 115
Lüdemann (Theologe) 141
Lukas 19, 27, 37, 39, 41, 46, 47, 48, 49, 50, 73, 81, 88, 120, 125, 126, 127, 130, 213, 214, 215, 216, 218, 219, 220, 225, 227, 228
Lukasbericht 127
Luther 88
Lydda 218
Lykonien 64
Lystra 130

## M

Makkabäerbuch 49
Makkabäerbericht 50

Malta 128
Mazedonien 64, 107, 118, 199
Messias(tag) 60, 92
Michael (Erzengel) 98
Mnason 218
Mose 74, 97, 102, 205
Mosebekenner 79
Moses 58
Mosesgesetz 61, 236
Mosesreligion 33
Mosesväter 61
Musterapostel 83
Myra (Hafen) 127
Mysien 64
Mysterienkulte 90
Mythologie 31

## N

Nackthallen (Gymnasien) 32
Nasiräatsgelübde 132
Nazarener 28, 233, 235
Nazoräersekte 223
Nero (röm. Kaiser) 18, 140
Nietzsche 54, 116, 119, 156

## O

Offenbarung(en) 45, 47, 67, 87, 91, 95, 100, 102, 105, 118, 133, 142
Offenbarungsakt 48
Offenbarungserlebnisse 100
Offenbarungsträger 95
Ölberg 217
Onesimus 193, 194
Opfergaben 100
Opfergebühren 188
Opferhandlung 157
Ostergemeinde 140
Osterglaube 140

## P

Palästina 27, 72
Pamphylien 64
Paradies 95, 98

Paradiesentrückung 97
Paränese 120
Parrhesia (Freimütigkeit) 158
Parusie 87, 88, 90, 91, 92, 120, 163, 164
Parusiebemerkungen 90
Parusieglauben 91, 92
Parusiekosten 170
Parusienöte 88
Parusiepredigt 161
Paulus 8, 17, 18, 23, 24, 27, 28, 29, 30, 31, 32, 37, 38, 39, 40, 41, 45, 46, 47, 48, 49, 50, 51, 52, 53, 54, 64, 67, 68, 69, 70, 71, 72, 73, 74, 75, 79, 80, 82, 83, 87, 88, 89, 90, 91, 92, 95, 96, 97, 98, 99, 100, 101, 102, 105, 106, 107, 108, 109, 110, 111, 112, 113, 114, 115, 116, 117, 118, 119, 120, 123, 124, 125, 126, 127, 128, 129, 130, 132, 133, 134, 137, 138, 139, 140, 141, 142, 143, 144, 145, 146, 149, 150, 152, 153, 154, 155, 156, 157, 158, 159, 161, 162, 163, 167, 168, 169, 170, 171, 172, 173, 174, 175, 176, 177, 178, 179, 181, 185, 186, 187, 188, 189, 190, 191, 192, 193, 194, 195, 196, 199, 200, 201, 202, 203, 204, 205, 206, 207, 208, 209, 210, 211, 212, 213, 214, 215, 216, 217, 218, 219, 220, 221, 222, 223, 224, 225, 226, 227, 228, 233, 234, 235, 237, 238
Paulus-Apokalypse 97
Paulusbiographie 50
Paulusforschung 167
Petrus 69, 73, 75, 79, 80, 81, 83, 87, 111, 137, 140, 141, 142, 143, 144, 172, 191, 220, 236
Pharisäer 17, 23, 27, 30, 38, 39, 40, 46, 54, 63, 72, 87, 220
Pharisäerexistenz 27
Pharisäertum 23
Philemon 193, 194

Philipper 163
Philippi 18, 190, 191, 214
Philo (von Alexandrien) 167
Phönix (Hafen) 127
Pisidien 129
Pneumatiker (Geistesmensch) 47
Priscilla 167
Pseudoklementinen 142
Psychoanalyse 31

## R

Religionspsychologie 50
Religionsgeschichte 50
Religionskritiker 54
Rom 18, 127, 140, 204, 222, 224, 225, 226
Römernotiz 106

## S

Sadduzäer 72, 223
Samaria 39
Satansengel 100
Schaumirakel 106
Schneemelcher (Theologe) 143
Secundus 213
Seelenkenner 108
Seelenleben 24
Seelsorge 133, 162
Selaukus (König) 49
Septuaginta 29, 106
Septuaginta-Leser 41
Simeon 45
Sinai 30
Sinaigesetzgebung 70
Skythopolis 39
Sopater 213
Stephanus 37, 39
Strandrecht 126
Strauss, David Friedrich 5
Swedenborg 51
Synagogenritual 33
Synhedrium 72, 223
Syrien 17, 57

## T

Tacitus 225
Talmud 28
Tarsus (Kleinasien) 17, 18, 57, 59, 60, 83, 132
Taufgemeinde 112
Taufverweigerung 111
Tautologie 107
Thessalonich 18, 37, 88, 163, 180
Thora 30, 31, 32, 39, 105, 124
Thorapolizei 40
Thorapraxis 31
Thorascholar 39
Thorastudent 31
Timotheus 179, 213, 234
Titus 67, 69, 74, 75, 118, 119, 210, 234, 236, 237
Tondi, Alighiero 6
Troas 118, 214
Trophimus 214
Tübingen 5
Tychikus 214
Tyrus 212

## U

Urapostel 18, 62, 68, 72, 74, 75, 142, 205
Urchristen 154
Urchristentum 204, 209
Urgemeinde 75, 141, 143, 201, 207, 216, 219
Urjünger 46, 75, 142, 145, 146, 191, 199
Urzeugen 145

## V

Vätergesetz 69

## W

Wahrheitsbeweis 155
Wanderprediger 167, 177, 185, 190
Wanderprophet 155

Weisheitsrede 105
Weltapostel 153
Weltarchonten 28
Weltende 87
Weltendglauben 201
Weltenwende 87
Weltkatastrophe 91, 92
Weltprediger 64
Weltschöpfung 47
Weltuntergang 160
Wittenberg 88
Wunderberichte 72

Wundercharakter 160
Wunderhandlung 126
Wunderheilungen 106
Wundermacht 53
Wundertat(en) 63, 106
Wundertäter 100

## Z

Zungenreden 108
Zebedäussöhne 72
Zungenrede 105, 108, 109, 110
Zungenredner 108, 109

**Althaus, P.:** Der Brief an die Römer, NTD 6, 10.A. 1966
**Becker, J.:** Paulus. Der Apostel der Völker, 1989
**Ben-Chorin, Sch.:** Der Völkerapostel in jüdischer Sicht, dtv 1980
**Benz, E.:** Die Vision. Erfahrungsformen und Bilderwelt, 1969
**Beyer, H.-W.:** Die Apostelgeschichte, NTD 5, 8.A. 1959
**Bietenhard, H.:** Die himmlische Welt im Urchristentum und Spätjudentum, 1951
**Blank, J.:** Paulus. Von Jesus zum Christentum, 1982
**Bornkamm, G.:** Das Ende des Gesetzes, Paulusstudien, 1952
**Bornkamm, G.:** Paulus, TB 1969
**Bousset, W.:** Die Religion des Judentums im neutestamentlichen Zeitalter, 2.A. 1906
**Bousset, W.:** Der Brief an die Galater, 3.A. 1917
**Bousset, W.:**, Der erste und zweite Brief an die Korinther, 3.A. 1917
**Bousset, W.:** Kyrios Christos, 2.A. Neudr. 1965
**Bouwman, G.:** Paulus und die anderen. Portrait eines Apostels, 1980.
**Bradford, E.:** Die Reisen des Paulus, 1986
**Buber, M.:** Zwei Glaubensweisen, 1950
**Büchsel, F.:** Der Geist Gottes im Neuen Testament, 1926
**Bultmann, R.:** Theologie des Neuen Testaments. 3.A. 1959
**Bultmann, R.:** Der zweite Brief an die Korinther, 1976
**Carmichael, J.:** Steh auf und rufe Seinen Namen. Paulus, Erwecker der Christen und Prophet der Heiden, 1980.
**Clemen, C.:** Paulus, sein Leben und Wirken , 2 Bde. 1904
**Conzelmann, H.:** Der erste Brief an die Korinther, 11.A. 1969
**Deißmann, A.:** Licht vom Osten. Das Neue Testament und die neuentdeckten Texte der hellenistisch-römischen Welt, 4.A. 1923
**Deißner, K.:** Paulus und die Mystik seiner Zeit, 1917
**Dietzfelbinger, Chr.:** Die Berufung des Paulus als Ursprung seiner Theologie, 1985
**Dobschütz, E.v.:** Die urchristlichen Gemeinden, 1902.
**Eger, O.:** Rechtsgeschichtliches zum Neuen Testament, 1919.
**Felten, J.:** Neutestamentliche Zeitgeschichte, 2 Bde, 3.A. 1925
**Franklin, W.M.:** Die Kollekte des Paulus, 1938
**Friedländer, L.:** Darstellungen aus der Sittengeschichte Roms, 9.A. 1920. 10.A. 1922
**Friedländer, M.:** Synagoge und Kiche in ihren Anfängen, 1908
**Gaechter, P.:** Petrus und seine Zeit. Neutestamentliche Studien, 1958.
**Georgi, D.:** Die Geschichte der Kollekte des Pulus für Jerusalem, 1965.
**Güttgemanns, E.:** Der leidende Apostel und sein Herr, 1966.

**Haenchen, E.**: Die Apostelgeschichte, 7. A. 1977
**Haupt, E.**: Der Brief an die Philipper / Der Brief an Philemon, in: *Die Gefangenschaftsbriefe* 7. /8. A.1902
**Heinrici, C.F.G.**: Der erste Brief an die Korinther, 8. A. 1896
**Heinrici, C.F.G.**: Der zweite Brief an die Korinther, 8. A. 1900
**Hock, R.F.**: The Social Context of Pauls Ministry, 1980
**Holsten, C.**: Das Evangelium des Paulus 2 Tle, 1880, 1898
**Holzner, J.**: Paulus, 2.A. 1937
**Jeremias, J.**: War Paulus Witwer? *Zeitschrift für neutestamentliche Wissenschaft* 25, 1926
**Jülicher, A.**: Der Brief an die Römer, 3. A. 1917
**Kehnscherper, G.**: Der Apostel Paulus als römischer Bürger, *Studia evangelica* II. 1964.
**Klages, L.**: Der Geist als Widersacher der Seele, 6. A. 1981
**Klausner, J.**: Von Jesus zu Paulus, 1950
**Knopf, R.**: Die Apostelgeschichte, 3. A. 1917
**Kraft, H.**: Die Entstehung des Christentums, 1981
**Kümmel, W.G.**: Römer 7 und die Bekehrung des Paulus, 1929
**Kümmel, W.G.**: Einleitung in das Neue Testament, 13.A. 1964
**Lähnemann, J. / Böhm, G.**: Der Philomenonbrief, 1973
**Lautenschläger, M.**: Eite gregoromen, eite katheudomen. Zum Verhältnis von Heiligung und Heil ... *Zeitschrift für neutestamentliche Wissenschaft* 81, 1990.

**Lehmann, J.**: Das Geheimnis des Rabbi J., 1985
**Lessing, Th.**: Europa und Asien, 2. A.1922
**Lietzmann, H.**: An die Korinther I / II. 3. A. 1931
**Lohfink, G.**: Paulus vor Damaskus 3.A. 1969
**Lohmeyer, E.**: Die Briefe an die Philipper, Kolosser und an Philemon 11.A. 1956
**Lüdemann, G.**: Paulus, der Heidenapostel, 2 Bde. 1980/1983
**Lüdemann, G.**: Was mit Jesus wirklich gschah, 1995
**Lueken, W.**: Der Brief an Philemon...3.A. 1917
**Marxsen, W.**: Die Auferstehung Jesu von Nazareth 2. A. 1978
**Mayer, A.**: Der zensierte Jesus, 1983
**Meyer, E.**: Ursprung und Anfänge des Christentums 3 Bde. 1923 (Nachdr. 1961)
**Michel, O.**: Der Brief an die Römer, 13. A. 1966
**Mosiman, E.**: Das Zungenreden, geschichtlich und psychologisch untersucht, 1911
**Müller, K.**: Festschrift 1922
**Munck, J.**: Paulus und die Heilsgeschichte, 1954
**Mundle, W.**: Der Glaubensbegriff des Paulus, 1932
**Mußner, Fr.**: Der Galaterbrief, 3.A. 1977
**Mußner, Fr.**: Festschrift, 1981
**Naegeli, Th.**: Der Wortschatz des Apostels Paulus, 1905
**Nebe, G.**: »Hoffnung« bei Paulus, 1983
**Nietzsche, Fr.**: Werke I - IV.

Ullst. Materialien, 1979
**Nock, A.D.**: Paulus, 1940
**Oepke, A.**: Der Brief des Paulus an die Galater. 2.A. 1957
**Pesch, R.**: Die Entdeckung des ältesten Paulus-Briefes, 1984
**Räbiger, J.F.**: Kritische Untersuchungen über den Inhalt der beiden Briefe des Apostels Paulus an die korinthische Gemeinde... 2. A. 1886
**Renan, E.** : Paulus, 1935
**Rendtorff, H.**: Der Brief an Philemon, NTD 8, 5.A. 1949
**Rengstorf, K.H. (Hrsg.)**: Das Paulusbild in der neueren deutschen Forschung, 1982
**Rust, H.**: Das Zungenreden, 1929
**Schille, G.**: Die christliche Kollegialmission, 1967
**Schlier, H.**: Der Brief an die Galater, 5.A. 1971
**Schmidt, A.**: Das historische Datum des Apostelkonzils, *Zeitschrift für neutestamentliche Wissenschaft* 81, 1990.
**Schmithals, W.**: Paulus und Jakobus, 1963
**Schmeemelcher, W.**: Neutestamentliche Apokryphen 5.A. 1989
**Schneller, L.**: Ephesus. Bilder aus dem Leben des Apostels Paulus. 1918.

**Schoeps, H.J.**: Paulus. Die Theologie des Apostels im Lichte der jüdischen Religionsgeschichte, 1959
**Schonfield, H.J.**: Unerhört, diese Christen 1969.
**Schreiner, J. (Hrsg.)**: Gestalt und Anspruch des Neuen Testaments, 1969
**Schweitzer, A.**: Die Mystik des Apostels Paulus, 1930.
**Sieffert, F.**: Der Brief an die Galater. 9. A. 1899
**Stauffer, E.**: Jesus, Paulus und wir. 1961
**Steiger, R.**: Die Dialektik der paulinischen Existenz, 1931
**Suhl,. A.**: Paulus und seine Briefe, 1975
**Vollenweider, S.**: Freiheit als neue Schöpfung, 1989
**Weber, V.**: Die antiochenische Kollekte, 1917
**Weiß, J.**: Das Urchristentum, 1917
**Wendland, H.D.**: Die Briefe an die Korinther, NTD 7, 4.A. 1946
**Wernle, P.**: Der Christ und die Sünde bei Paulus, 1897
**Wernle, P.**: Die Anfänge unserer Religion, 2.A. 1904
**Wilckens, U.**: Rechtfertigung als Freiheit. Paulusstudien, 1974
**Windisch, H.**:Der zweite Korintherbrief, 9.A. 1924, Neudr. 1970

# Abkürzungen

| | |
|---|---|
| AT | Altes Testament |
| Gen | Genesis, 1. Buch Moses |
| Ex | Exodus, 2. Buch Moses |
| Dt | Deuteronomium, 5. Buch Moses |
| Jes | Der Prophet Jesaja |
| Jer | Der Prophet Jeremia |
| Hos | Der Prophet Hosea |
| Hab | Der Prophet Habakuk |
| Ps | Die Psalmen |
| | |
| NT | Neues Testament |
| Mt | Das Evangelium nach Matthäus |
| Mk | Das Evangelium nach Markus |
| Lk | Das Evangelium nach Lukas |
| Joh | Das Evangelium nach Johannes |
| Apg | Die Apostelgeschichte |
| Rö | Der Brief des Paulus an die Römer |
| 1 Kor | Der erste Brief des Paulus an die Korinther |
| 2 Kor | Der zweite Brief des Paulus an die Korinther |
| Gal | Der Brief des Paulus an die Galater |
| Phil | Der Brief des Paulus an die Philipper |
| 1 Thess | Der erste Brief des Paulus an die Thessalonischer |
| Phlm | Der Brief des Paulus an Philemon |
| 1 Tim | Der erste Brief an Timotheus |
| 2 Tim | Der zweite Brief an Timotheus |
| Eph | Der Brief an die Epheser |
| 1 Petr | Der erste Brief an Petrus |
| 2 Petr | Der zweite Brief an Petrus |
| Apk | Die Johannesapokalypse. |

# In eigener Sache

**Besuchen Sie uns im Internet
www. historiaverlag.de**

**Sie erreichen uns unter:**

# historia-wolf@t-online.de

bzw.
**Telephon: 0731 - 207 46 59
Fax: 0731 - 207 46 64**

Am schnellsten erhalten Sie unsere Bücher über:

**Herold Verlagsauslieferung und Logistik GmbH**
Raiffeisenallee 10. D - 82041 Oberhaching / München
Telephon: 089 - 61 38 71-0. Fax: 089 - 61 38 71-20
herold@herold-va.de

-

**Buchzentrum AG (BZ)**
Postfach CH - 4601 Olten / Industrie Ost
CH - 4614 Hägendorf
Telephon: (041) 62 209 25 25. Fax: (041) 62 209 26 27

-

**Dr. Franz Hain Verlagsauslieferungen**
Dr. Otto Neurath-Gasse 5
A- 1220 Wien
Telephon: (0043 1) 2826565. Telefax: (0043 1) 2825282
e-Mail: OFFICE@HAIN.AT

Wir freuen uns auf Ihre Bestellung.
Ihr aktives Historia-Team

### So werden unsere kirchenkritischen Bücher beurteilt: (Beispiele)

»Ihre profunden Arbeiten (...) sind mir zum Teil bekannt. In Ihrem Werk *Sünden der Kirche* blättere ich gerade. Leider habe ich zu wenig Zeit, um dieses umfangreiche Material in gebührender Weise auf mich wirken zu lassen«. **Dr. jur. Christian Sailer.**

»Ohne den historischen Tatsachen schonungslos ins Auge zu sehen, ohne sich der Vergangenheit zu stellen, wird es keine menschenwürdige Zukunft, kein auf Humanität gegründetes Zusammenleben geben!« **Klaus Hartmann, Vorsitzender des Deutschen Freidenkerverbandes, Offenbach.**

»Mich brauchte Ihr Buch nicht zu überzeugen (...) doch für den Zweifler oder Arglosen ist es wichtig, daß ihm solche Informationen zugänglich sind, wie Sie sie zusammengetragen haben (...). Ihre Bücher verdienen weite Verbreitung«. **Alfred Ewald, Koblenz.**

»Sehr geehrter Herr Wolf,
zuerst möchte ich noch einmal sagen, wie sehr ich Sie für Ihre Bücher (...) bewundere. Sie haben damit erreicht, daß ich keine Angst mehr vor »dieser« Obrigkeit habe und daß meine Entscheidung zur Trennung vom »Verein Kirche« richtig war. Irgendwie fühlt man sich von einer Last befreit (...). Für die Zukunft wünsche ich Ihnen alles Gute und daß Sie weiterhin unbequeme Bücher schreiben«. **Herzlichst, Rita Schönfeld.**

»Hans-Jürgen Wolf, den schon etliche stattliche und wertvolle Werke als zeitgeistwidrig-unbestechlichen Fackelträger der Aufklärung auszeichnen, hat mit diesen Büchern einen neuen Beitrag geleistet, um die Strategie der Lüge und des Schweigens zu durchbrechen (...). Seine Bücher schaden den Feinden der Menschheit und nützen der bedrohten Sache der Freiheit und Aufklärung wie wenig andere; mögen sie viele, unkontrolliert viele Leser finden«. **Dr. Fritz Erik Hoevels, Freiburg.**

»Hans-Jürgen Wolf legt die Hand der Versöhnung in offene Wunden. Er legt die Verbrechen der katholischen Kirche bloß, begangen an den von ihr in die geistige und moralische Irre Geführten und Geblendeten«. **Friedrich Doepner, Ulm a. d. D.**

Zum Buch *Abschied vom Christentum!*
»Doch alleine das beeindruckende Literaturverzeichnis erklärt vieles. Ich muß den Autor bewundern, wie er das lesen und verarbeiten konnte. Eine wirklich unglaubliche Leistung«. **Kriemhild Hader.**

Lieber Herr Wolf,
»Ihr Buch *Verbrechen der katholischen Kirche* habe ich mit großem Interesse gelesen. Ich bin schockiert, was so alles im Laufe der Jahrhunderte geschehen ist. Es ist an der Zeit, daß die katholische Kirche und deren Oberhirte für diese Verbrechen zur Rechenschaft gezogen werden«. **Thomas Laepple, Ulm a.d.D.**

»Ich benutze Ihre Bücher als Quellwerk für Referate und Veröffentlichungen. Für diese Arbeit als Autor und Ihre Bemühungen um die Herausgabe weiterer historisch-kritischer Werke möchte ich Ihnen, im Namen aller Freidenkerinnen und Freidenker, herzlich danken«. **Heiner Jestrabek, Heidenheim.**

Lieber Herr Wolf
»Ich bin Ihnen sehr dankbar, daß Sie mir geholfen haben. Ihre Bücher lese ich sehr gerne, z. Zt. *Verbrechen der katholischen Kirche*«. **Edward Figna, Durmersheim.**

»Die Veröffentlichung kirchenkritischer Texte hat vehement abgenommen. Umso erfreulicher ist es, daß es doch noch wenige gibt, die unter persönlichen Opfern die Tradition der Aufklärung aufrechterhalten. In der heutigen Zeit gehört eine erhebliche Portion Mut dazu, gegen das Unisono der Medien und durch ihre international gleichgeschalteten Reihen Informationen über den wahren Verlauf der Geschichte durchzubringen. In dieser Tradition liegen die Wolfschen Bücher, die über das Blut von Millionen Menschen geschriebene Geschichte der katholischen Kirche anschaulich informieren, einer Historie, die allzugern verschwiegen wird, obwohl die katholische Kirche mehr Opfer aufzuweisen hat als Hitler«. **Gottfried Niemietz, Leipzig.**

»Ihrem Verlag wünsche ich alles Gute in seinem Bestreben, kirchenkritisch und aufklärerisch tätig zu sein! **Dr. Klaus Uppendahl, Bund für Geistesfreiheit.**

»Für Ihre verlegerische Tätigkeit in schwieriger Zeit wünsche ich Ihnen alles GUTE«. **Klaus Reinmeth, Weinheim.**

»Jedes vernunftbegabte Wesen kann Ihnen nur den größtmöglichen Erfolg in Ihrem Bemühen wünschen, kirchenkritische und unbequeme Bücher auf den Markt zu bringen ... Die unzähligen, durch die christliche Kirche belogenen, entwürdigten, rechtlosen, beraubten, gefolterten, verbrannten Menschen aus allen Erdteilen schreien durch die Jahrhunderte. Ich zähle mich zu denen, die diese Rufe hören. Deshalb danke ich Ihnen für die kirchenkritische Bücherserie«. **Ottokar Müller. Busot (Spanien) 20. Julio 2002.**

»Kämpfen Sie weiter. Wir unterstützen Sie zu 100 %«.
**Nicolai Thoma, Mannheim.**

»Die von Ihnen verbreiteten Bücher sind einmaliger, größer, wichtiger, bedeutender und wahrheitsgetreuer als die Geschichte der Mutter Gottes und dem neuen König der Juden, die alte und weltbekannte Schummelgeschichte. Staatlich reglementierter Religionsunterricht bedeutet »Geistesmanipulation« auf hinterlistige Weise. Kämpfen sie weiter für Freiheit und Toleranz«. **Herr Weyermann, Oerlikon (b. Zürich), September 2002**

»Ich habe das Buch von Herrn Professor Dr. Mynarek *Herren und Knechte der Kirche* gelesen ... wir brauchen noch viele solche Streiter, die aufstehen und die die Menschen mobilisieren, die Kirche neu zu gestalten ... wenn die Menschen begreifen, daß in allen Religionen Mummenschanz, die Verteufelung und all die Märchen nochaus einer Zeit der Unwissenheit und Ängstlichkeit der Steinzeit, bis heute nur weitergetragen werden, um die Macht der Institution Kirche aufrecht zu erhalten, dann wird sich auch das Gottesbewußtsein wandeln«. **Willi Gorges, Bad Marienberg, Juli 2002.**

»Meine Bewunderung gilt Ihnen und Ihren Autoren. Zu meinem Bedauern leidet die Volksseele noch an einer sie nicht durchdringenden Einsicht um die Notwendigkeit dieses Engagements. Ich bleibe Ihrem Verlag verbunden«. **Barbara Hohensee, Dezember 2002.**

»Der Klerus hat es seit eh und je verstanden, sein Glaubenssystem als gelehrte Wissenschaft hinzustellen. Dabei fragt sich jeder vernünftige Mensch: Was hat eigentlich Glaube mit Wissen zu tun? Noch heute bevölkern Tausende solcher Glaubenswissenschaftler die Universitäten und behindrn oft mit ihren durch Steuergelder finanzierten Humbug die wahre Forschung und Wissenschaft.« **Schmitz.**

# Buchveröffentlichungen von Hans-Jürgen Wolf *)

**Hexenwahn und Exorzismus**
Ein Beitrag zur Kulturgeschichte
Kriftel 1980

**Hexenwahn: Hexen in Geschichte und Gegenwart**
Dornstadt 1989
(mehr als 20.000 verkaufte Exemplare)

**Neuer Pfaffenspiegel**
Dornstadt 1989

**Sünden der Kirche**
Vermarktete Illusionen:
Das Geschäft mit dem Glauben
Dornstadt 1992
(mehr als 30.000 verkaufte Exemplare)

**Abschied vom Christentum**
Aufstieg und Untergang einer Weltreligion
Weißenhorn 1998

**Verbrechen der katholischen Kirche**
Ulm 2000

**Handbuch der Kirchenkritik**
Ulm 2005

*) Hier nur bezogen auf die Kirchengeschichte. Er ist der Begründer des Historia-Verlages, des Fachverlages für Kirchenkritik.

**Kirchenkritische Buchreihe:
Neuerscheinungen Frühjahr 2005**

**Johannes Maria Lehner**
*Und die Bibel hat doch NICHT Recht.*
300 Seiten

**Norbert Rohde**
*Zuckerbrot und Peitsche*
310 Seiten

**Hubertus Mynarek**
*Kritiker kontra Kriecher*
250 Seiten

**Gerhard Klaus**
*Christoph Kolumbus*
*Abenteurer zwischen Gold und Gott*
320 Seiten

**K.B. Zürner**
*Die Paulus-Legende*
268 Seiten

**Peter Buchfelder**
*Zwangsreligion: Vorsicht Falle!*
320 Seiten

**Schönhammer / Wolf**
*Der dritte Weltkrieg*
*im Visier der Seher und Propheten.*
**Das Strafgericht Gottes?**
280 Seiten

**Bitte vormerken:**

Nach einer nahezu 20jährigen Vorarbeit erscheint in Kürze Wolf's

## Handbuch der Kirchenkritik

Hans-Jürgen Wolf ist der Inhaber des Historia-Verlages und somit (auch) der Herausgeber der hier erscheinenden Buchreihe »Kirchenkritik«

Das Handbuch der Kirchenkritik hat einen Umfang von 1.400 Seiten; es beinhaltet etwa 500 Abbildungen (viele davon in Farbe), ein umfangreiches Literaturverzeichnis von etwa 2.500 Titel, einen beachtlichen Quellenapparat und ein großes Register.

-

Wer »mitreden« will, kommt an diesem solide aufgemachten Sachbuch nicht vorbei.

-

Wir freuen uns auf Ihre Bestellung.